高等职业教育创新型系列教材

1+X 职业技能等级标准融合系列教材

商务数据分析与应用

主编　伍　丹　姚　跃

北京理工大学出版社

BEIJING INSTITUTE OF TECHNOLOGY PRESS

内 容 简 介

本书立足于电子商务数据分析专员岗位技能胜任素质要求，面向职业教育德智体美劳全面发展的高素质技能型人才的培养需要，以及1+X电商数据分析中级技能考证的要求，采用理论知识、实践技能和职业素养相结合的方式，助推学生提升数据分析的综合能力。

本书共包括七个模块，即商务数据采集与处理、商务数据可视化分析与报告、销售数据分析与商业行为优化、流量数据分析与商业行为优化、客户数据分析与商业行为优化、商品数据分析与商业行为优化、市场数据分析与商业行为优化。其中第一、二模块的内容属于数据分析基础知识和技能，以并列式结构编排，学完之后能掌握独立进行数据分析全流程工作的基础知识和基础技能。第三到第七模块是商务数据分析项目的具体实践操作案例，每一个模块侧重一个商务数据分析典型业务场景，内容相对独立；模块结构安排按照"项目一"对接商业思维培养、"项目二"对接职业岗位技能实战和"商务数据分析与应用"技能大赛规程、"项目三"对接1+X电商数据分析中级技能考证训练的递进逻辑进行，三个项目的内容深度从基础到强化到综合，由浅入深引领学员进行岗课赛证的融合训练；每个模块中"项目二"的工作流程一致，让数据分析能力在不断强化训练中得到巩固和提升。

本书结构清晰、语言简洁、图解丰富、案例详尽、项目真实典型，既可以作为职业院校和高等院校电子商务、跨境电子商务、市场营销等专业的教材，又可以作为企业工作手册，还可以作为兴趣选修人员的自学用书。

图书在版编目（CIP）数据

商务数据分析与应用 / 伍丹，姚跃主编. --北京：
北京理工大学出版社，2021.9（2021.10重印）
ISBN 978-7-5763-0348-3

Ⅰ. ①商… Ⅱ. ①伍… ②姚… Ⅲ. ①商业统计-统计数据-统计分析-高等学校-教材 Ⅳ. ①F712.3

中国版本图书馆CIP数据核字（2021）第190221号

出版发行 / 北京理工大学出版社有限责任公司
社　　址 / 北京市海淀区中关村南大街5号
邮　　编 / 100081
电　　话 / （010）68914775（总编室）
　　　　　（010）82562903（教材售后服务热线）
　　　　　（010）68944723（其他图书服务热线）
网　　址 / http://www.bitpress.com.cn
经　　销 / 全国各地新华书店
印　　刷 / 唐山富达印务有限公司
开　　本 / 787毫米×1092毫米　1/16
印　　张 / 16
字　　数 / 395千字
版　　次 / 2021年9月第1版　2021年10月第2次印刷
定　　价 / 49.80元

责任编辑 / 王晓莉
文案编辑 / 王晓莉
责任校对 / 周瑞红
责任印制 / 施胜娟

图书出现印装质量问题，请拨打售后服务热线，本社负责调换

　　数字经济的快速发展以及行业数字化转型程度加深，让数据有迹可循并成为商业经营命脉中的核心资产。高素质、高技能的复合型商务数据分析专业人才成为企业的香饽饽，为"商业思维+分析技能+职业素养"型数据分析人才的培育打开了突破口。

　　本书引入企业工作手册的编写方式，立足商务数据分析岗位的胜任能力素质要求，以真实工作环境中数据分析素养为核心，通过典型的职业工作任务内容，以学生为主体探究的工单任务活动进行项目和任务驱动，每个工单任务从前期准备到方案设计、操作实施等都需要教材使用者根据引导动手完成。教材涵盖工作任务、工作步骤、工作场景、工作要求等内容，每个项目围绕完成商务数据分析典型工作任务的指导性信息，给出从工作准备到工作验收的完整操作流程以及可能遇到的问题和处理方法，引导教材使用者进行自主探索和相互协作，建立整体的工作逻辑，实现学习任务与工作任务、学习标准与工作标准、学习过程与工作过程的统一。

　　本书具有以下特点：

　　1. 深化课程思政建设，落实立德树人的根本任务

　　以习近平新时代中国特色社会主义思想为指导，根据工作任务能力素养要求，通过素养目标构建、"思政素质修养"栏目开发、传统文化渗透等措施，在每个模块中有机融入了专业精神、职业精神和工匠精神，涉及法治底线、立德修身、诚信、学思结合、沟通合作、审美和价值观、劳动教育和敬业精神、创新创业等众多思政元素，引领学生提升职业素质，落实高职教育立德树人的根本任务。

　　2. 探索岗课赛证融合育人，创新构建职业能力体系

　　严格遵循商务数据分析与应用专业教学标准，对接符合数据分析工作岗位要求的工作流程，融入商务数据分析与应用技能大赛规程，结合1+X电商数据分析中级技能考证要求，充分注重岗课赛证的知识与技能要求，针对典型能力专项训练，关注工作过程与结果，创新构建"商业+专业+职业"三位一体的职业能力体系。采用活页式装订，每个项目可以单独成章节，使用者可以根据教学需要对教材页面进行拆分重组，这样教材的工具性和实用性便得到增强。

3. 以学习者为中心，实现教学做一体化目标

将新技术、新知识、新产品、新工艺以案例和工单形式引入教学，以职业活动为导向设计教材框架。按照项目任务驱动模式，以"工单"串联起学习过程，引导学生在学习和操作中思考；同时，教材还设置了"康奈尔笔记"式页面，引导学生提问和总结；设置了"学习任务评价"栏目，引导学生进行反馈、复盘和评价；设置了"手绘方格"空白页，引导学生及时记录思考所得。

4. 构建数字教学生态，实现"互联网+"线上线下新形态一体化教材

立足新形态一体化教材建设标准，配有"纸质教材+数字资源+在线班级"，充分支持"互联网+"线上交互，打破传统教材的单向传输状态。负责线上课程的人员同步开发了微课、课件、习题、论坛等类型丰富的数字化教学资源——扫描内容旁的二维码，即可获取重要知识和技能点对应的优质教学资源。同时线上课程工作人员正在探索个性化学习服务，根据学员的学习数据提出弱项解决方案，为其针对性地独立定制个性化学习方案。

在 PC 端，登录"学银在线"（http://www.xueyinonline.com/detail/218499504）即可注册加入课程开放班级（邀请码：41923325）；在手机端，下载"学习通"加入班级后可实时讨论。欢迎大家前来交流互动。

本书由长沙职业技术学院伍丹、姚跃共同担任主编，由邓彦、凌敏、黄静担任副主编，杭州飞步科技有限公司伍阳，长沙职业技术学院王湘慧、刘佑华、彭幸、易腾麒参与编写。在编写过程中，编者参阅了大量商务数据分析著作、商务数据分析与应用技能竞赛资料、1+X电商数据分析中级技能考证资料，得到了专业 IT 社区"CSDN"和"知乎"论坛中众多经验丰富的数据分析从业博主的指导，同时还得到了本校领导专家的大力支持，在此一并表示感谢！由于编者时间、精力和水平有限，书中难免有不足之处，恳请广大读者批评指正，并提出宝贵意见——通过扫码主编名片或在线课程二维码进行反馈或者留言，在此深表谢意！

在线课程　　　　　　　主编名片

编　者

2021 年 8 月

目 录

模块七 市场数据分析与商业行为优化 ·· 209

模块一
商务数据采集与处理

【学习目标】

素质目标：合法合规有效地进行数据采集；对个人隐私数据和商业数据具备信息安全意识；杜绝使用非法手段采集网络后台的隐私数据，养成工作的规范性。

知识目标：了解数据采集与处理方案的构成；熟悉商务数据指标体系、采集渠道和采集类型；掌握清洗异常数据的方法。

能力目标：能制定数据采集方案；能正确选用采集渠道和工具；能熟练清洗数据以及创建数据透视表。

【学习重点与难点】

学习重点：采集数据；清洗数据；创建数据透视表。

学习难点：制定数据采集方案。

模块导图

商务数据采集与处理
- 采集数据
  - 制定采集方案
  - 采集数据
- 处理数据
  - 清洗数据
  - 处理数据

导入案例

数据采集与处理的商业价值

数据如果只是作为记录保存而不使用它，那么数据只是信息。当采集到的数据进行处理分析等操作并用于商业环境时，它将产生商业价值，那么数据就是资产。数据经过采集与处理环节之后，便可产生第一步的经济价值。

1. 数据采集之后，直接交易产生经济价值

现在许多数据采集平台都支持合法数据的交易，最常见的就是电商数据，微博、微信等新媒体数据，企业开放信息数据的交易案例。比如1688批发平台，其有大量对外公开的商品数据，工作人员直接抓取厂家名称、地址、电话、联系人、产品详情等进行数据采集，经过简单整理可以面向市场销售，这些数据深受广大电商零售卖家欢迎。再比如说，有网友针对网络上常见的开放信息，随机采集了一波大约7.2万首总量数据的古诗词信息挂在自媒体网站，就有买家来求购定制这些数据。

2. 数据深层次采集处理，通过服务产生经济价值

有个房产信息公司，不做二手房，也不做新房销售，就是抓取国内每天在国家官网上公布的当天成交价格和信息数据。比如通过比较去年的房价交易情况，预测今年地皮要卖多少钱，房子价格走势怎么样，房价定多少比较好，等等，然后通过纵向和横向的比较分析，去给各大地产商和官方做咨询，这些数据信息通过咨询服务产生经济价值。

3. 数据采集处理定制，精准供应产生经济价值

电商卖家在选品环节，需要进行相关数据的采集。比如定位做服装的商家，得知道卖女装、男装还是童装更好，然后才是去进货，再进行销售。卖女装的话就得针对女性顾客进行销售，那么目标人群的特点是什么、这些人群的消费偏好是什么、喜欢逛哪些论坛等重要信息需要提前知晓。通过采集数据发现用户群体的需求，这样才能进行精准营销，有针对性地部署销售策略。目前就有针对目标客户群体做数据采集业务的公司。

以上几种通过数据采集处理工作产生经济价值的做法通过个人就能完成，工作任务相对简单轻松，给个人创业试水者提供了一种业务思路。

（以上内容整理自知乎论坛：www.zhihu.com/question/22897185/answer/186496655）

案例思考：

1. 数据采集能产生经济价值的根本原因是什么？
2. 数据能成为商业资产的前提是什么？

项目一　采集数据

　　小商从学校毕业不久，就应聘到了一家电子商务企业从事数据分析工作，公司安排小商先做一些数据采集和数据处理的工作。以下是小商接到的任务工单，请你和小商一起，随着任务工单开始成长之旅吧！

任务 1　制定采集方案

【任务工单 1-1】

数据采集方案任务工单

任务名称	制定数据采集方案
任务情景	小商所在的电商公司决定推出受市场欢迎的坚果类新品，要求小商对相关数据进行采集
任务目标	能制定分析目标和采集指标；能正确选用数据渠道和工具；能制定数据采集方案
任务要求	能独立安排工作流程；合作制定数据采集方案
任务思考	如何从任务情景中的关键点提炼出数据分析需求？如何从理解业务逻辑的角度获得数据采集指标？数据分析指标可以分为哪些类别
子任务 1： 制定分析目标和指标	1. 收集数据分析需求。哪些部门提出采集要求？为实现什么业务目标？ 2. 任务情景中哪些关键词句和分析目标有关？ 3. 这些目标与哪类指标相关？可拆分成哪些具体指标？ 4. 数据采集的时间范围怎么考虑
子任务 2： 选用采集渠道和工具	1. 采集渠道有哪些？ 2. 使用什么工具能比较顺利地采集到数据
子任务 3： 制定数据采集方案	数据采集方案中包含背景介绍、分析目标、分析指标和采集渠道、采集工具等内容，请制表填写
任务总结	小组派代表上台汇报发言，总结归纳掌握的知识和技能

任务名称	制定数据采集方案	
扫描二维码 下载资料	微课：商务数据分析常用方法	微课：商务数据分析常用模型
	拓展资料： 微课：认知商务数据分析	微课：商务数据分析流程

　　小商接到采集数据的任务之后没有立马就开始行动，而是先做了一些数据采集的准备工作——先制定好数据采集方案。那么制定数据采集方案需要做些什么工作呢？

一、制定分析目标和指标

　　分析目标是在明确分析需求的基础上制定的，在全面厘清业务目标及其运营逻辑的基础上进行的，这样的分析目标才与业务挂钩，才具备商业价值。

1. 确定分析需求和目标

　　确定数据分析需求是数据采集的基础，数据分析需求要怎么确定呢？首先要从业务部门和管理部门收集到数据分析需求并对其进行提炼、整合；再对这些数据分析需求进行筛选，将其中无法实现的需求以及与实际情况不相符的伪需求去掉；然后对保留下来的有价值的、可实现的需求按照业务绩效进行优先级排序；最后对数据分析需求进行统计整理。

　　明确分析需求是确保数据分析过程有效性的先决条件，只有先明确分析需求才能制定出数据分析目标，才能进行后续的数据采集工作。本次任务中，公司需要推出受市场欢迎的坚果类新品，那么小商可以明确，公司的业务需要就是数据分析需求的出发点，分析目标就是通过数据分析找到"受市场欢迎"的，也就是交易火爆、关注度高的坚果品类。

　　数据分析人员要避免无分析目标的误区。在实际工作中，有些人员习惯拍脑袋做决策、凭经验做业务，没有数据决策的意识；有时候业务人员说不清数据层面的需求，常常用诸如"我想知道这次活动的效果如何""我想下个月的销量提高 20%"等方式来表达，至于具体的活动效果到底是指什么——是指访问流量大幅提升、新用户增加明显，还是指实际销售量提升显著，还是指库存压力得到有效减缓，可能业务人员自身也不明确；另外，有些业务人员不相信数据，当数据结果和业务人员设想的不同时，他们的第一反应是怀疑。因此，基于业务需求的数据分析目的越明确，分析结论和效果落地的阻力就会越小。同时，作为数据分析人员，除了自身具有一定的业务数据意识外，还应加强与业务人员的有效沟通，从而真正明确分析的具体需求，将业务部门提出的"粗糙的要求"转化成数据需求，从而有效解决业务问题。

2. 将分析目标细分为分析指标

　　分析目标来源于管理部门和业务部门的业务发展需要，在对其分析需求进行统计整理之后，再将这些分析目标分解为核心指标和基本指标，将业务部门和管理部门最关心的指标确定为核心指标，对核心指标进行最大化拆解，直到指标拆无可拆，构建数据分析指标体系。例如投入产出比、投资回报率、转化率、咨询率等指标，是没有直接数据的，必须将它们拆解成可以采集到的其他数据指标后再进行计算，才能得到想要的指标数据。

一般来说，核心指标往往指管理部门对业务进行绩效考核的 KPI 指标，而 KPI 指标经过最大化层级拆解之后，往往会落到业务执行过程中能提高绩效的业务行为上。换一句话说，就是将分析目标拆解成若干细分指标后，最终被用来做重点分析的，就是那些与业绩提升紧密相关的指标。

所以说，分析目标是业务层面的目标，而对于数据分析人员来说，必须将分析目标转化为数据指标，才能体现出其有效性。例如，在店铺客户数据分析中，商家是想要更精确地确定店铺客户群，还是想要扩大店铺客户群；是为了评估产品改版后的效果是否比之前有所提升，还是找到产品迭代的方向，还是想进行科学的排班以至于不必在闲时浪费人力、忙时却缺少人手。只有明确了数据分析的目的，接下来才能确定应该收集的数据都有哪些。

分析指标有时候并不能直接采集到数据，所以还需要继续细分。比如通过转化率这个指标无法直接获取到相关数据，且指标还需要细分为全店转化率、单品转化率、收藏转化率、加购转化率、咨询转化率、成交转化率等具体指标。销售额指标又可以细分为拍下总金额、支付总金额、当日拍下未付金额、退款金额等具体指标。

本任务中，小商需要把"受市场欢迎"的分析目标转化为数据指标，细分后就是"市场交易数据大""顾客好评率高""搜索指数大""资讯指数大"等特点的坚果品类。那么核心指标就是交易类指标，比如订单量、订单金额、采购指数等，另外还有基本指标，比如好评率、搜索指数、资讯指数等。

3. 常用分析指标类型

数据分析指标可以分为市场数据指标、运营数据指标和产品数据指标几个大类，如表 1-1 所示。

表 1-1　常用分析指标

指标类型	具体指标
市场数据	包括行业数据指标和竞争数据指标。行业销售额、行业销量以及其增长率、行业平均成本、企业市场占有率和扩大率、品牌热度、竞争对手客单价、竞品评价等
运营数据	包括销售、客户、推广、服务和供应链等数据指标。销售数据指标有销量、销售额、客单价等；客户数据指标有新客户、老客户、忠诚客户、好评率、退货率等；推广数据指标还包括引流指标和转化指标，有展示量、访问量、访客数、收藏量、加购量、下单量、成交量等。营销推广类指标包括成交类指标、流量类指标、费用类指标、转化类指标等
产品数据	主要指产品相关数据，如 SKU、SPU、商品数、商品访客数、商品浏览量、商品搜索指数及交易指数、重复购买率、收藏及加购次数等

笔记：

思考：

二、选用采集渠道和工具

1. 采集来源和工具

常见的采集来源可以大致分为三类，如图 1-1 所示。

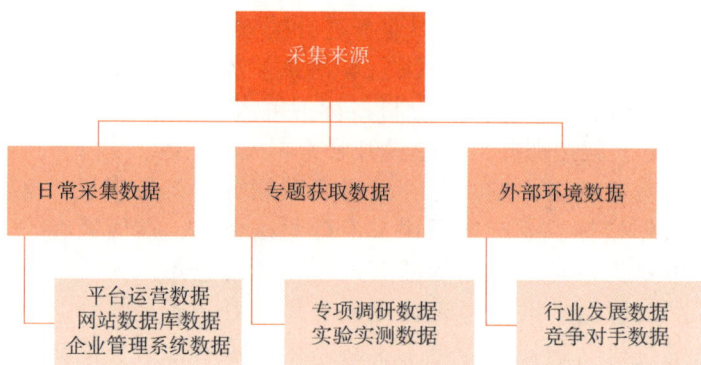

图 1-1　常见的采集来源

常用的数据采集渠道与采集工具如表 1-2 所示。

表 1-2　常用的数据采集渠道与采集工具

采集渠道	采集工具	适用范围
政府部门、机构协会、媒体	爬虫、Excel 等	行业数据等
数据平台	百度指数、360 指数等	行业数据的关注热度等
商家后台	生意参谋、京东商智、店侦探、自有系统等	市场数据、客户数据、产品数据等
咨询公司数据平台	爬虫、Excel 等	行业数据、产品数据等
问卷调研	问卷星、腾讯在线表单等	目标客户分析、产品体验等

数据采集方案如表 1-3 所示。

表 1-3　数据采集方案

背景介绍	
分析目标	
分析指标	
采集渠道	
采集工具	

三、制定分析框架和方法

分析目标、指标以及采集渠道和工具确定后，接下来应确定分析框架。分析框架是基于对业务的理解及结构化思维能力的体现，内容包括分析维度、指标与数据模型、数据分析方法。

1. 分析维度

维度代表观察事物的角度，如时间维度、地域维度等。维度可以根据需要进行细分，称为

早晨忘掉了他的事业，晚上就会失去他已取得的成就。

下钻或下卷；与之相反进行聚合的过程称为上钻或上卷。如果只选定一个维度分析数据，则称为切片。

时间维度包括纵向分析和横向分析。纵向分析是从过去、现在、未来的时间线上对自身发展态势进行对比分析，横向分析是从同类中找出其他对象进行对比分析。

2. 数据分析模型

数据模型是不同维度的组合。进行上钻或下钻等钻取、切片是数据模型最常用的方法。数据模型将复杂的数据以结构化的形式有序组织起来，有助于从不同角度和层面观察数据，提高分析的灵活性，以满足不同的分析需求。

3. 数据分析方法

数据分析方法较多，常规数据分析方法有对比分析、分组分析、结构分析、平均分析、交叉分析、描述性统计分析、趋势分析、频数分析、时间序列分析、综合评价分析、四象限分析等多种方法。

任务2 采集数据

【任务工单1-2】

采集数据任务工单

任务名称	采集数据
任务情景	主管要求小商到网络、本地及商家后台各采集一份数据
任务目标	学会采集网站、本地和平台数据
任务要求	选用正确的采集渠道和工具进行数据采集
任务思考	如何采集网络数据？主流的数据采集平台有哪些？常用的本地数据采集的数据源包括哪些
子任务1：采集网络数据	从网络上采集一份数据到Excel表中
子任务2：采集平台数据	利用百度指数平台，采集汽车行业网站排名数据
子任务3：采集本地数据	1. 以导入2020年电影票房排行榜文本文件的内容为例，导入文本文件数据。 2. 以导入Access数据库为例导入外部数据
任务总结	小组派代表上台汇报发言，总结归纳掌握的知识和技能
扫描二维码下载资料	微课：商务数据采集渠道及工具　　数据源：文本文件导入练习资料

数据采集中最基本的要求是数据要真实可靠且样本量要足够。一般来说，样本量越大，所得到的结果越精确。因此，一般采集数据过程中，都会遵循全量而非抽样，多维而非单维的重要原则。

一、采集网络数据

数据采集有时需要采集网页上的数据表。我们可能使用 Excel 导入网页数据表，并同时获得随时更新的数据。操作如下：

Step 1：选择 Excel 表的"数据"|"获取外部数据"|"自网站"|"新建 Web 查询"对话框，如图 1-2 所示。

图 1-2　"新建 Web 查询"对话框

Step 2：在"地址"栏输入网址，单击"转到"按钮即可进入相应网页，如图 1-3 所示。

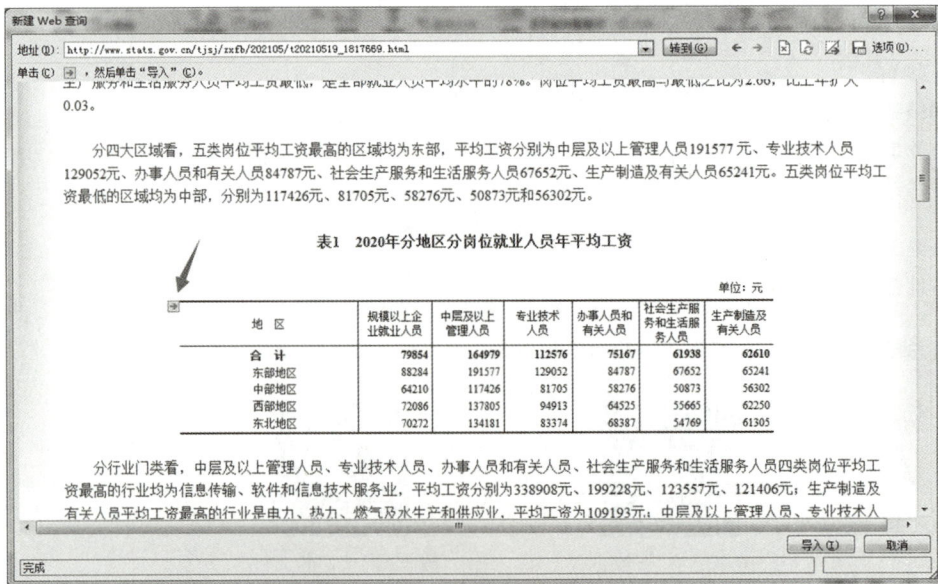

图 1-3　转到有数据表的网站

上级下级不和睦，政令就无法施行。

Step 3：选中拟导入表格的橙色图标，单击"导入"按钮，弹出"导入数据"对话框，如图1-4所示。

Step 4：输入导入到Excel表格的单元格地址，单击"确定"按钮，效果如图1-5所示。

Step 5：如果要关联数据，使得网站数据更新的同时该Excel数据表也跟着更新，可以选中导入的数据区域，右键单击，弹出快捷菜单，选择"外部数据区域属性"命令，如图1-6所示。

图1-4　"导入数据"对话框

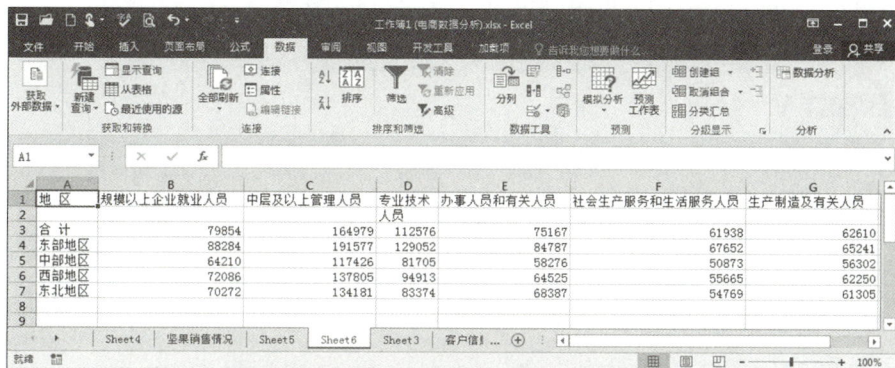

图1-5　导入网站数据的效果

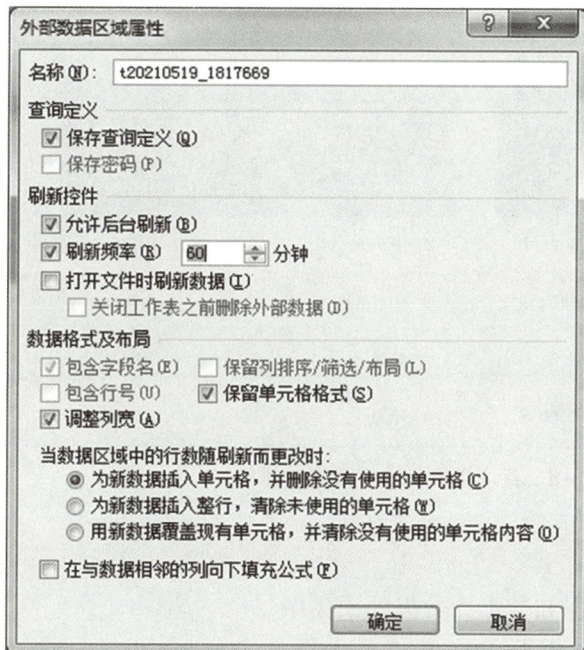

图1-6　动态更新数据设置

邪气袭内，正色乃衰。——《管子·形势》

二、采集平台数据

平台数据常用的有电商数据后台，如生意参谋和京东商智等；百度指数常用来查询搜索指数和资讯指数等行业热度排名情况。生意参谋是阿里系商家常用的查询工具，如图 1-7 所示；百度指数行业搜索指数排行如图 1-8 所示。

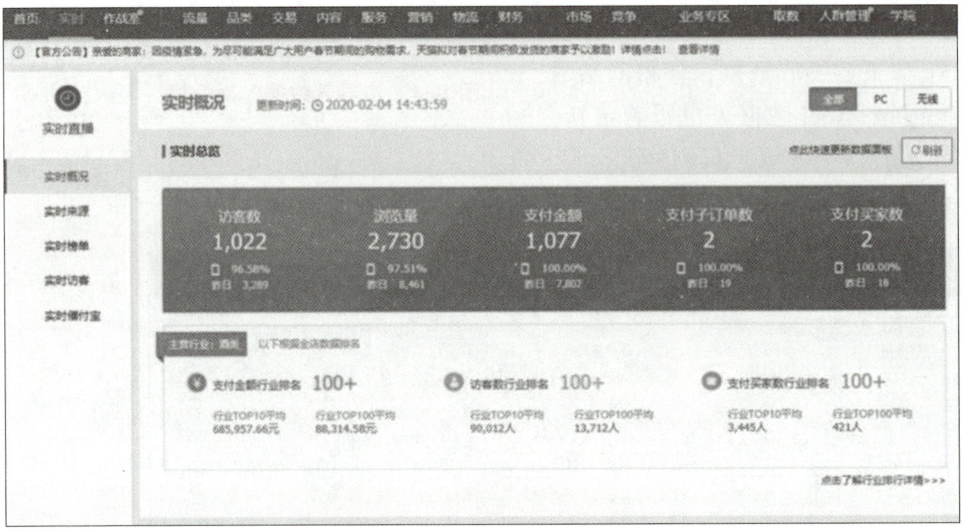

图 1-7　生意参谋查询界面

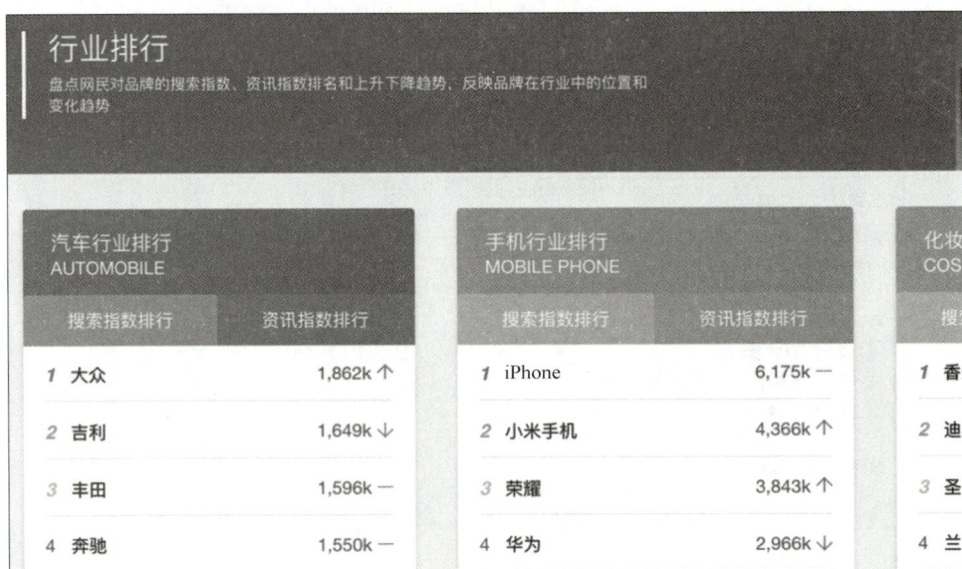

图 1-8　百度指数行业搜索指数排行

三、采集本地数据

采集本地数据常用在对文本数据和数据库数据的采集中。

1. 采集文本文件数据。文本数据要求格式统一为每行一条记录，每条记录中的字段以“Tab”分隔，以“;”结尾，如图 1-9 所示。

不正之气侵入体内，健康的肤色就会衰退。

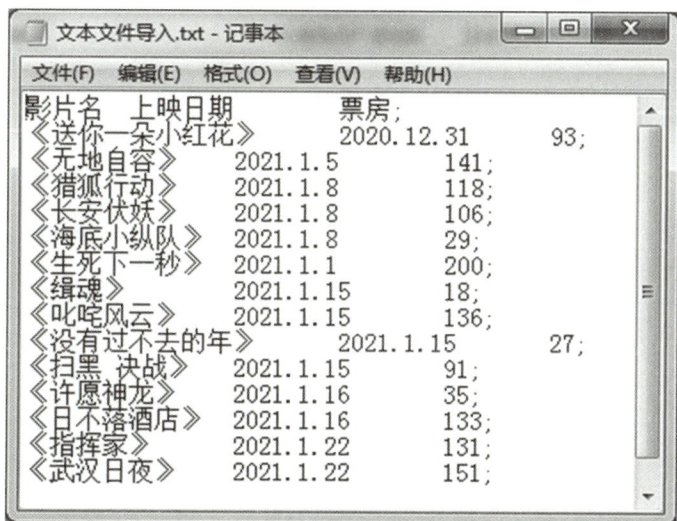

图 1-9　文本文件数据内容

以上图文本文件为例进行操作，操作步骤如下：

Step 1：在 Excel 中打开"数据"|"获取外部数据"|"从文本"|"导入文本文件"，如图 1-10 所示。

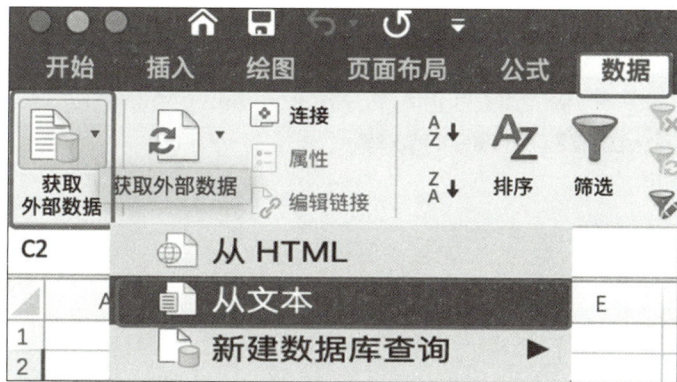

图 1-10　"导入文本文件"对话框

Step 2：设置"文本导入向导"。分别设置"分隔符号""Tab 键"和"分号"，再以"常规"格式显示即可操作成功，如图 1-11、图 1-12、图 1-13 所示。

2. 采集数据库数据

商务数据有时候存储在商家自有数据管理系统中，这种数据如何采集呢？以导入 Access 数据库为例，操作步骤如下：

Step 1：在 Excel 中，点击"数据"|"获取外部数据"|"自 Access"选项，弹出"选取数据源"对话框，选择 Access 数据源，如图 1-14 所示。

笔记：

思考：

图 1-11　"文本导入向导" 第 1 步

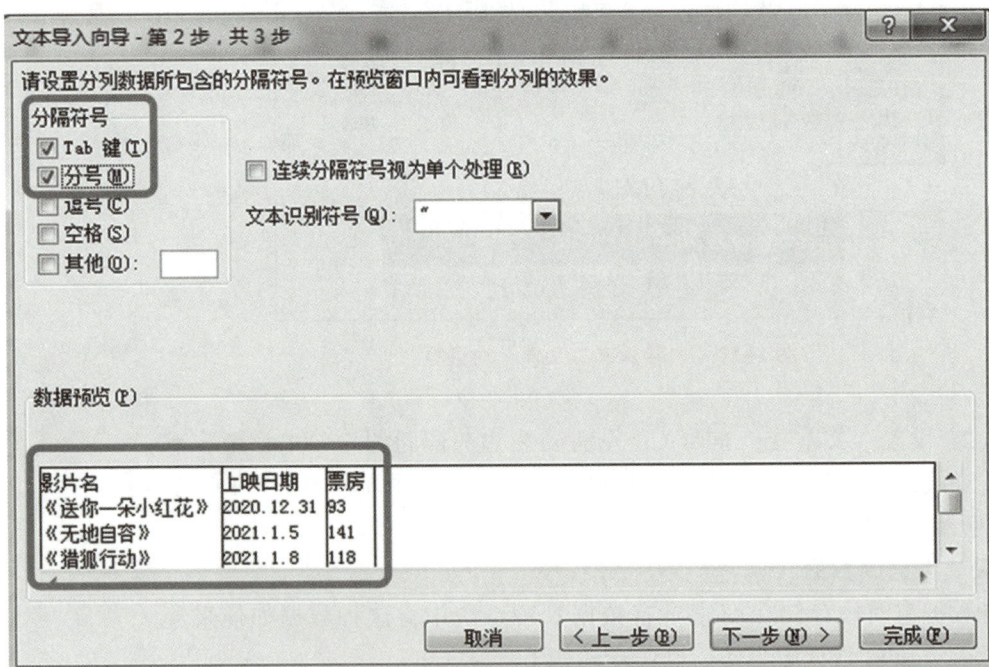

图 1-12　"文本导入向导" 第 2 步

要求人民走正道，就不能不禁止小的坏事。因为小的坏事最终导致大的坏事发生。

图 1-13　文本数据导入效果

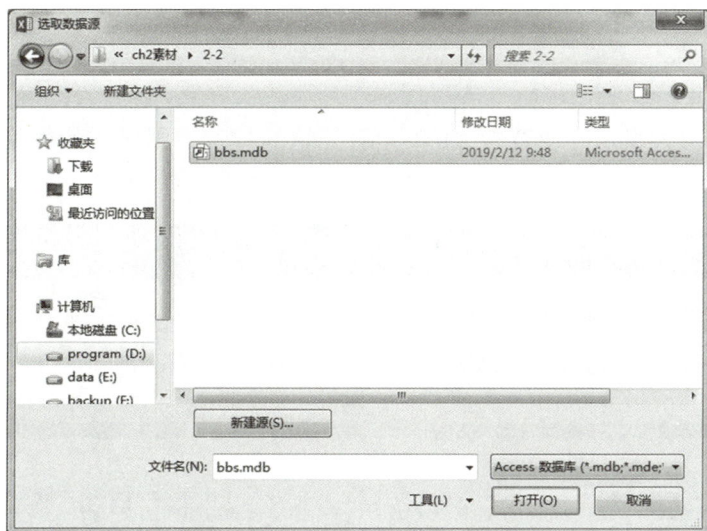

图 1-14　从数据库导入数据

Step 2：单击"打开"按钮，弹出"选择表格"对话框。该对话框中显示了 Access 数据库包含的所有表，选中"支持选择多个表"复选框，可以将所有表都导入，也可以选择部分导入，如图 1-15 所示。

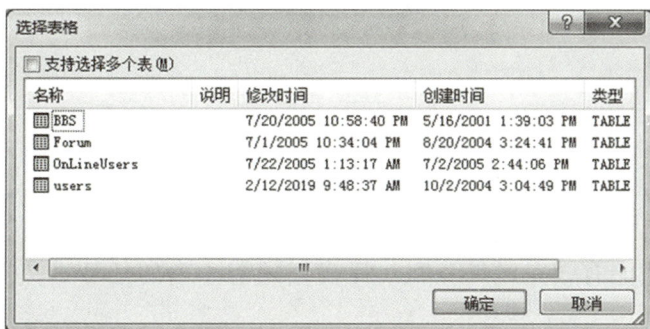

图 1-15　选择表格

Step 3：单击"确定"按钮，进入"导入数据"对话框。在对话框中可以选择导入数据在工作簿中的显示方式与放置位置，如图1-16所示。

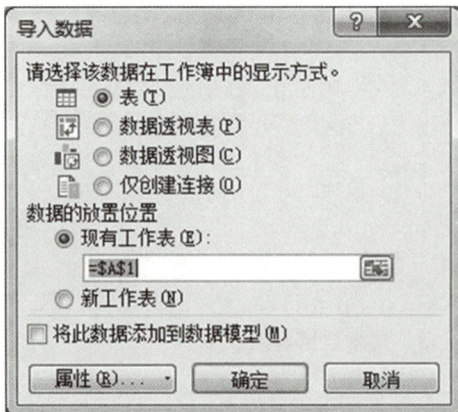

图1-16　"导入数据"对话框

Step 4：如果以"表"的形式显示并放置在A1单元格开始的位置，则导入的数据表效果如图1-17所示。

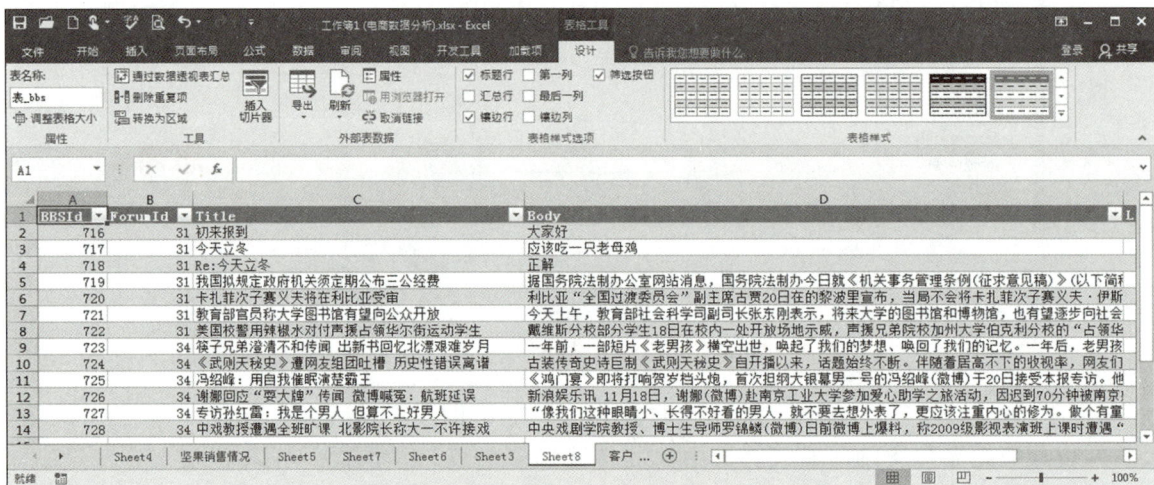

图1-17　导入的数据表效果

项目二　处理数据

小商在进行了数据采集之后，主管对他提出了新要求，希望他能对数据进行清洗，提高数据质量。我们来看看，如何才能有效完成任务呢？让我们随着小商的任务工单开始成长之旅吧！

举办大事，一定先颁布法令。

任务 1　清洗数据

【任务工单 1-3】

清洗数据任务工单

任务名称	清洗数据
任务情景	主管要求小商对数据进行清洗，提高数据质量
任务目标	学会数据去重、查缺、纠错
任务要求	和同学在合作交流中熟悉数据清洗的流程和方法
任务思考	数据质量的评价指标、异常类型分别有哪些？数据清洗的常用方法有哪些
子任务 1：辨识异常数据类型	1. 错误数据的类型有哪些？ 2. 数据质量该如何辨识
子任务 2：清洗数据	1. 重复数据该如何清洗？ 2. 空白值如何处理？ 3. 错误值如何处理
任务总结	小组派代表上台汇报发言，总结归纳掌握的知识和技能
扫描二维码下载资料	微课：数据清洗　　　　数据源：数据清洗练习用表

要完成好清洗数据的任务，首先要弄清楚什么样的数据是需要清洗的数据，再弄清楚如何清洗数据。

一、辨识异常数据类型

典型的异常数据类型包括三类：第一类是残缺数据。这类数据主要是指记录下来的数据与完整数据相比有缺失。比如数据表中的某个单元格是空值，那么这个空值单元格则是残缺数据。第二类是错误数据。这类数据是指那些格式错误、逻辑错误的数据。第三类是重复数据。一个表中的行与行之间每个单元格数值一致，这些行值就称为重复数据。

数据清洗是对数据进行重新审查和校验的过程，目的在于删除重复信息、纠正存在的错误，并确保数据的一致性。数据清洗原理：利用有关技术如数理统计、数据挖掘或预定义的清理规则将脏数据转化为满足数据质量要求的数据，如图 1-18 所示。

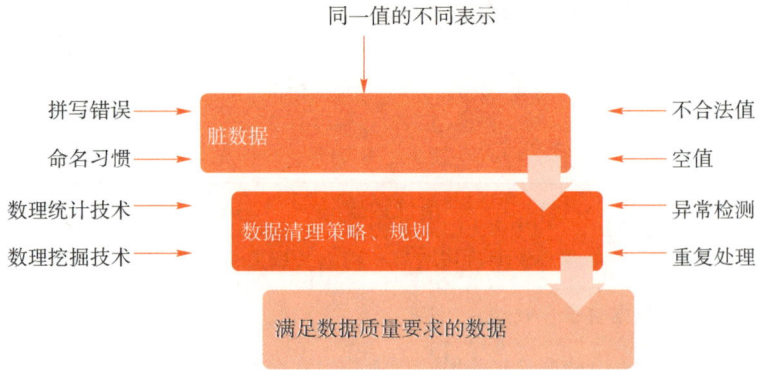

图 1-18　数据清洗原理

二、清洗重复数据

数据去重又称重复数据的删除，通常指的是找出数据文件集合中重复的数据并将其删除，只保存唯一的数据单元，从而消除冗余数据。相关内容如图 1-19 所示。

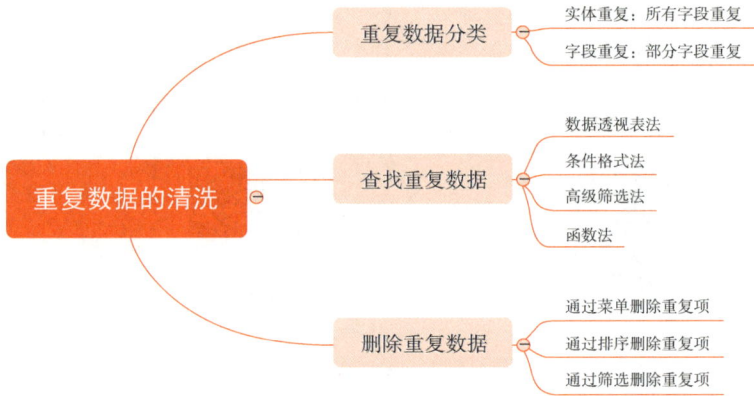

图 1-19　数据去重

数据清洗过程中，所有字段值都相等的重复值是一定要剔除的。根据不同的业务场景，有时还需要选取其中若干字段进行去重操作。删除重复记录的操作极其简单，只需单击数据表的任意位置，再单击"数据"|"删除重复项"按钮即可，如图 1-20 所示。

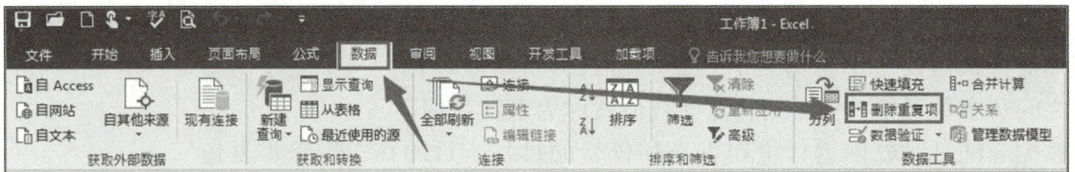

图 1-20　数据去重

有利于作战的天气、时令，比不上有利于作战的地理形势；有利于作战的地理形势，比不上作战中的人心所向、内部团结。

三、清洗缺失数据

缺失值的清洗方法主要有以下几种。

（1）忽略缺失值。就是对发现的缺失值不做处理。

（2）删除缺失值。当采集到的数据量足够大，需要删除的量又很小时，也可以考虑通过删除的方式去掉缺失值所在的整行数据。

（3）填充缺失值。填充缺失值的方法有几种，可以分情况讨论，一种情况是可以计算或推断出正确数值，那么就要将缺失值填充为逻辑正确值。另一种情况是无法推断出正确数值，那么就根据实际情况做出填充，一是填充"未知"二字；二是使用平均数、众数等合理方法预测出缺失数据进行填充。

那么如何发现缺失数据，仅靠眼睛来搜索缺失数据显然是不现实的，一般我们用"定位条件"来查找缺失数据的单元格。

下面演示将"年龄"字段中的"空值"均替换为"18"。操作如下：

Step 1：选中"年龄"所在的 E 列数据，选择"查找和选择"|"定位条件"|"空值"，如图 1-21 所示。

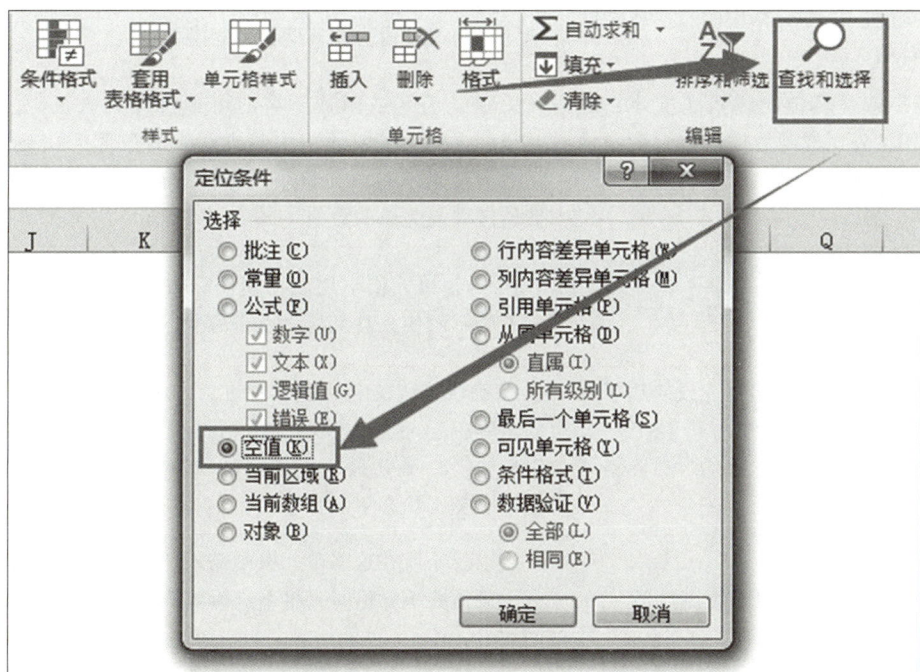

图 1-21　查找空值

Step 2：单击"确定"按钮后，E 列所有的空白单元格呈选中状态，如图 1-22 所示。

Step 3：选择"查找和选择"|"查找和替换"，输入替代值"18"，按 Ctrl+Enter 组合键确认，结果如图 1-23 所示。

笔记：

思考：

亲戚不附，无务外交。——《墨子·修身》

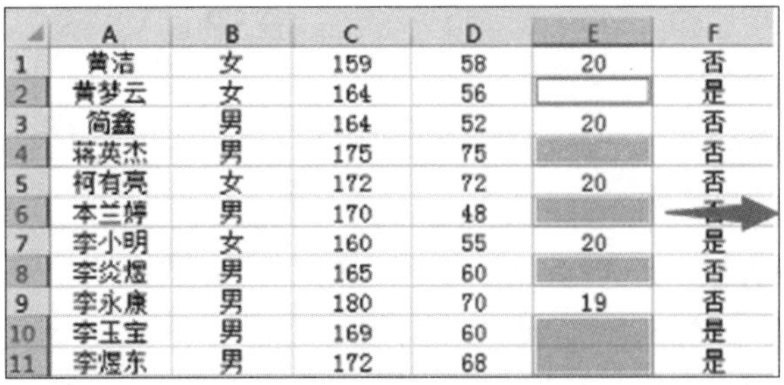

	A	B	C	D	E	F
1	黄洁	女	159	58	20	否
2	黄梦云	女	164	56		是
3	简鑫	男	164	52	20	否
4	蒋英杰	男	175	75		否
5	柯有亮	女	172	72	20	否
6	本兰婷	男	170	48		否
7	李小明	女	160	55	20	是
8	李炎煜	男	165	60		否
9	李永康	男	180	70	19	否
10	李玉宝	男	169	60		是
11	李煜东	男	172	68		是

图 1-22　查找到所有空白单元格

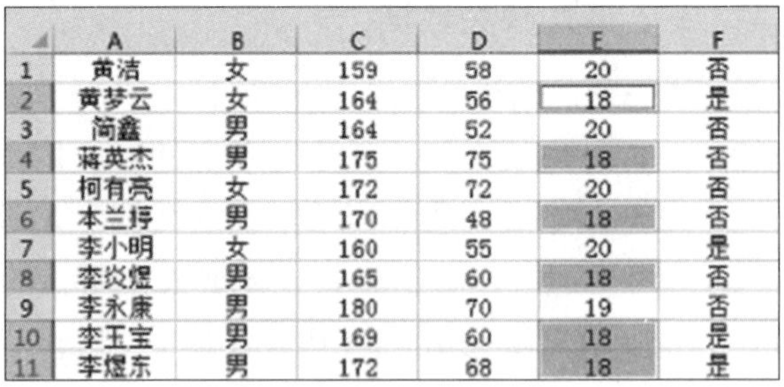

	A	B	C	D	E	F
1	黄洁	女	159	58	20	否
2	黄梦云	女	164	56	18	是
3	简鑫	男	164	52	20	否
4	蒋英杰	男	175	75	18	否
5	柯有亮	女	172	72	20	否
6	本兰婷	男	170	48	18	否
7	李小明	女	160	55	20	是
8	李炎煜	男	165	60	18	否
9	李永康	男	180	70	19	否
10	李玉宝	男	169	60	18	是
11	李煜东	男	172	68	18	是

图 1-23　替换数据

四、清洗错误数据

对于一些明显错误的数据，Excel 会显示错误标识，以提醒用户及时对错误值进行修复。Excel 常见错误数据标识符号及解决方法如表 1-4 所示。

表 1-4　Excel 常见错误数据标识符号及解决方法

符号	错误原因	解决方法
#####!	1. 单元格中的数字、日期或时间数据长度大于单元格宽度；2. 单元格中的日期或时间公式产生了负值	1. 拖拽列表增加单元格宽度；2. 更正公式或将单元格格式设置为非日期和时间型数据
#VALUE!	1. 需要数字或逻辑值时输入了文本；2. 将单元格引用、公式或函数作为数组常量输入；3. 赋予需要单一数值的运算符或函数一个数值区域	1. 确认公式或函数所需的运算符或参数正确，并且公式引用的单元格中包含有效的数值；2. 确认数组常量不是单元格引用、公式或函数；3. 将数值区域改为单一数值
#DIV/O!	1. 公式中的除数使用了指向空白单元格或包含零值单元格的引用；2. 输入公式中的数据包含明显的除数零	1. 修改单元格引用或在用作除数的单元格中输入不为零的值；2. 将零改为非零值
#NAME?	1. 删除了公式中使用的名称，或使用了不存在的名称；2. 名称出现拼写错误；3. 公式中输入文本时未使用双引号；4. 单元格区域引用时缺少冒号	1. 确认使用的名称确实存在；2. 修改拼写错误的名称；3. 将公式中的文本括在英文状态下的双引号中；4. 确认公式中使用的所有单元格区域都使用了英文状态下的冒号
#N/A	单元格的函数或公式中没有可用数值	可以忽略或在这些单元格中输入"#N/A"，公式在引用这些单元格时，将不进行数值计算，而是返回"#N/A"
#REF!	删除了由其他公式引用的单元格或将单元格粘贴到由其他公式引用的单元格中	更改公式或在删除或粘贴单元格之后，单机快速访问工具栏中的"撤销"按钮
#NULL!	使用了不正确的区域运算符或引用的单元格区域的交集为空	更改区域运算符使之正确，或更改引用使之相交
#NUM!	公式或函数中的某个数值出现问题	更正错误的数值

亲戚都不能依附自己，那就不要对外交际了。

错误数据产生的原因、查找错误数据的方法以及清洗方法如图1-24所示。

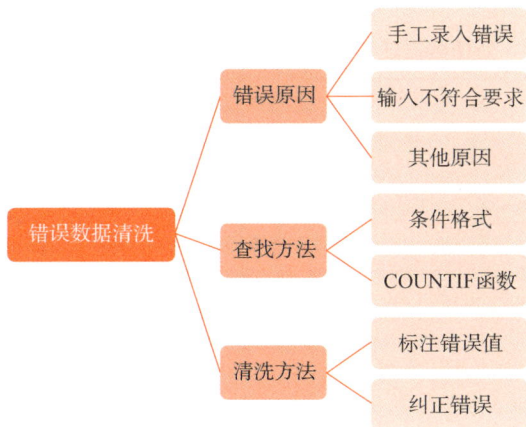

图 1-24　错误数据清洗

以图1-25所示的数据为例，操作一次错误数据清洗：

Step 1：单击选中 C 列，点击"查找和选择"|"替换"。

Step 2：打开"查找和替换"|"替换"，在"查找内容"中输入"cm"，在"替换为"中不做操作默认为空白值，单击"全部替换"按钮完成替换。

Step 3：替换后的结果如图1-25所示。"身高"这个字段中只保留了数字，去掉了单位。

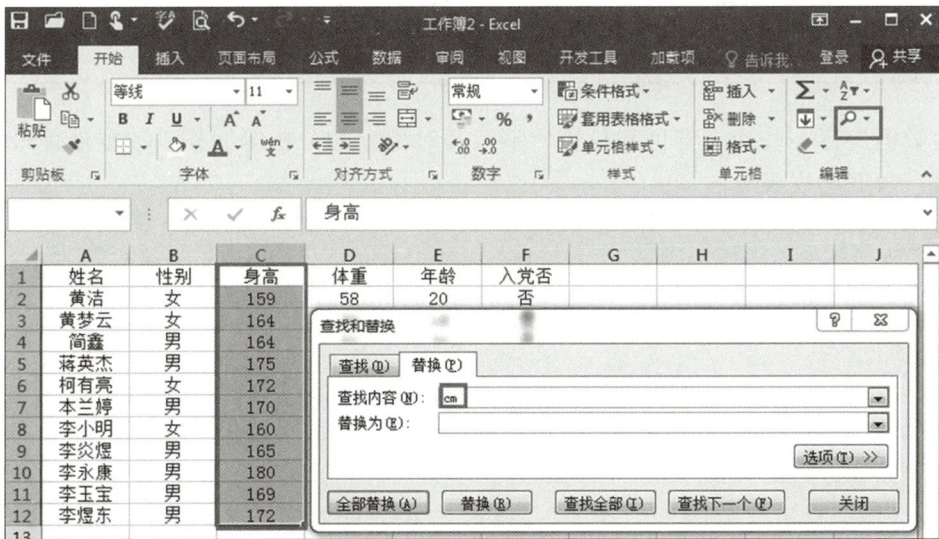

图 1-25　去掉指定字符

任务 2　处理数据

【任务工单 1-4】

处理数据任务工单

任务名称	处理数据
任务情景	主管要求小商在对数据分析之前，先对收集和获取的完整、真实、准确的数据做好数据预处理工作——便于量化分析工作的开展
任务目标	掌握数据处理中排序筛选、数据透视表等操作
项目要求	能独立完成 Excel 数据处理操作
任务思考	什么是数据处理？异常数据有些什么特征
子任务 1： 排序与筛选	1. 通过自定义排序能自定义排序规则，如何操作自定义排序？ 2. 通过高级筛选能筛选出特定规则的数据，如何操作高级筛选
子任务 2： 数据透视表处理	1. 数据透视表如何创建？ 2. 数据透视表的行和列值如何调整？ 3. 数值单元格的值显示方式如何设置？ 4. 筛选器如何设置
任务总结	总结归纳掌握的知识和技能，并进行展示汇报
扫描二维码 下载资料	微课：处理清洗　　　　　数据源：数据处理练习用表

数据处理是指对数据进行一些初步整理和计算，不涉及对指标的分析等操作。数据处理最常用的有排序与筛选、数据透视表等。

一、排序筛选数据

排序和筛选是数据处理中的常用功能，其中自定义排序和高级筛选能够按照自定义规则进行，下面分别介绍。

1. 自定义排序

商家往往会以客户评价的好坏程度判断客户满意度和回购的可能性，但客户评价的内容无法按简单的升序和降序完成，自定义排序则可以完成。操作如下：

Step 1：选中数据区域，点击"数据"|"排序"，设置"主要关键字"为"客户评价"，排序依据为"数值"，次序为"自定义序列"，如图 1-26 所示。

Step 2：在自定义序列中输入序列内容，按照评价的好坏，次序依次为"下次还会购买""很好""还可以""尺码有点偏小""质量有待改进""产品有瑕疵"，如图 1-27 所示。

身边的人都不能亲近，就不要希望招徕远方的人。

操作完成后即可得到新的数据表，排名在前的客户就是商家可以作为优先跟进关注的对象。

笔记：

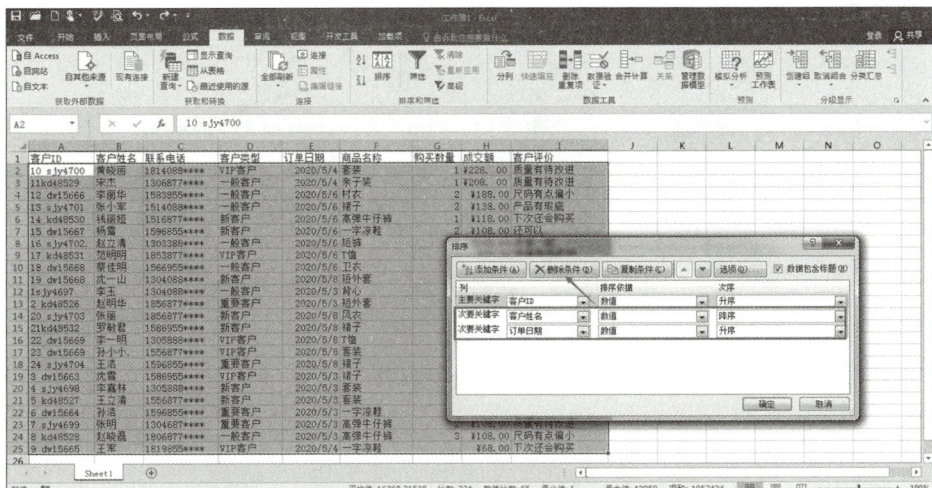

图1-26　排序设置

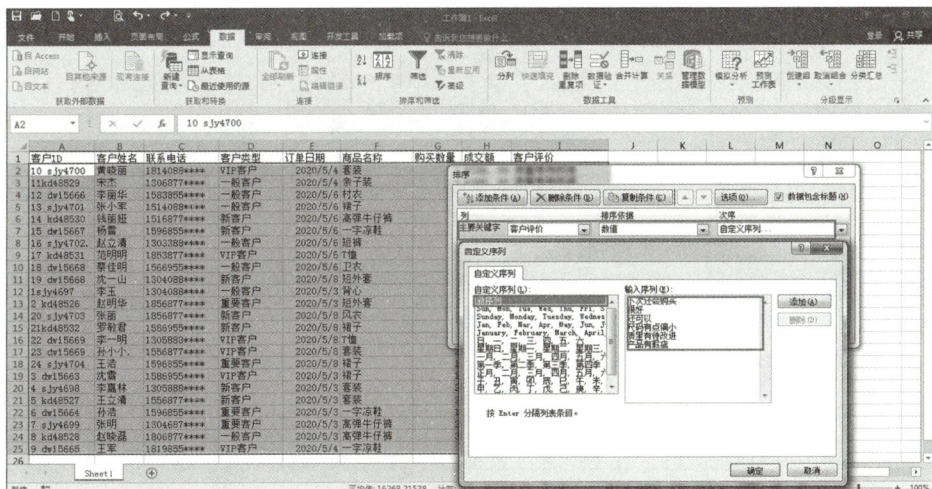

图1-27　自定义序列

思考：

2. 高级筛选

数据的筛选在市场调查、经济分析、管理决策中是十分重要的，下面介绍筛选中的高级筛选功能的使用。要在数据表中筛选出张伟跟进的顾客中订单金额在100元以上的数据，操作如下：

Step 1：选中数据表，点击"筛选"|"高级"，如图1-28所示。

Step 2：设置"高级筛选"|"列表区域"|"条件区域"，点击"确定"后，查看筛选后的结果，如图1-29所示。筛选结果如图1-30所示。

二、创建数据透视表

数据透视表具有数据整理和计算的功能，在处理和分析数据中常常用到。

務為不久，蓋虛不長。——《管子·小稱》

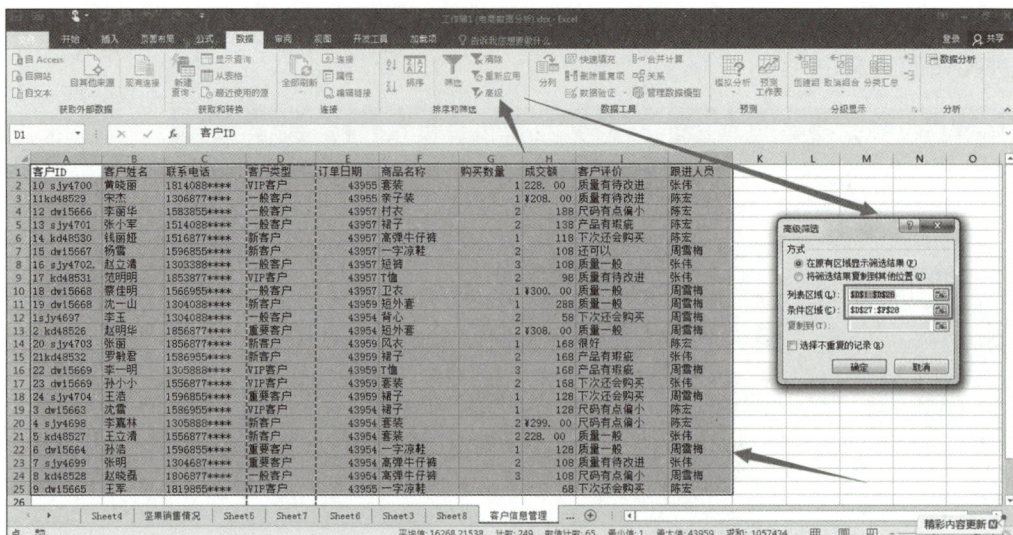

图 1-28　高级筛选

图 1-29　编辑"高级筛选"条件区域

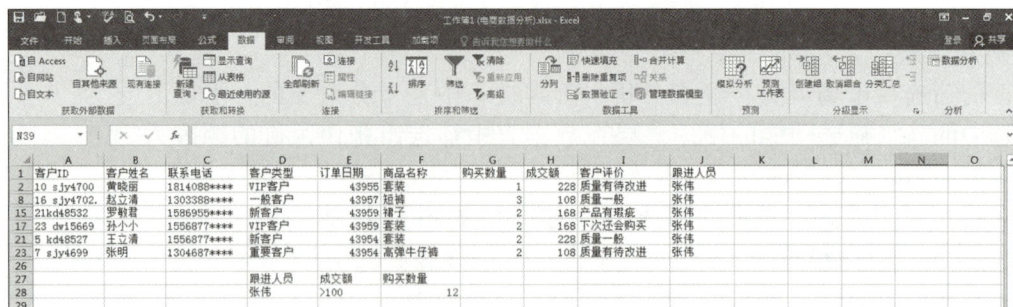

图 1-30　高级筛选结果

弄虚作假，时间不会太久；遮盖虚假的事情，用不了多长时间就会被识破。

1. 插入数据透视表

选择数据区域，单击"插入"|"表格"|"数据透视表"，如图1-31所示。在"创建数据透视表"对话框中自由选择数据透视表放置的位置，如图1-32所示。然后进入数据透视表字段的设置界面，如图1-33所示。

笔记：

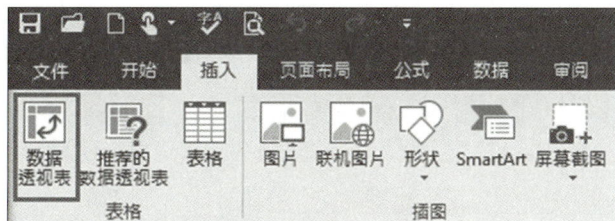

图1-31 创建数据透视表

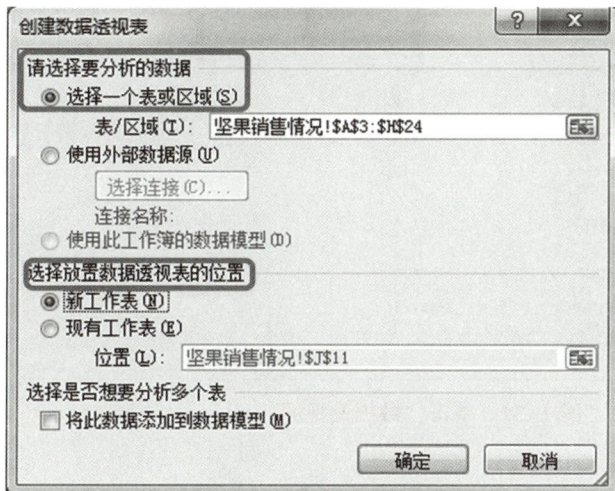

图1-32 选择放置数据透视表的位置

思考：

图1-33 数据透视表字段设置

2. 调整字段区域位置

这个操作主要用在交叉分析法中，可以多维度展示数据。在"数据透视表字段"选中各字段，可以直接拖拽移动字段放置到"筛选器""列""行""值"等位置上。如图 1-34 所示，结果显示的是各省份每种农作物的种植面积与总产量。

图 1-34　单击"数据透视图"

3. 数据透视表计算

数据透视表可以计算出求和、计数、平均值、最大值等，单击"值"字段，选择"值字段设置"，如图 1-35 所示，可切换"值"字段的汇总方式。同时还可以对数据之间的比例等进行计算，可修改值显示方式，如图 1-36 所示。

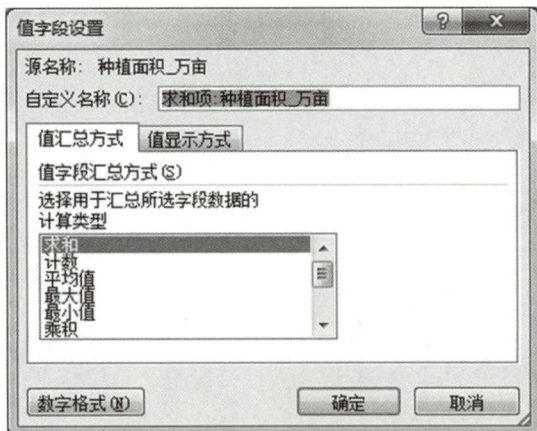

图 1-35　设置值汇总方式

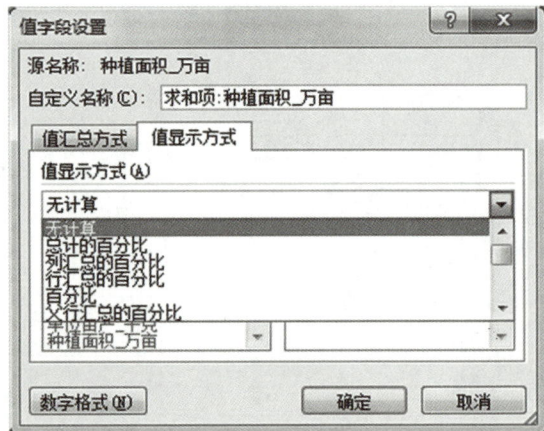

图 1-36　设置值显示方式

不能坚持做好事，因而善行没有积累起来，否则，哪有不被人知道的呢？

4. 数据透视表筛选

"筛选"区域可以添加不同维度的数据透视，如需要每一年的各省份各农作物的数据，可以将"年份"拖动到"筛选"区域，如图 1-37 所示。

笔记：

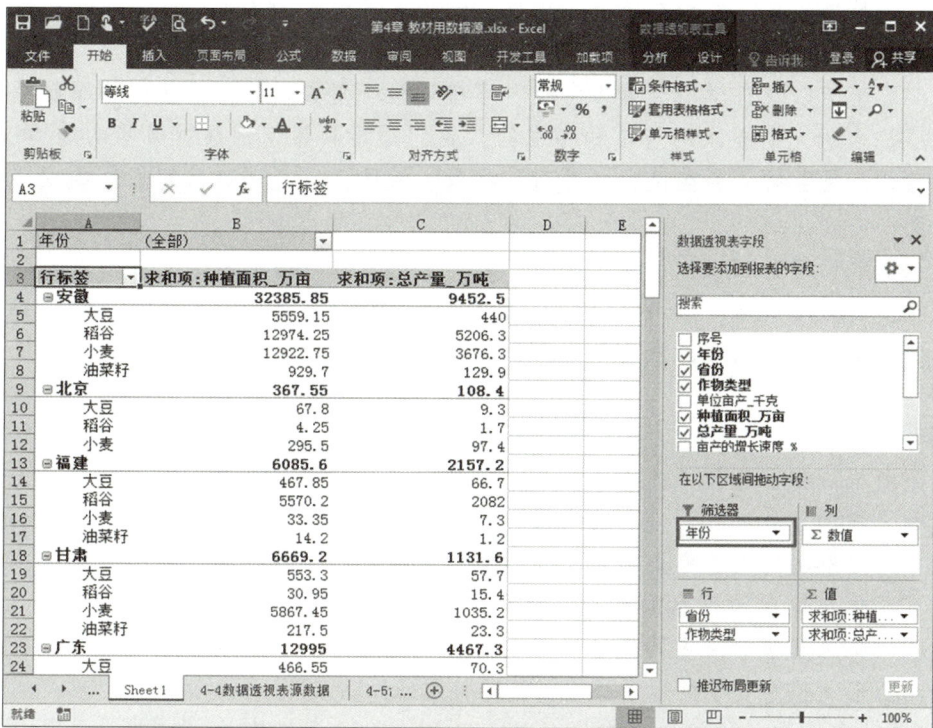

图 1-37 数据透视表设置筛选器

思考：

【职业素养园地】

1. 解决问题素养

马克思说过事物的矛盾具有特殊性，要具体问题具体分析。陶行知说过："创造始于问题，有了问题才会思考，有了思考，才有解决问题的方法，才有找到独立思路的可能。"问题往往是复杂的，是需要细化剖析的。

当数据采集人员工作时，是毫无目的地抓取网络中的一切数据，还是面向业务需要有针对性地采集网络相关数据呢？同一个业务部门在不同时期提出采集数据的需求时，是否可以照搬前期采集过的数据指标和数据？

实际上，采集数据时应该考虑到相关的业务需求，要带着解决业务问题的思路去采集相关指标的数据。不同的阶段，业务数据是不一样的，前期适用的未必此时还适用，我们要带着发展的眼光看待问题。再者，从横向比较角度来看，同类型竞争对手适用的数据采集要求也未必全部适用于自己，需要具体情况具体分析来对待。数据采集人员要抱着解决业务问题的视角来看待数据采集工作，视解决问题的目的为起点规划采集方案，方可实现工作结果的圆满。

2. 工作规范素养

当预备处理的一份原始数据从各个方面都是比较规范和完整的时候，作为数据处理人员的你，是会质疑并想要求证数据的真实性和有效性，还是会继续开展数据的后期处理？你认为这样处理出来的数据是否真能成为数据资产，为企业的发展和经营赋能？

由于现实生产和实际生活以及科学研究的多样性、不确定性、复杂性等，采集到的原始数据有较大缺陷，这是不符合研究所要求的规范和标准的，我们需要具备识别数据缺陷的能力。如果无法完全采样，你认为是否有义务在报告中讲明这些数据缺陷，以及清楚地解释这些缺陷对分析结果的影响程度？

虽然计算机可以获取数据并对其进行操作、读取、分析，但只有优秀的数据处理人员才能使这些数据变得有价值。优秀的数据处理人员应具备商业思维，应在处理工作时条理清晰，具备洞察力、质疑和善于发现问题等能力，将业务问题转化为指标数据问题时更应保持谦虚、谨慎和务实的工作态度。

3. 信息安全素养

随着全球信息化不断推进和信息技术的不断发展，信息安全形势日趋严峻：一方面信息安全事件发生的频率大规模增加，另一方面信息安全事件造成的损失越来越大。另外，信息安全问题日趋多样化，客户需要解决的信息安全问题不断增多，解决这些问题所需要的信息安全手段不断增加。确保计算机信息系统和网络的安全，特别是国家重要基础设施信息系统的安全，已成为信息化建设过程中必须解决的重大问题。正是在这样的背景下，信息安全被提到了空前的高度。国家也从战略层面对信息安全的建设提出了指导性要求。

我国在 2000 年之前颁布的相关法律法规有许多部，例如：1994 年颁布的《中华人民共和国计算机信息系统安全保护条例》；1996 年颁布的《中国公用计算机互联网国际联网管理办法》《中华人民共和国计算机信息网络国际联网管理暂行规定》；1997 年颁布的《中华人民共和国计算机信息网络国际联网管理暂行规定》。

从 2000 年到 2010 年，我国更加重视互联网信息安全，相继颁布了多部关于网络安全的法律法规以及行业标准，如 2000 年的《计算机信息系统国际联网保密管理规定》、2017 年的《中华人民共和国网络安全法》、2019 年的《GBT 22239—2019 信息安全技术网络安全等级保护基本要求》等。尤其是近年来越发重视对公共数据的安全保护，国家相继下架了涉及违规采集个人信息数据的应用 APP，2021 年更是对滴滴 APP 进行处罚，《中华人民共和国数据安全法》也于 2021 年 9 月 1 日起开始正式实行。

【模块检测】

一、单选题

1. 在进行电子商务数据采集的过程中，以下不是数据采集原则的是（　　）。
A. 及时性　　B. 有效性　　C. 丰富性　　D. 合法性

2. 数据采集是数据分析人员的必备技能。在数据采集后，数据检查也是至关重要的一步。以下不属于数据检查的是（　　）。
A. 完整性检查　　　　B. 保密性检查

C. 规范性检查   D. 准确性检查

3. 常见的数据来源渠道主要有内部数据和外部数据，以下属于外部数据的是（   ）

A. 店铺后台订单系统   B. 企业自己的 ERP

C. 360 趋势   D. 独立站的百度统计数据

4. 数据需求分析可以分解为（   ）

A. 需求整理、需求排序、需求筛选

B. 需求树立、需求透视、需求实现

C. 需求筛选、需求透视、需求排序

D. 需求手机、需求罗列、需求整理

5. 下列采集行为属于违法行为的是（   ）。

A. 使用生意参谋工具导出自己店铺的运营数据

B. 使用百度指数工具获取关键词搜索指数及用户画像数据

C. 通过技术手段进入竞争对手网站数据库获取网站流量及销售数据

D. 使用数据采集工具采集其他网站的公开数据信息，用于数据分析

二、多选题

1. 对采集的数据预处理包括以下处理过程（   ）。

A. 去重   B. 缺失值处理

C. 异常值处理   D. 数据变换

2. 商务数据采集工具主要分为编程类及可视化采集工具两类。（   ）

A. 面向对象   B. 编程类采集

C. 可视化   D. 编译型

3. 采集某独立商城店铺行业竞争对手商品的销售价格，可以使用的采集工具有（   ）。

A. 百度指数   B. 八爪鱼

C. 店侦探   D. 火车采集器

4. 数据分析需求需要进行（   ）分析。

A. 真实性   B. 价值性   C. 技术性   D. 可行性

5. 数据采集工具选择过程中需要注意（   ）。

A. 使用范围   B. 数据类型   C. 功能需求   D. 技术实力

三、判断题

1. 数据透视表在处理数据时，将某个字段拖移到筛选器中，某个字段便能实现筛选功能。   （   ）

2. 电子商务数据采集渠道包括权威网站、数据机构、个人网站。   （   ）

3. 百度指数属于行业趋势及人群数据分析工具。   （   ）

4. 数据采集工具的选择需要注意工具的适用范围。   （   ）

5. 数据采集方案可以不包括采集工具部分的内容。   （   ）

笔记：

思考：

【学习任务评价】

1. 本模块学习情况自查

序号	学习情况	自查
1	本模块主题是否已明确	（ ）是　　（ ）否
2	本模块中的单元视频是否观看完成	（ ）是　　（ ）否
3	模块检测是否完成	（ ）是　　（ ）否
4	模块检测完成后，是否核对过参考答案？错误之处是否更正	（ ）是　　（ ）否
5	技能训练是否能顺利完成	（ ）是　　（ ）否
6	训练完成后，是否核对过参考答案？错误之处是否更正	（ ）是　　（ ）否
7	职业素养中，你的答案是否符合社会主义核心价值观？是否符合社会公序良俗	（ ）是　　（ ）否
8	如果你理想中完美的学习状态是 100 分，你对在本模块的学习状态打多少分	（　　）分
9	如果改进某些行为能让自己获得理想的 100 分，那么是哪些学习行为需要改进呢	

说明：

1. 如果在上述问题的回答中，第 1、2、3、4 项为"是"，那么本模块学习达到"合格"状态；

2. 如果在上述问题的回答中，第 1、2、3、4、5、6 项为"是"，那么本模块学习达到"良好"状态；

3. 如果在上述问题的回答中，第 1、2、3、4、5、6、7 项为"是"，那么本模块学习达到"优秀"状态；

4. 如果在上述问题的回答中，第 1、2、3、4、5、6、7 项为"是"，并且对第 8、9 项做出思考之后有明确的答案，那么，你是一个"大有潜力的优秀学生"

2. 本模块学习情况复盘

序号	复盘问题
1	模块主题是什么？与店铺运营有什么关系
2	在本模块中，你学会了什么
3	通过模块检测，发现哪些知识点掌握得好、哪些掌握得不够好
4	你的答案与参考答案的差异有哪些？你认为哪个更好？理由是什么
5	技能训练题来自 1+X 电商技能题库，你是否能顺利完成这些题目？遇到的困难是什么？如何解决的
6	针对技能训练题，你是否核对过参考答案？你认为哪个更好？理由是什么
7	职业素质修养永远在路上，你是否得到启发？你找到那个提高修养的答案了吗

发现差距后，有思考、有行动，就有进步。祝愿你距离心中更好的自己越来越近

学了知识，然后按一定的时间复习它，不也是很愉快的吗？

3. 本模块学习任务评价

评价内容	评价方式			评价等级
	自评	小组评议	教师评议	
素养目标				
知识目标				
能力目标				
学习重点				
学习难点				
说明：评价等级分为三级，A级表示充分掌握，B级表示一般掌握，C级表示基本不会				

【学 习 总 结】

请把对本模块的学习总结记录如下：

模块二
商务数据可视化分析与报告

【学习目标】

素质目标：用美的眼光制作特色鲜明的可视化图表，在图表制作中发现美、创造美，追求精益求精的工匠精神。

能力目标：能创建常用类型的可视化图表与组合图表；能使用颜色搭配、图表调整等方法进行美化；能创建可视化单元格；能合作完成数据分析报告。

知识目标：了解可视化图表的结构、常用类型；理解分析报告的基本含义、特点和作用；熟悉数据分析报告结构与特点。

【学习重点与难点】

学习重点：选用并创建恰当类型的可视化图表；可视化图表美化。

学习难点：撰写数据分析报告。

笔记：

导入案例

数据分析咨询公司的可视化应用

近几年数据分析公司如雨后春笋般在咨询行业中落地开花，企业对数据分析认可度越来越高，这些公司交给客户的分析报告中，大量使用款式多样又美观的图表，可视化图表确实能让复杂的数据变得易于理解和便于发现业务真相。数据分析图表在企业中运用于各种总结、述职、专题汇报等场合。Excel 工具更是为大家提供了免费的各款图表，在职场中广受欢迎。

数据可视化的关键在于借助图形化手段，清晰有效地传达数据背后的规律和数据分析的结论。这并不意味着数据可视化就一定因为要实现其功能和用途而被生搬硬套，或者为了表面的绚丽多彩而把简单的问题复杂化。为了有效地传达思想、理念，美学形式与功能需要齐头并进，通过直观地传达关键的内容与特征，实现对复杂数据集的深入研究。需要特别注意的是，如果不能很好地把握设计与功能之间的平衡，创造出华而不实的数据可视化形式，则无法达到商业的主要目的，也就无法有效传达与沟通信息。

思考：

那么，可视化图表对于帮助我们理解业务数据和商业行为，起到什么样的作用？应用的典型场景又有哪些？我们一起来看看火山引擎的应用案例。

1. 提升获客效率

通过可视化图表，一是可以评估广告投放效果。定位用户渠道来源，并分析每个渠道在激活、注册、付费等不同阶段的 ROI，更合理地优化投放。二是可以从图表中轻易观察到高价值人群的特点。对用户进行分群，定位精准人群包，基于人群包，分解人群特征，进行广告投放。三是可视化图表有助于私域流量裂变。追踪为三度人脉裂变，定位产品的 KOL，精准运营，提升裂变效果。

2. 突破定位转化

通过可视化图表，一是可以轻易洞察转化瓶颈。对全局业务转化流程进行监测，洞察每个阶段的转化效率，定位转化突破点。二是可以用图表展示定位流失原因。分析用户转化流程，并深度下钻至单一用户行为，定位用户流失原因。三是可以从图表中发现并降低流失风险。建立用户分层体系，针对潜在转化人群定向运营，引导用户完成转化。

3. 提高用户留存

通过可视化图表，一是可以分析流失情况。定位流失用户群体，分析用户特征以及行为特点，定位低留存原因，发现高黏性功能。二是可以分析不同功能、不同人群的留存现状，寻找具有黏性的功能模块以及不同人群的喜好特征。三是可以进行精准召回，建立用户分层体系，针对潜在转化人群定时定向运营，提升用户活跃度及留存或复购。

（本案例整理自火山引擎网站）

案例思考：
1. 可视化图表对于帮助我们理解业务数据和商业行为起到什么作用？
2. 可视化图表应用的典型场景有哪些？

项目一　创建可视化分析图表

公司安排小商进行 Excel 的可视化图表制作，要求不仅做出类型合适的图表，还要做出美观精致的图表。请你随着小商的任务工单一起开始成长之旅吧！

任务 1　创建可视化分析图表

【任务工单 2-1】

创建数据可视化分析图表任务工单

任务名称	创建数据可视化分析图表
任务情景	公司安排小商做能体现出业务情况的、美观精致的可视化图表
任务目标	理解数据可视化图表的基本结构；熟知数据可视化图表的常用类型；能创建常用的可视化分析图表；能对图表进行美化操作
任务思考	什么样的可视化图表能更恰当地展示出业务数据
子任务 1：理解可视化图表基本结构	1. 数据可视化图表的基本组成部分有哪些？ 2. 数据可视化图表的各组成部分的作用是什么？ 3. 这个结构中的元素哪些是一定要有的、哪些可有可无？在什么情况下可以没有
子任务 2：熟知可视化图表常用类型	1. 数据可视化图表的常用类型有哪些？ 2. 数据可视化图表的常用类型对应的使用场景有哪些？ 3. 常用可视化图表怎么创建
子任务 3：创建组合图表	1. 什么是组合图表？ 2. 组合图表创建步骤是什么
子任务 4：美化图表	1. 如何给图表设计搭配颜色？ 2. 如何增强图表的立体感？ 3. 如何对图表进行美化操作
任务总结	小组派代表上台汇报发言，总结归纳掌握的知识和技能
扫描二维码下载资料	微课：创建数据可视化分析图表

创建适用的可视化图表需要先理解可视化图表的基本结构、熟知可视化图表的常用类型、创建组合图表以及美化图表等。

一、可视化分析图表的基本结构

所谓图表，就是表格中数据的图形表现。要正确使用图表，首先就要了解图表的有关术语和组成部分。下面以某影院总入场数与平均消费额之间的关系图为例认识图表的基本结构，如图 2-1 所示。Excel 图表主要由以下部分组成（见表 2-1），各个部分能够根据需要设置显示或隐藏。

图 2-1　图表的基本结构

表 2-1　图表的基本组成及作用

名称	作用
图表标题	标题用于表明图表或分类的内容。一般来说，用于表明图表内容的标题位于图表的顶部，如图 2-1 中顶部的"总入场数与平均消费额之间的关系"就是该图表的标题
坐标轴	坐标轴是作为绘图区一侧边界的直线，在图表中进行度量或比较时提供参考框架，对于多数图表而言，数据值均沿数值轴即 Y 轴绘制，类别均沿分类轴即 X 轴绘制。图 2-1 中，表示年度的为类别轴 X 轴，表示人数和金额的为数值轴 Y 轴
数据系列	绘制在图表中的一组相关数据点就是一个数据系列。图表中的每一个数据系列都有特定的颜色或图案。图 2-1 的柱形表示一组数据系列，折线形表示另一组数据系列
数据点	数据点又称数据标记。在 Excel 中，图表与源数据表是不可分割的，图表是工作表中数据的图形化，一个数据点本质上就是工作表中一个单元格的数据值的图形表示。图 2-1 中共有 6 个数据点，每一个点对应一个单元格中的数据

名称	作用
网格线	网格线是指可以添至图表的线条，有助于查看和评估数据。网格线从方向轴上的刻度线处开始延伸过绘图区，包括水平网格线和垂直网格线两种，根据需要可以设置或取消
刻度线与刻度线标志	刻度线是与轴交叉的起度量作用的短线，类似于尺子上的刻度。刻度线标志用于标明图表中的类别、数值或数据系列。图 2-1 水平方向有 6 个刻度，分别表示 2009 年、2010 年、2011 年、2012 年、2013 年和 2014 年
图例	图例用于说明每个数据系列中的图形外表，可以是一个方框、一个菱形或其他小图块，用于标示图表中为数据系列或分类所指定的图案或颜色。图 2-1 的图例为柱形和数据点折线形
数据标签	数据标签是图表中专为数据标记提供附加信息的标签，代表源于数据表单元格的单个数据点或值。图 2-1 中浮于两个数据系列中的数值即为数据标签

二、可视化分析图表常用类型

由于商务数据的可视化是通过图表展示的，因此商务数据的可视化种类也就是图表的种类。Excel 提供了十几种标准的图表类型，如柱形图、面积图和饼图等，每一种图表类型又可细分为多个子类型，如图 2-2 所示。可以根据分析数据的目的不同，选择不同的图表类型描述数据。

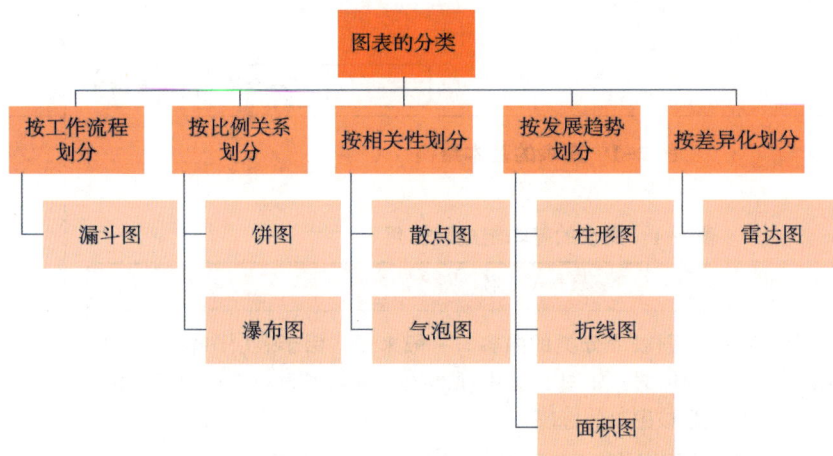

图 2-2　图表的类型

下面我们着重介绍几种比较常用的图表。

1. 柱形图

柱形图是最普通的图表类型之一，通常用来反映不同项目之间的分类对比，此外，也可以用来反映数据在时间上的趋势。柱形图的数据显示为垂直柱体，高度与数值相对应，数值的刻度显示在纵轴线的左侧。创建柱形图时可以设定多个数据系列，每个数据系列以不同的颜色表示，如图 2-3 所示。

2. 折线图

折线图通常用来描绘连续的数据，对于显示数据趋势很有用。折线图的分类轴显示相等的间隔，如图 2-4 所示。

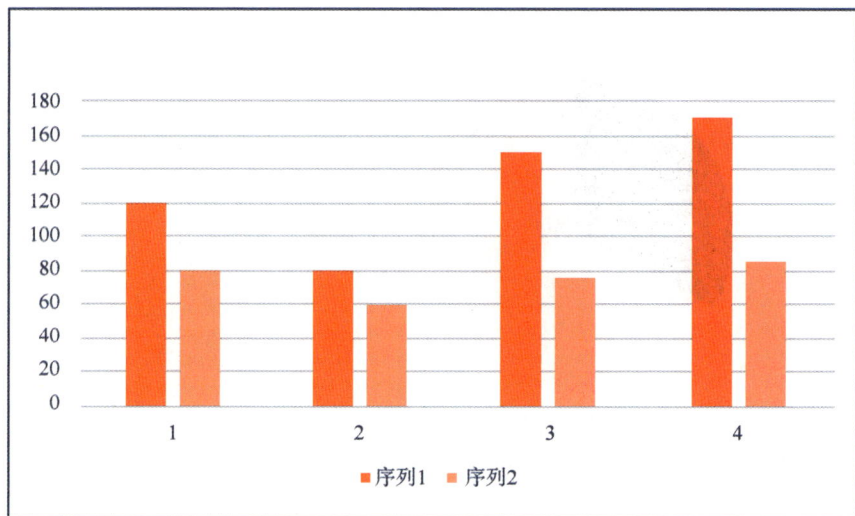

图 2-3　柱形图

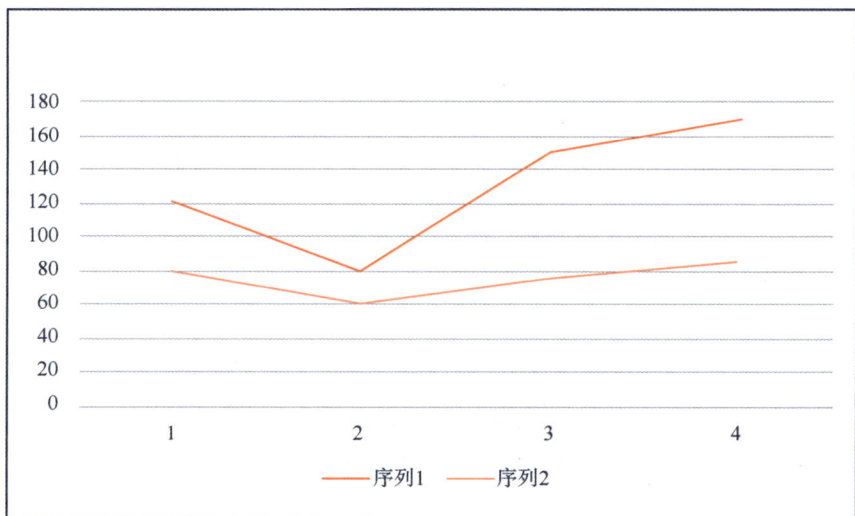

图 2-4　折线图

3. 饼图

饼图把一个圆面划分为若干个扇形面，每个扇形面代表一项数据类型。饼图一般用于表示数据系列中每一项占该系列总值的百分比，如图 2-5 所示。

4. 条形图

条形图类似于柱形图，实际上是顺时针旋转 90°的柱形图，主要强调各个数据项之间的差别。条形图的优点是有分类标签，更便于阅读，如图 2-6 所示。

5. 面积图

面积图是将一系列数据用线段连接起来，每条线以下的区域用不同的颜色填充。面积图强调幅度随时间的变化，通过显示所绘数据的总和，说明部分和整体的关系，如图 2-7 所示。

图 2-5　饼图

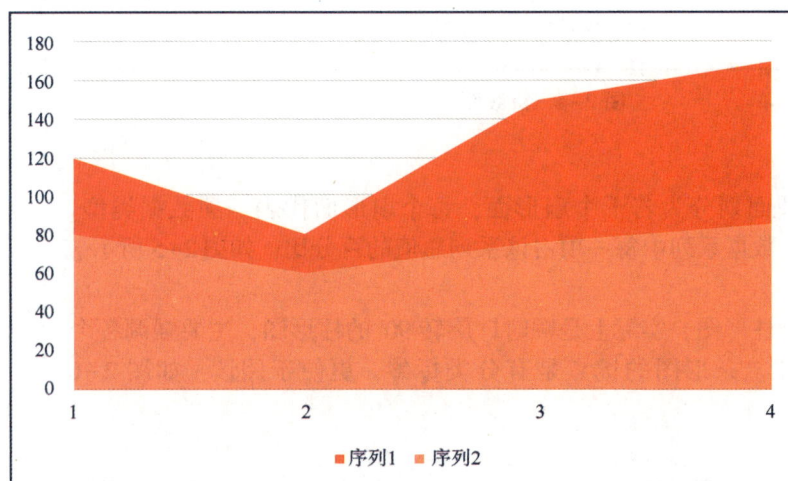

图 2-6　条形图

图 2-7　面积图

在执法时心慈手软，或偏私袒护不敢处理自己的近亲好友，或畏惧权势不敢惩罚达官权贵，这种人不能做三军统帅。

6. XY 散点图

XY 散点图用于比较几个数据系列中的数值。XY 散点图通常用来显示两个变量之间的关系，如图 2-8 所示。

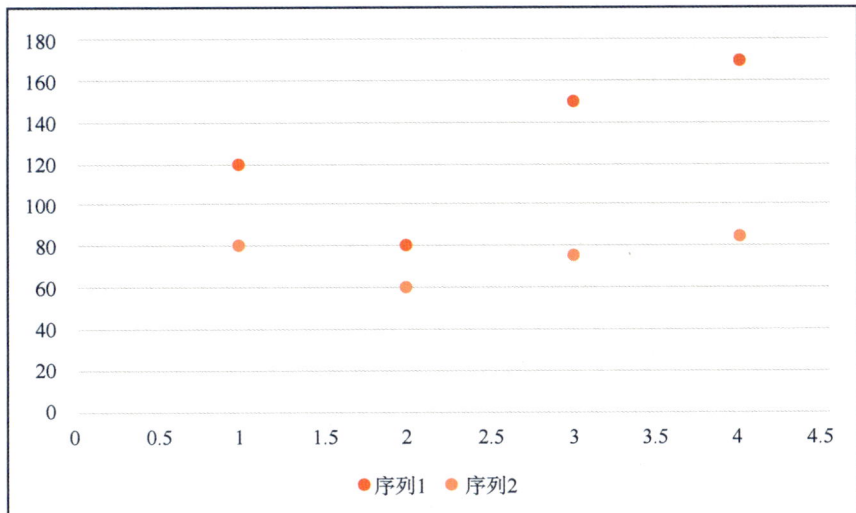

图 2-8 XY 散点图

7. 股价图

股价图用来描绘股票的价格走势，对显示股票市场信息很有用。这类图表需要 3~5 个数据系列，如图 2-9 所示。

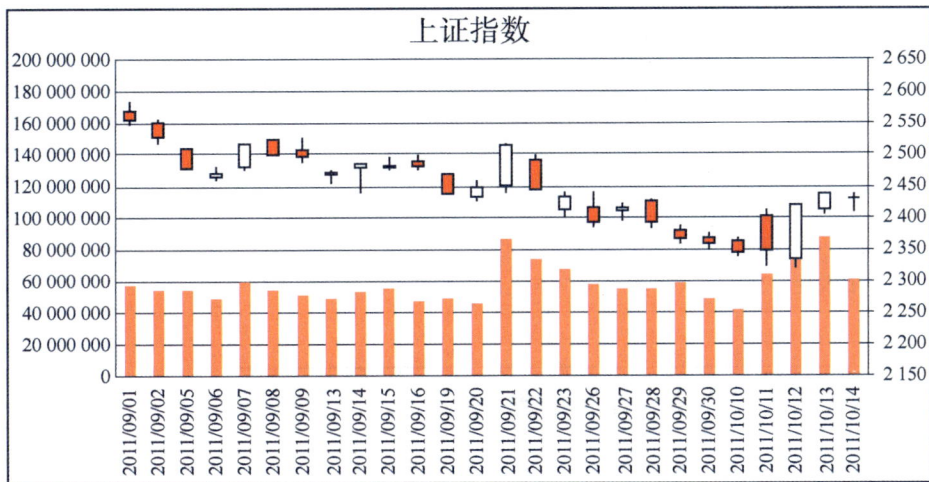

图 2-9 股价图

8. 曲面图

曲面图是在曲面上显示两个或更多的数据系列。曲面中的颜色和图案用来指示在同一取值范围内的区域。数轴的单位刻度决定使用的颜色数，每个颜色对应一个单位刻度，如图 2-10 所示。

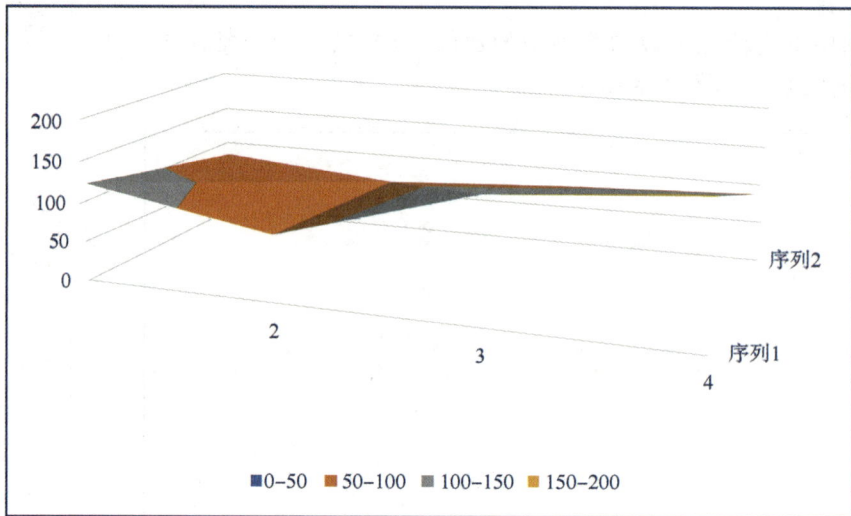

图 2-10 曲面图

9. 雷达图

雷达图对于每个分类都有一个单独的轴线，轴线从图表的中心向外延伸，并且每个数据点的值均被绘制在相应的轴线上，如图 2-11 所示。

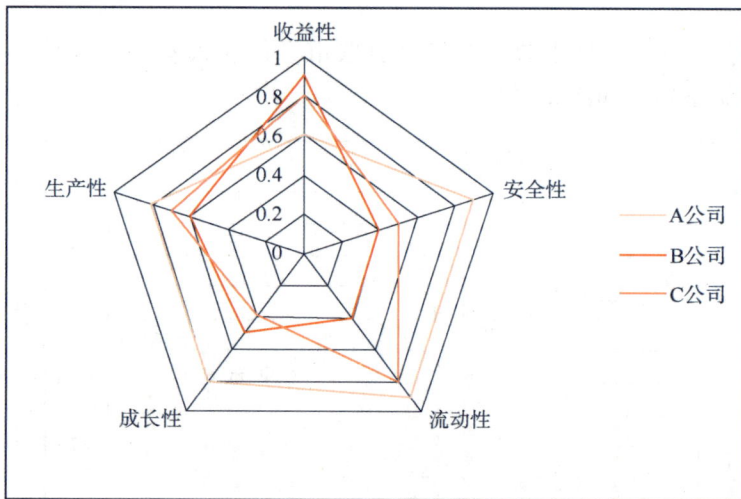

图 2-11 雷达图

10. 组合图

组合图可以将多个图表进行组合，在一个图表中可以实现各种效果，如图 2-12 所示。

三、创建常用可视化分析图表

1. 常用创建图表的方法

创建图表的方法有 3 种，分别是使用快捷键创建图表、使用功能区创建图表和使用图表向导创建图表。

骄纵、傲慢、急躁、暴戾的人，不可与他交朋友。

（1）使用快捷键创建图表。按组合键【Alt+F1】或者按【F11】键可以快速创建图表。按组合键【Alt+F1】可以创建嵌入式图表；按【F11】键可以创建工作表图表。

笔记：

图 2-12　组合图

表 2-2 所示为某公司各部门第一季度费用表，请使用快捷键方式创建图表。

表 2-2　各部门第一季度费用表　　　　　　　　　　　　元

部门	1 月	2 月	3 月
财务部	5 600	6 220	3 280
技术部	10 800	4 230	3 250
编辑部	2 300	4 200	2 570
销售部	21 000	3 680	4 500

思考：

操作步骤如下：

Step 1：选中单元格区域 A1：D6。

Step 2：按【F11】键，即可插入一个名为"Chart1"的工作表图表，并根据所选区域的数据创建图表，效果如图 2-13 所示。

（2）使用功能区创建图表。请使用功能区方式为"表 2-3 各部门第一季度费用表"的表格创建图表。操作步骤如下：

Step 1：选中单元格区域 A1：D6。

Step 2：单击"插入"｜"图表"｜"插入柱形图或条形图"，从弹出的下拉菜单框中选择"二维柱形图"｜"簇状柱形图"，如图 2-14 所示。

Step 3：即可在该工作表中生成一个簇状柱形图图表。

（3）使用图表向导创建图表。请使用图表向导方式为"表 2-3 各部门第一季度费用表"的表格创建图表。操作步骤如下：

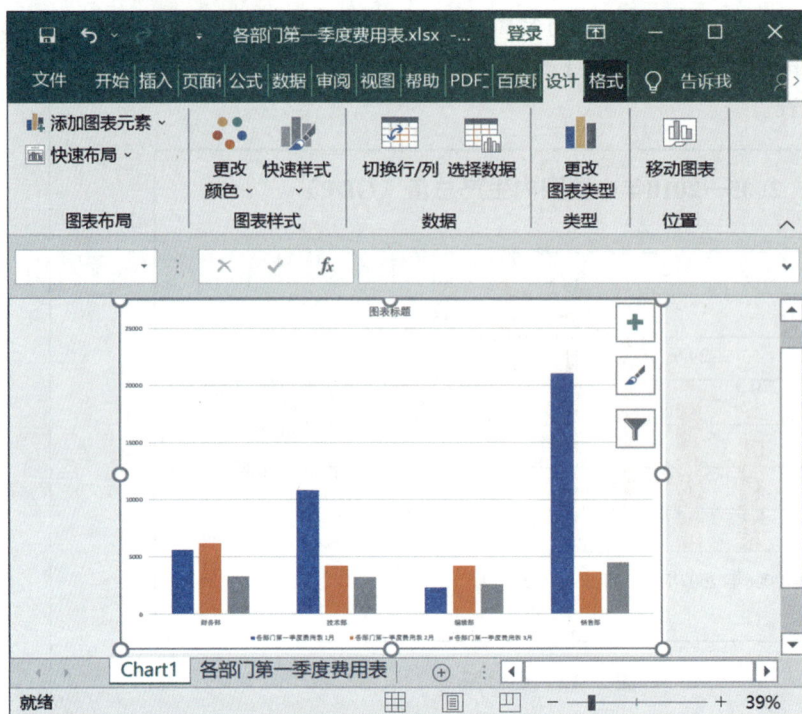

图 2-13　工作表图表

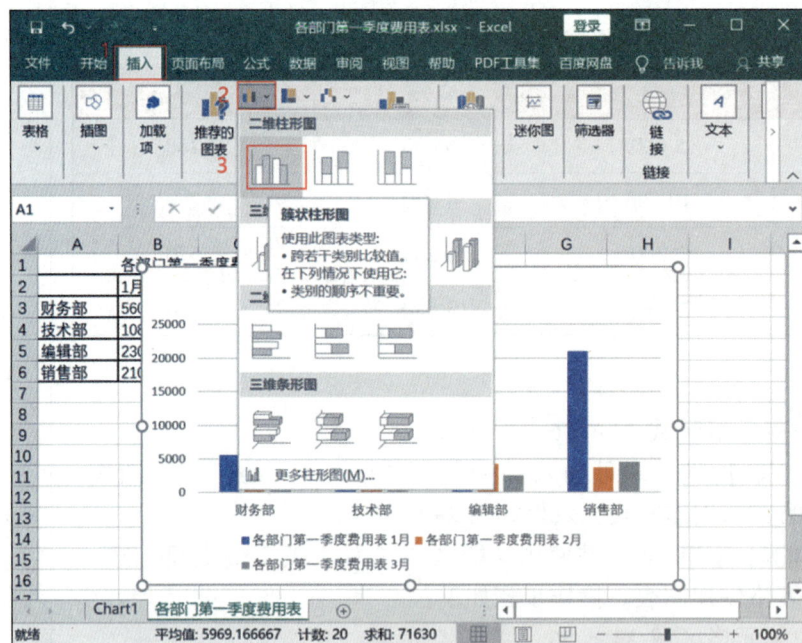

图 2-14　使用功能区创建图表

Step 1：选中单元格区域 A1：D6。

Step 2：单击"插入" | "图表" | "查看所有图表" | "插入图表"，选择"推荐的图表" |
"簇状柱形图"，如图 2-15 所示。

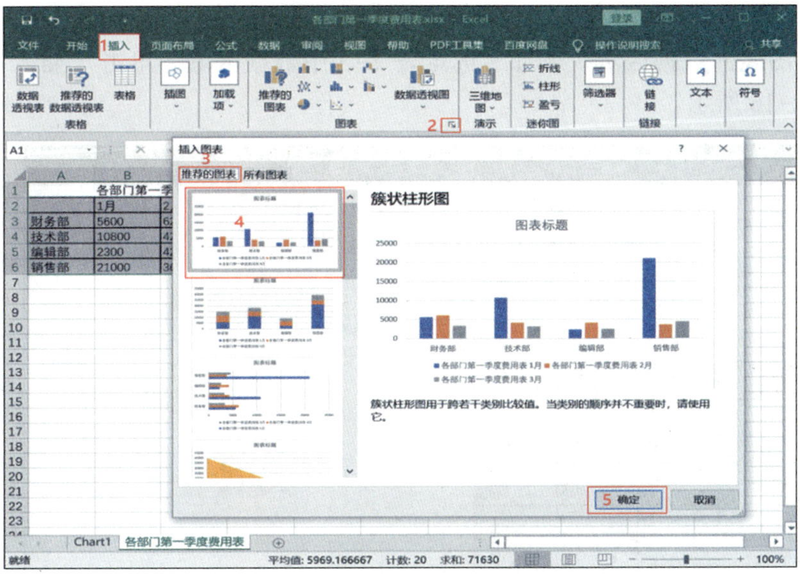

图2-15 使用图表向导创建图表

Step 3：单击"确定"按钮，即可创建一个簇状柱形图图表。

2. 创建柱形图

柱形图是用矩形、圆柱、圆锥或棱锥描述各个系列数据，以便对各个系列数据进行直观的比较。分类数据位于横轴，数值数据位于纵轴。

（1）创建普通柱形图。表2-3是2006—2010年世界主要国家和地区经济增长率，为了能直观地比较2006—2010年世界主要国家和地区经济增长率，可用柱形图来描述。

表2-3　2006—2010年世界主要国家和地区经济增长率　　　　%

国家和地区	2006年	2007年	2008年	2009年	2010年	2005—2010年平均增长率
世界总计	5.2	5.3	2.8	−0.6	5	
美国	2.7	2	0	−2.6	2.8	
欧元区	3	2.9	0.5	−4.1	1.8	
日本	2	2.4	−1.2	−5.2	4.3	
中国	12.7	14.2	9.6	9.2	10.3	
中国香港	7	6.4	2.2	−2.8	6	
韩国	5.2	5.1	2.3	0.2	6.1	
新加坡	8.6	8.5	1.8	−1.3	15	
南非	5.6	5.5	3.7	−1.8	2.8	
印度	9.7	9.9	6.4	5.7	9.7	
俄罗斯	8.2	8.5	5.2	−7.9	3.7	
巴西	4	6.1	5.1	−0.2	7.5	

操作步骤为：

Step 1：选定要创建图表的数据区域。例如，选定表 2-3 中数据区域，单击"插入"|"图表"|"柱形图"，如图 2-16 所示。

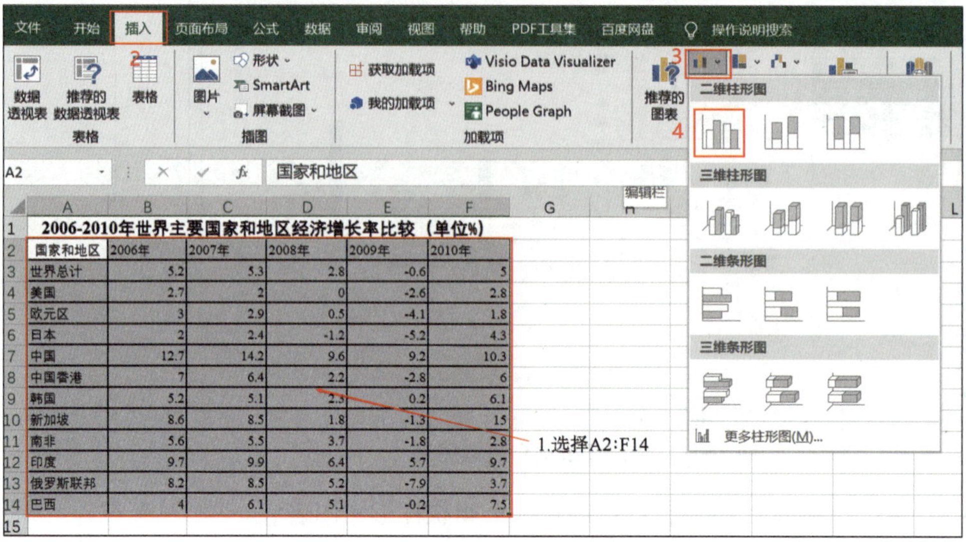

图 2-16　插入柱形图

Step 2：点击"二维图"|"簇状柱形图"，创建的图表如图 2-17 所示。

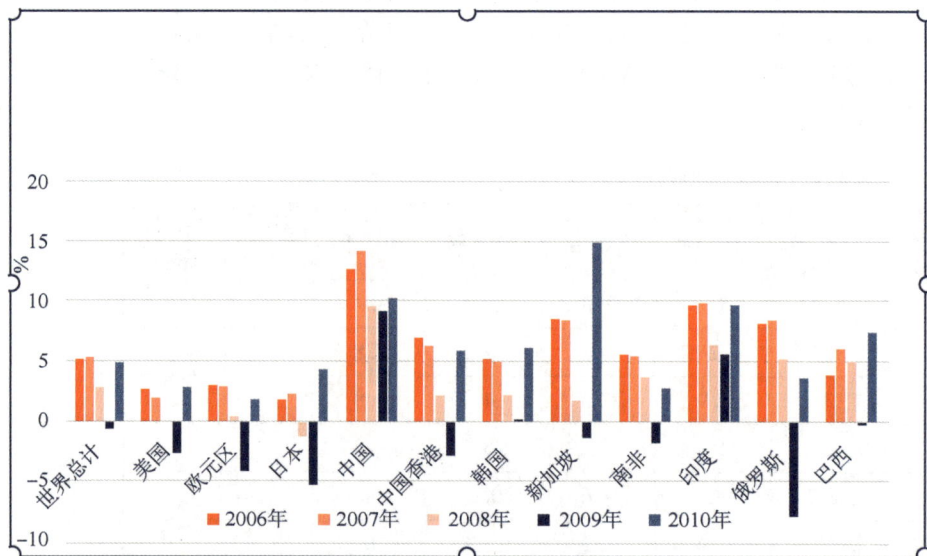

图 2-17　簇状柱形图（行/列切换前）

Step 3：互换图例和水平分类：单击图表，单击"设计"|"数据"|"切换行/列"，结果如图 2-18 所示。注意：图表在描述数据表中的负值时，数据系列在水平数轴以下。

Step 4：修改图表标题。选择图中"图表标题"，输入标题内容或"复制"A1 单元格的内容，"粘贴"到图表标题框内。

图 2-18 簇状柱形图（行/列切换后）

Step 5：添加垂直坐标轴标题：单击图表｜"设计"｜"图表布局"｜"添加图表元素"｜"坐标轴标题"｜"主要纵坐标轴标题"｜"坐标轴标题"，输入内容即可，如图 2-19 所示。例如，输入"（%）"，再移动到合适的位置。

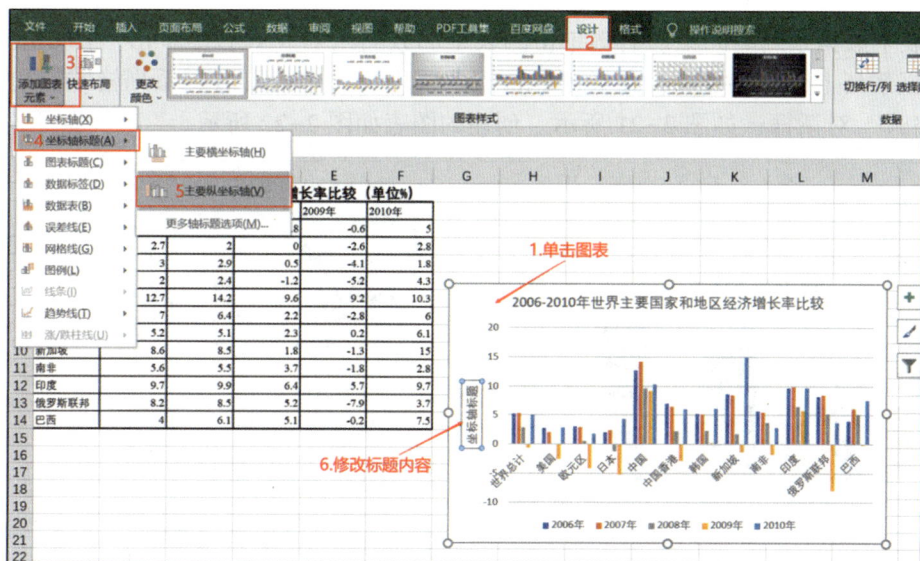

图 2-19 添加纵坐标轴

（2）创建重叠柱形图。表 2-4 是某公司去年和今年房屋销售情况统计表，用该表创建重叠柱形图。

表 2-4 房屋销售情况统计表   套

年度	一季度	二季度	三季度	四季度
去年	120	80	150	170
今年	80	60	75	85

操作步骤如下：

Step 1：选定要创建图表的数据区域。例如，选定表 2-4 中的数据区域。

Step 2：选择"图表类型"|"图表子图"|"添加图表标题"|"垂直坐标轴标题"，与前面创建图表的操作相同，不再重复。

Step 3：添加数据系列标签。选中数据序列（如右键单击"四季度"中的一个柱子），单击 添加图表元素，勾选数据标签，点击▶弹出更多选项，然后选择"数据标签内"，如图 2-20 所示。

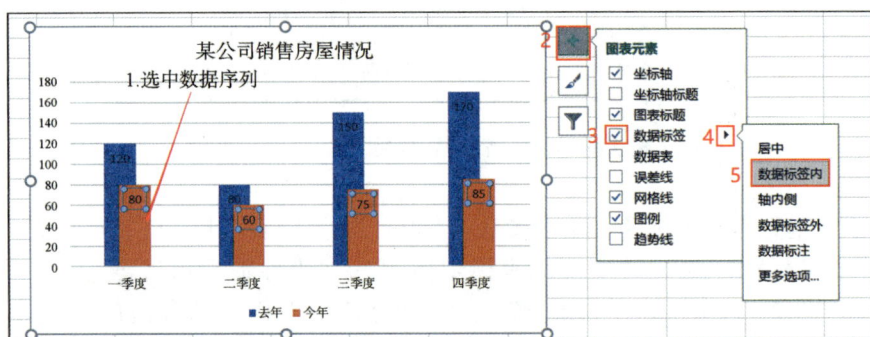

图 2-20 添加数据标签

Step 4：调整图表中数据系列的间距。右键单击图表中的数据系列（如右键单击"四季度"中的一个柱子），数据系列上会出现控点，在弹出的快捷菜单中选择"设置数据系列格式"，打开"设置数据系列格式"对话框，如图 2-21 所示。创建的图表如图 2-22 所示。

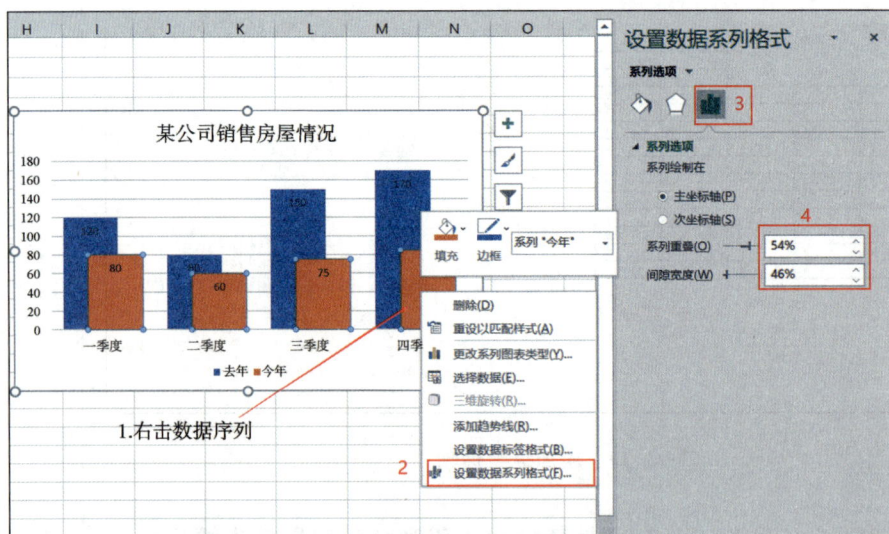

图 2-21 "设置数据系列格式"对话框

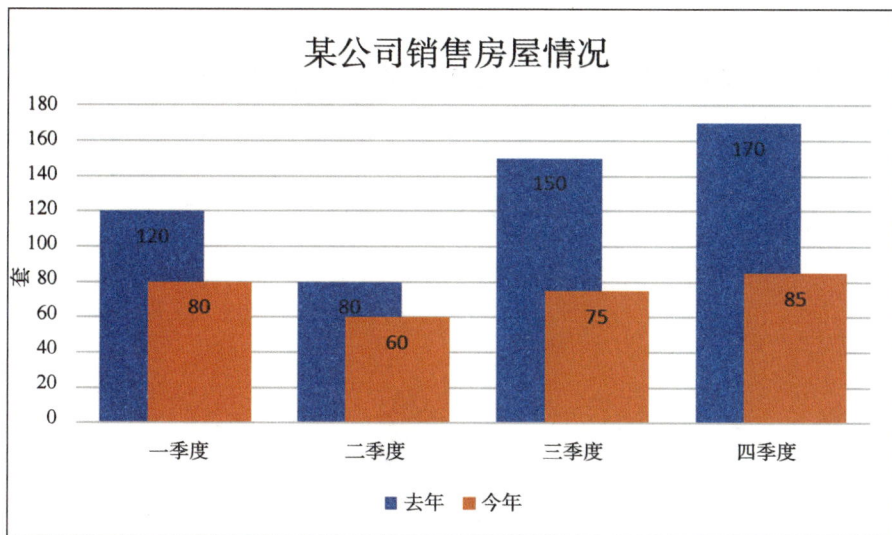

图 2-22　重叠柱形图

（3）创建堆积柱形图。用表 2-5 中的数据创建堆积柱形图。

堆积柱形图的每个柱体由一个数据系列（一行或一列数据）堆积而成，是一个数据系列的总计。堆积柱形图既可以对不同的数据系列进行直观比较，也可以对一个数据系列内的数据进行直观比较。

操作步骤如下：

Step 1：选定要创建图表的数据区域。例如，选定表 2-5 中的数据区域。

Step 2：单击"插入"｜"图表"｜"柱形图"｜"二维图"｜"堆积柱形图"，如图 2-23 所示。默认情况下，水平分类轴是数据表的行——季度。

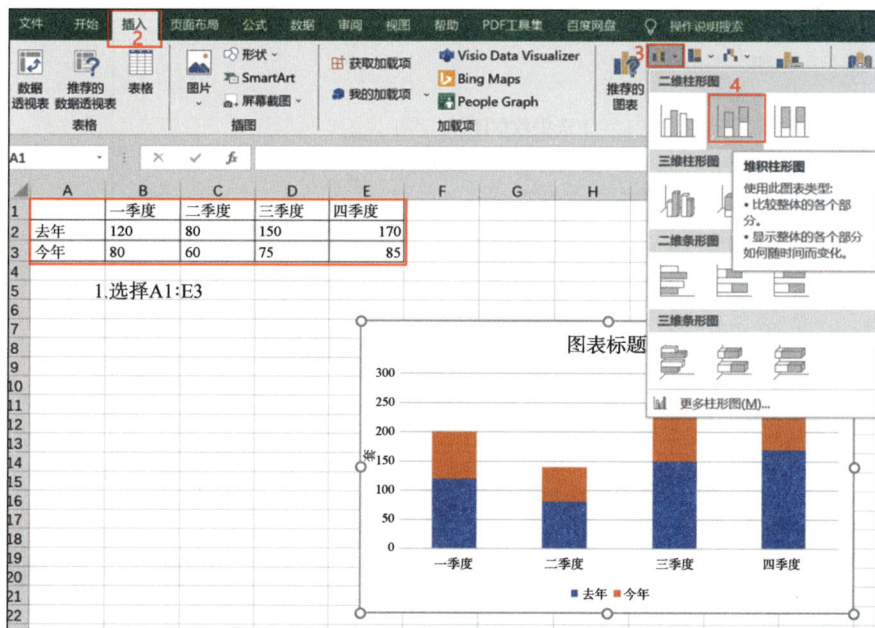

图 2-23　插入堆积柱形

Step 3：行列互换：选择"设计"|"切换行/列"，如图 2-24 所示。

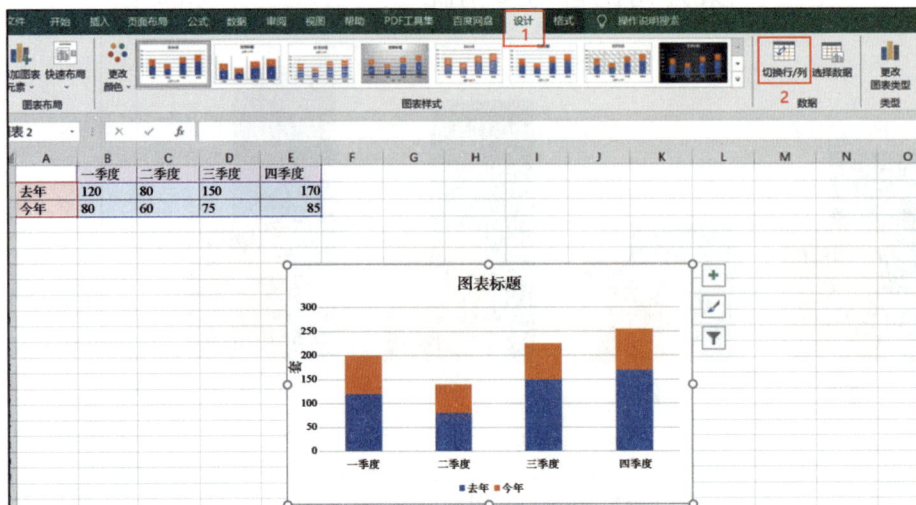

图 2-24　切换行/列

Step 4：添加数据序列标签。单击"设计"|"图表布局"|"添加图表元素"|"数据标签"|"居中"，如图 2-25 所示。

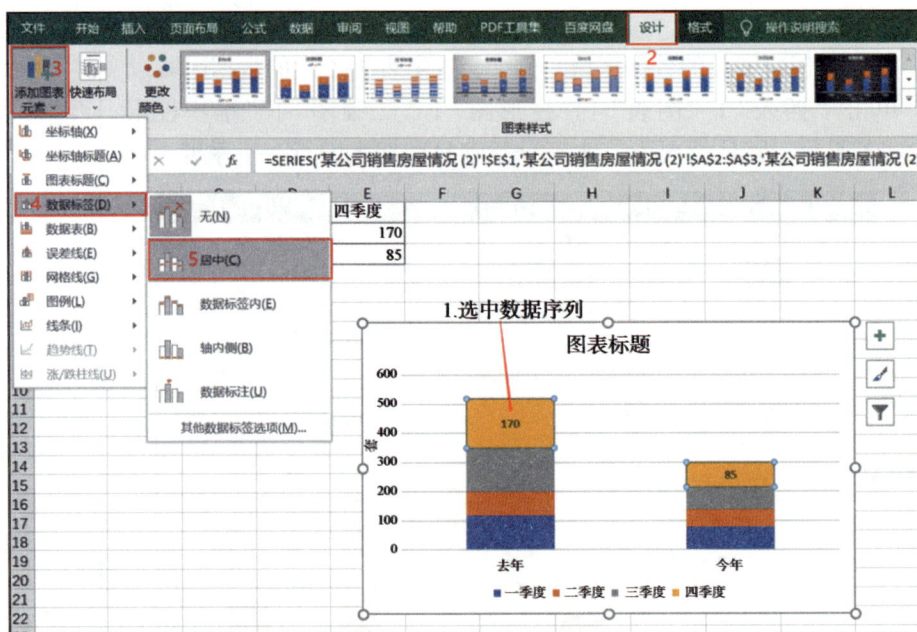

图 2-25　添加数据序列标签

Step 5：添加趋势线。单击"设计"|"图表布局"|"添加图表元素"|"线条"|"系列线"，如图 2-26 所示。

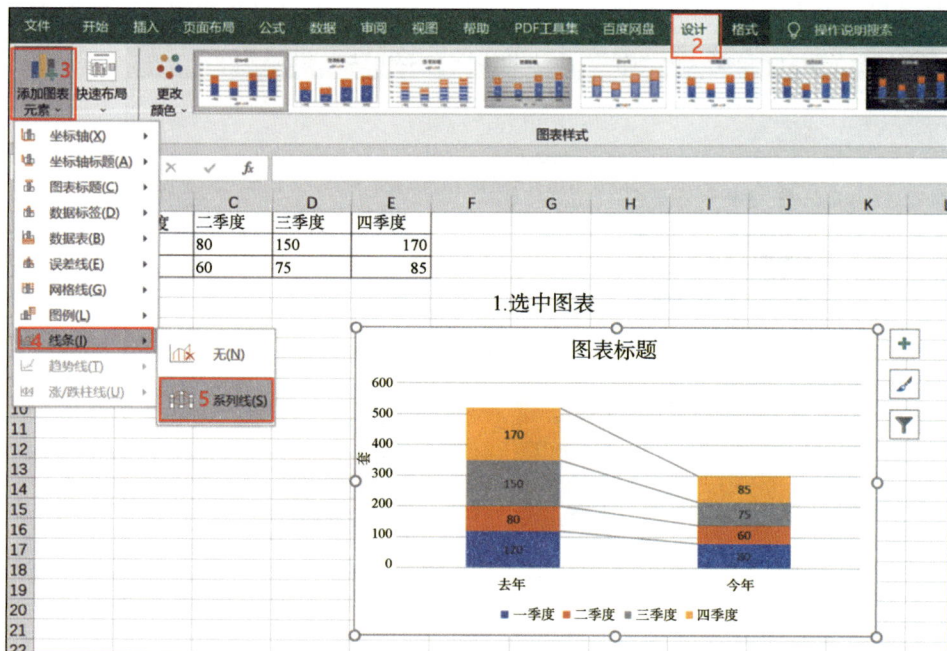

图 2-26　添加趋势线

Step 6：改变数据标签格式与颜色。单击数据标签，选择"开始"|"字体"组中相应的按钮改变数据标签格式与颜色，如图 2-27 所示。

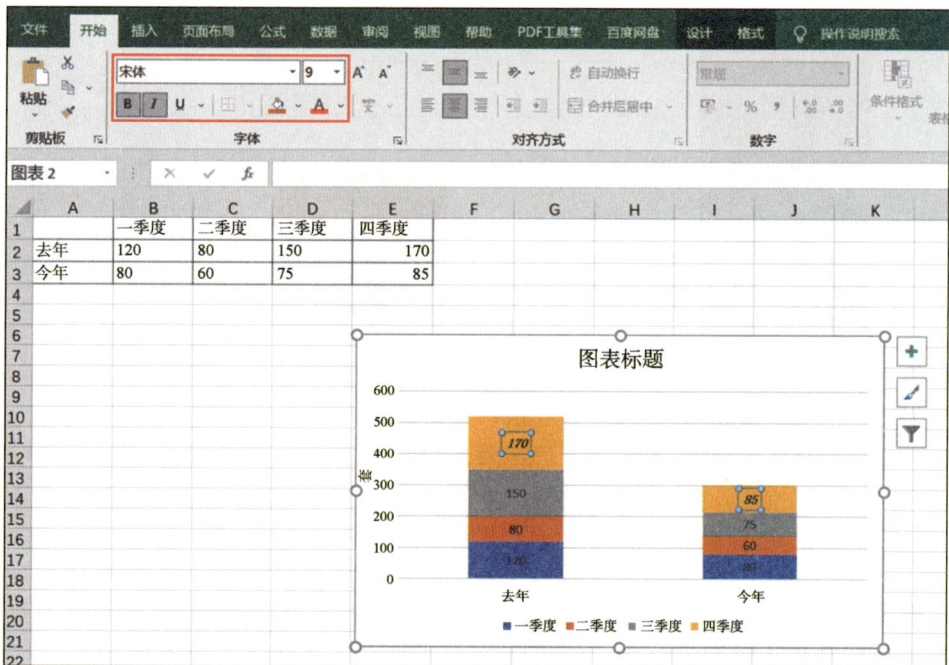

图 2-27　设置字体

Step 7：改变数据系列底色。单击柱形区域（非数据标签），选择"开

始"|"字体"|"填充颜色"按钮中的颜色即可，如图 2-28 所示。创建的图表如图 2-29 所示。

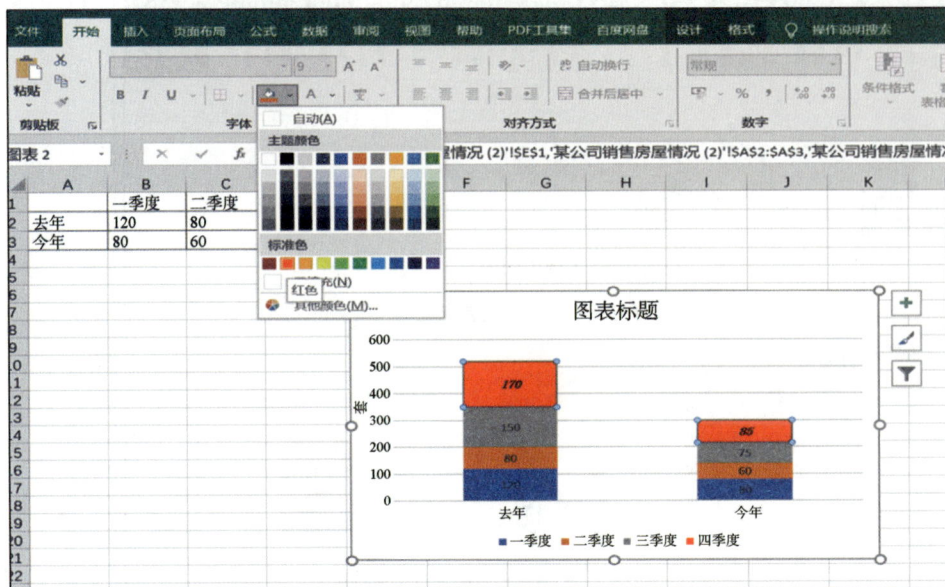

图 2-28　数据系列底色

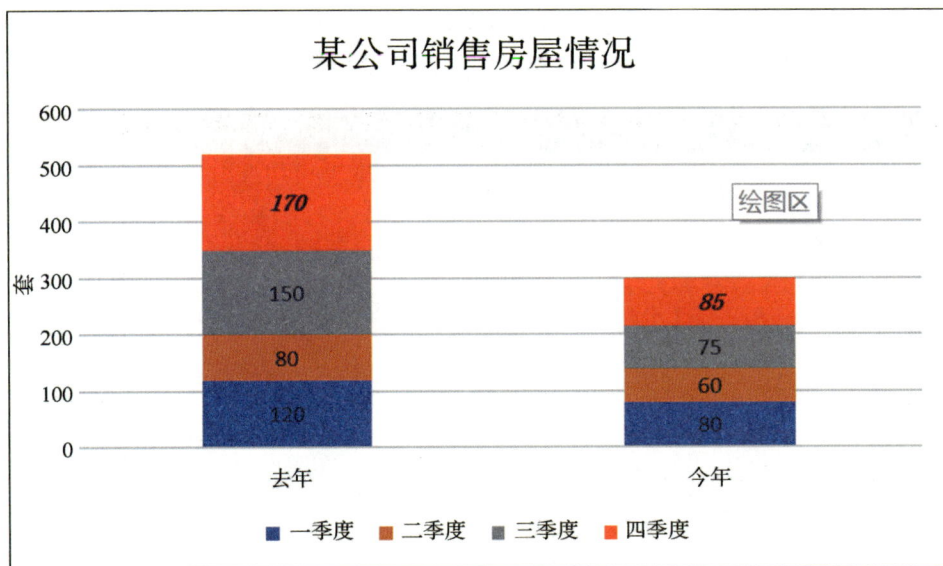

图 2-29　堆积柱形图

3. 创建折线图

使用折线图显示连续数据的变化折线图通常用来描绘连续的数据，对于标识数据趋势很有用。在折线图中，类别数据沿水平轴均匀分布，值数据沿垂直轴均匀分布。

表 2-5 是 2000—2010 年 5 个国家的公共教育支出占 GDP 的比重。下面用折线图来直观描述 2000—2010 年 5 个国家的公共教育支出占 GDP 比重的趋势，结果如图 2-30 所示。

表 2-5　2000—2010 年 5 个国家的公共教育支出占 GDP 的比重　　%

国家	2000年	2001年	2002年	2003年	2004年	2005年	2006年	2007年	2008年	2009年	2010年
巴西	4	3.9	4	3.9	3.5	3.7	3.8	4.1	4.3		
中国	2.9	3.2	3.3	3.3	2.8	2.8	3	3.2	3.3	3.6	
印度	4.3	3.8	3.8	3.5	3.4	3.5	3.6	3.7	3.8		
俄罗斯	2.9	3.1	3.8	3.6	3.5	3.7	3.8	4	4	4.6	4.3
南非	4.5	4.8	5.3	5.8	5.8	6.1	6.4	6.8	7.9	9.3	10.1

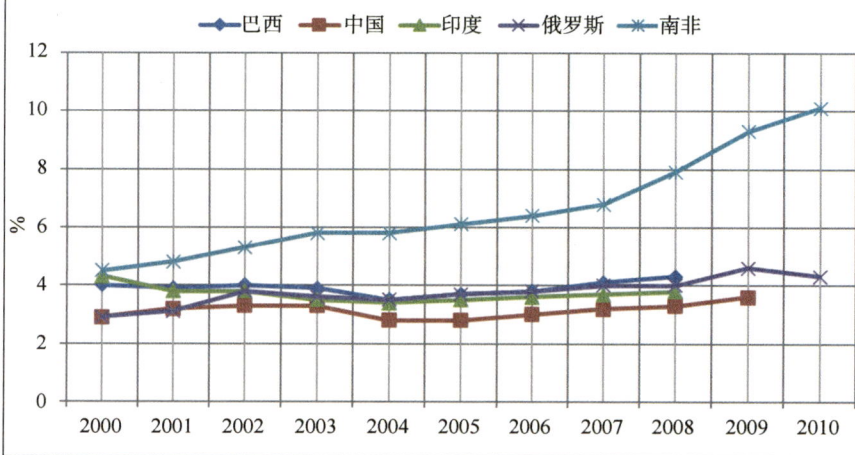

图 2-30　折线图

笔记：

思考：

创建图 2-30，操作步骤如下：

Step 1：选定要创建图表的数据区域。例如，选定表 2-6 中的数据区域。

Step 2：选择图表类型。单击"插入"|"图表"|"折线图"。

Step 3：选择图表子图。选择"二维折线图"|"带数据标记的折线图"，如图 2-31 所示。

Step 4：添加图标标题：单击"设计"|"标签"|"图表标题"|"图表上方"。在插入的图表标题文本框中输入标题即可。

四、创建组合图表

组合图表是指在一个图表中用了两种或多种图表类型，即不同的数据系列采用不同的图表类型描述。

1. 制作带平均线的柱形图

表 2-6 是某公司销售人员销售情况统计表。为了能直观地比较销售人员的销售额情况，用该表创建柱形图，为了使各个业务员的任务完成情况更加直观，要在柱形图中添加一条平均值的水平线，如图 2-32 所示。

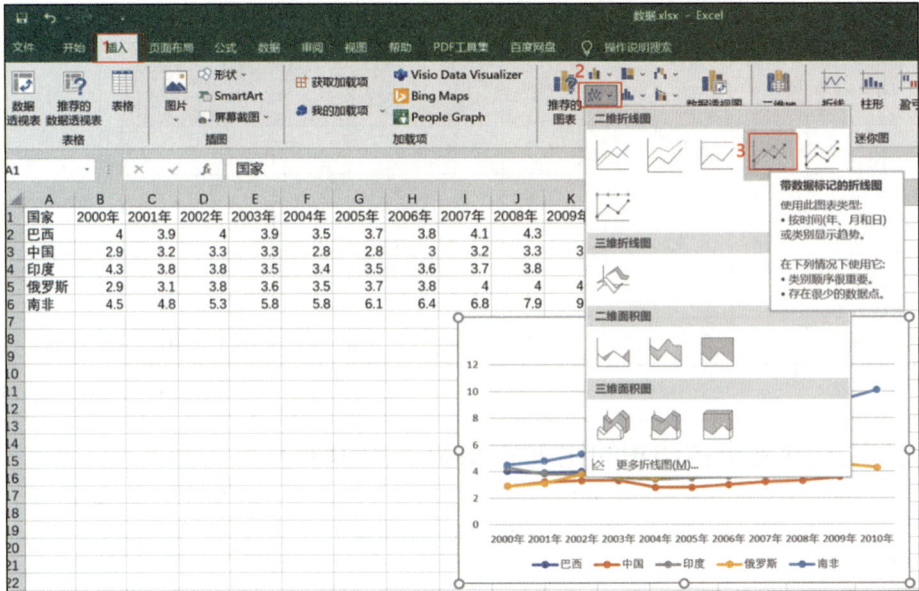

图 2-31　创建折线图

表 2-6　某公司销售人员销售情况统计表

姓名	销售额/万元	平均值
乔翩飞	61	
易楚亭	58	
易默昀	66	
庄雪涯	89	
玄知枫	60	
韩以萌	55	

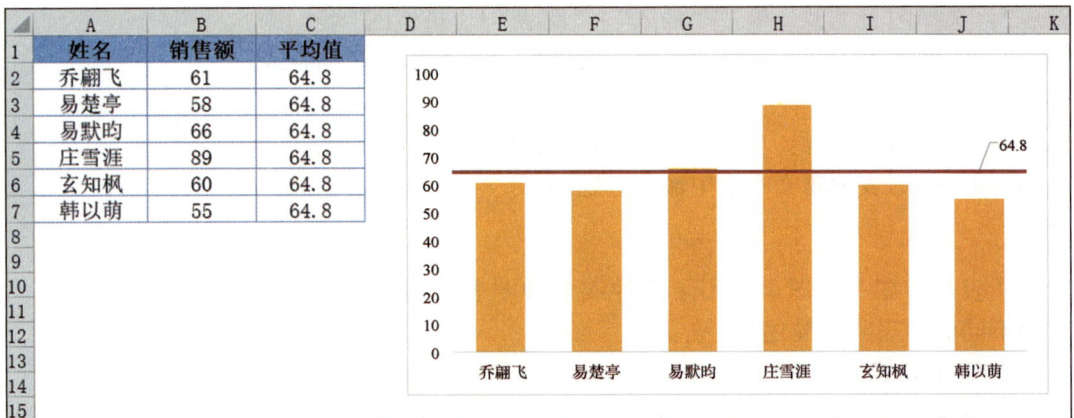

图 2-32　带平均线的柱形图

最大的好处是社会安定，人民安居乐业；最大的坏处是社会动乱，人民颠沛流离。

操作步骤如下：

Step 1：在 C1 单元格输入"平均值"，在 C2 单元格输入公式"= ROUND(AVERAGE(B＄2：B＄7)，1)"，计算 B 列销售额的平均值并保留一位小数，向下复制公式到 C7 单元格，如图 2-33 所示。

图 2-33　计算平均值

Step 2：选中 A1：C7 单元格区域，单击"插入"|"插入组合图"|"簇状柱形图"|"折线图"，如图 2-34 所示。

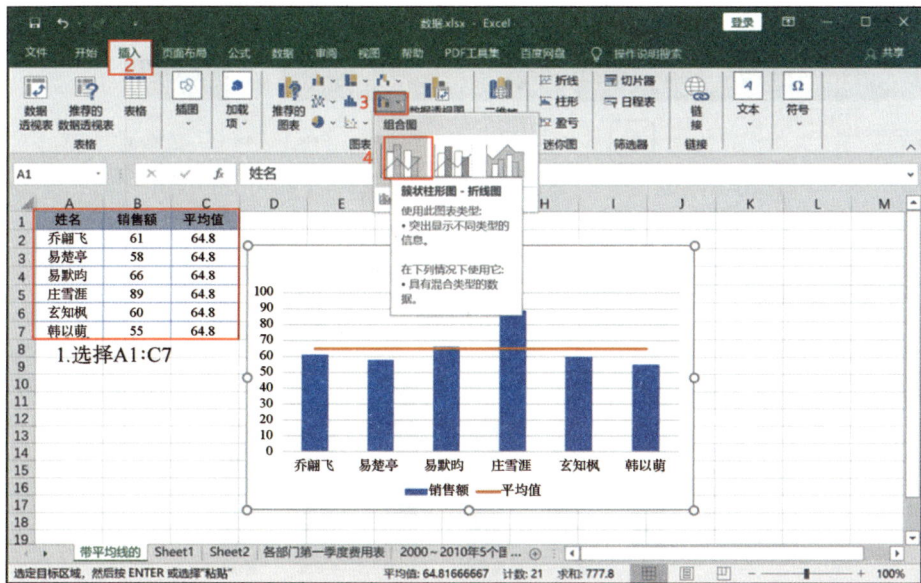

图 2-34　插入图表

Step 3：单击选中"平均值"数据系列，再单击"图表元素"|"趋势线"右侧的展开按钮，单击"更多选项"|"设置趋势线格式"。设置趋势预测前推 0.5 周期，后推 0.5 周期，如图 2-35 所示。

Step 4：切换到"填充与线条"|"实线"，设置颜色为红色，短划线类型为实线，宽度为 2.25 磅，如图 2-36 所示。

Step 5：单击图表，选择"图表工具"|"格式"左侧的图表元素下拉列表，选中"系列'平均值'"，再次单击"平均值"数据系列最右侧的数据点，使该数据点处于选中状态，单击鼠标右键，在快捷菜单中选择"添加数据标签"命令，如图 2-37、图 2-38 所示。

笔记：

思考：

51

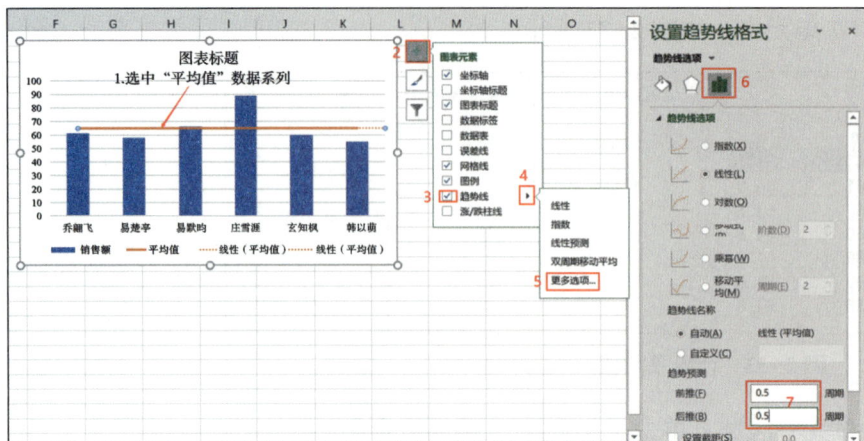

图 2-35　设置趋势预测周期

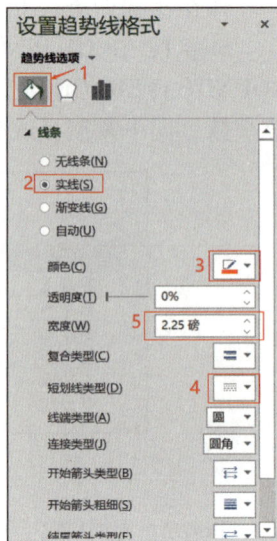

图 2-36　设置线条

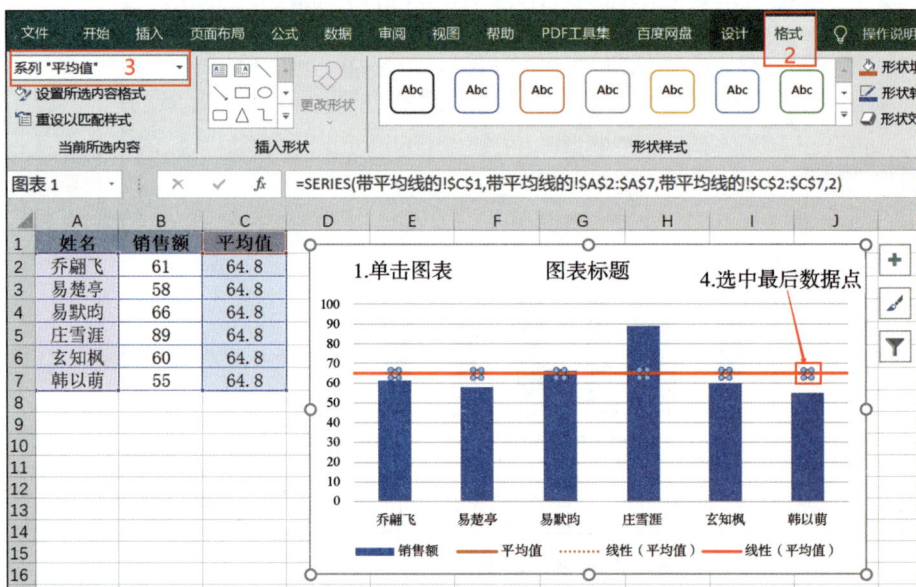

图 2-37　为数据点添加数据标签（1）

Step 6：单击图表绘图区，设置字体为"Agency FB"。选中数据标签，拖动数据标签边框移动数据点位置，设置字体加粗显示。

Step 7：单击系列"销售额"，右侧的"设置趋势线格式"任务窗格自动变为"设置数据系列格式"。在"系列选项"选项卡下设置"间隙宽度"为70%。在"填充与线条"选项卡下设置"填充"为纯色填充，"颜色"为橙色。

Step 8：最后依次选取图表标题、图例、网格线，按 Delete 键删除。

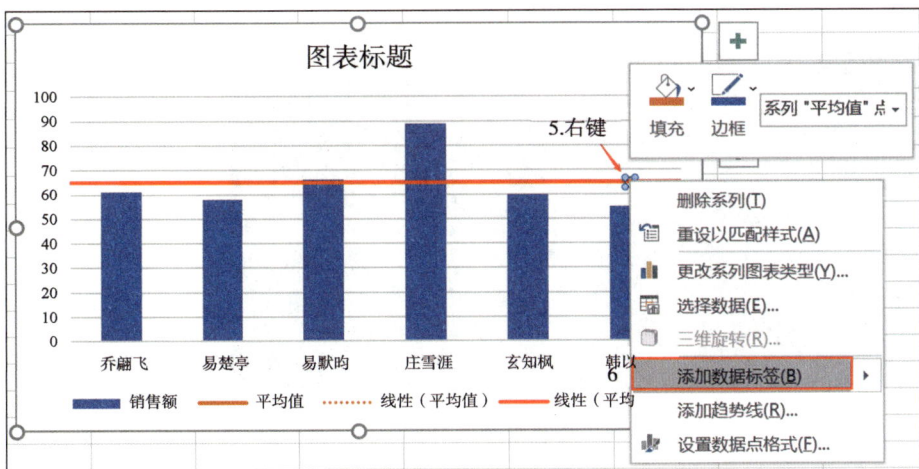

图 2-38 为数据点添加数据标签（2）

五、美化图表

创建和编辑好图表后，用户可以根据自己的喜好对图表布局和样式进行设置，美化图表。

1. 使用快速样式改变图表的布局和颜色

Excel 2016 为用户提供了多种图表样式，通过功能区可以快速将其应用到图表中，具体操作方法如下。

Step 1：打开"蔬菜进购单.xlsx"工作簿。选中整个图表，单击"设计"|"图表样式"|"快速样式"，在其中选择需要的图表样式，如图 2-39 所示。

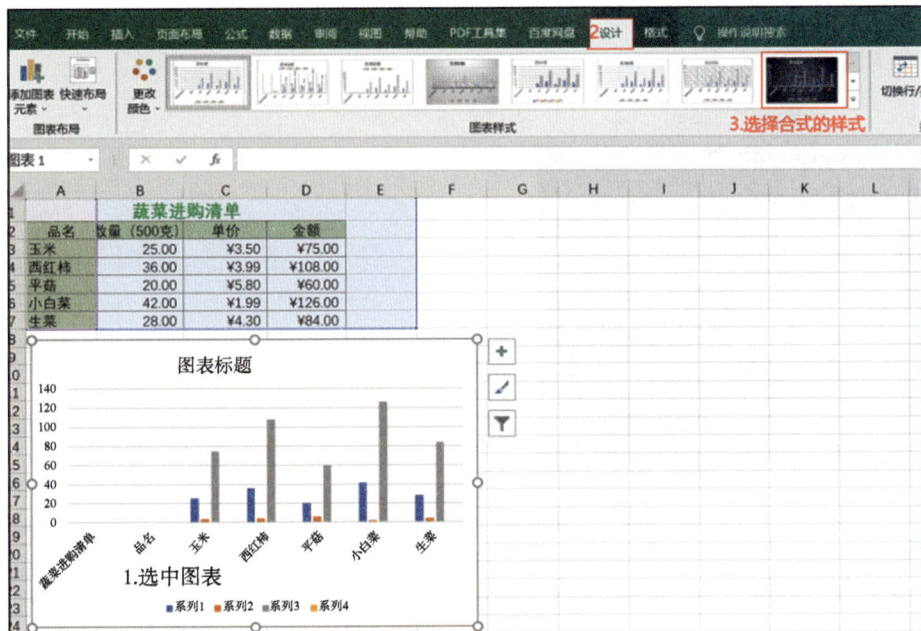

图 2-39 选择内置图表

Step 2：选择完成后，图表即发生改变，如图2-40所示。

图 2-40   效果图

2. 自定义图表布局和颜色

如果系统内置的布局和颜色不能满足工作的需要，也可以自定义布局和颜色，操作方法如下：

Step 1：打开"蔬菜进购单.xlsx"工作簿。选中整个图表，单击"设计"|"图表布局"|"快速布局"，在弹出的下拉列表中选择想要的布局样式，如图2-41所示。

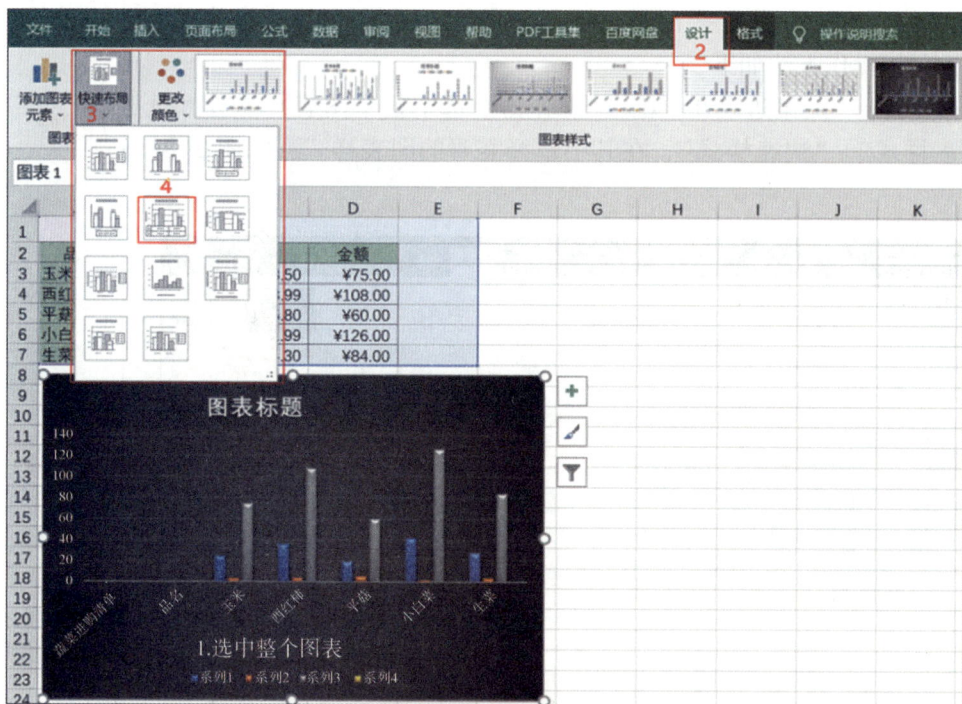

图 2-41   快速布局

Step 2：单击"图表工具/设计"|"图表样式"|"更改颜色"，在弹出的下拉列表中选择想要的颜色，如图2-42所示。

Step 3：选择完成后图表即发生改变，如图 2-43 所示。

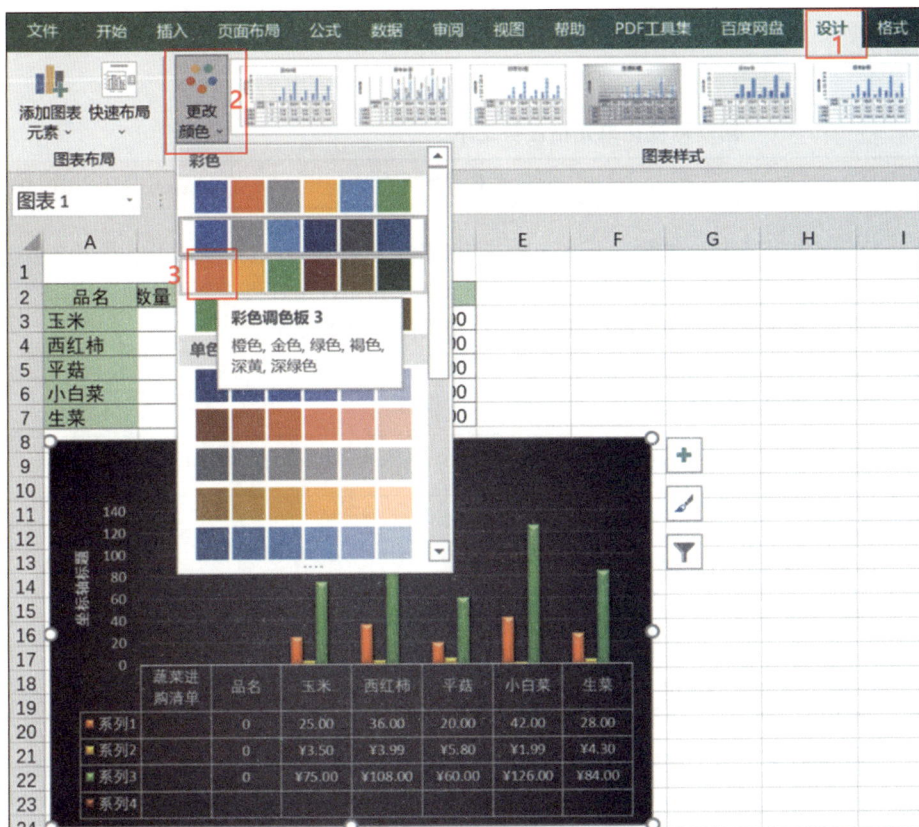

图 2-42　更改颜色

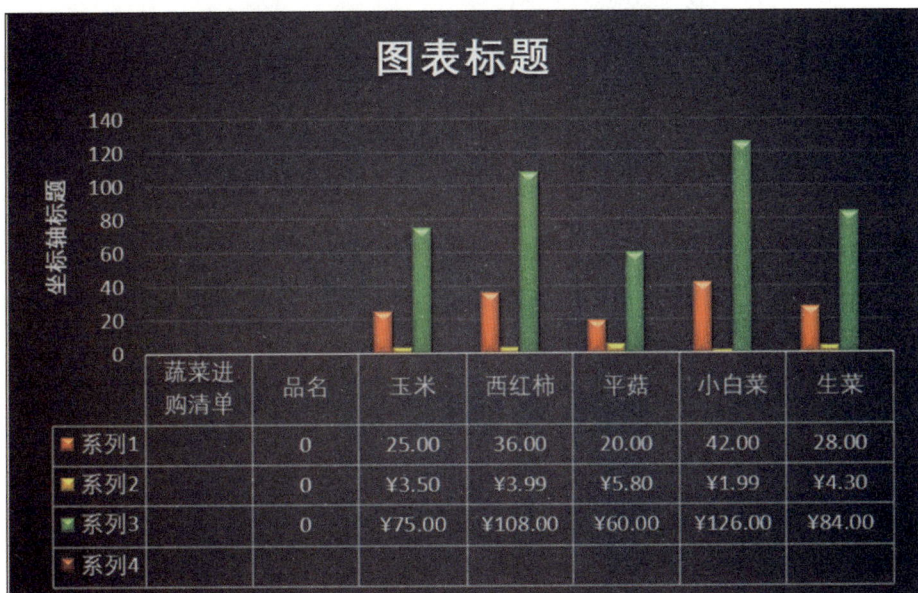

图 2-43　效果图

任务 2　创建可视化分析单元格

【任务工单 2-2】

创建可视化单元格任务工单

任务名称	创建可视化单元格
任务情景	公司安排小商对销售数据表进行报表可视化分析操作。Excel 工具栏中有一个被我们忽略的神奇按钮"条件格式"——在实际工作中快速查找符合条件的数据、美化表格、日期提醒等功能都可以通过条件格式的设置来实现
任务目标	掌握单元格条件格式设计、单元格样式的设置
任务思考	条件格式能解决哪些数据可视化问题
子任务1：设置单元格条件格式	1. 条件格式本身自带的内置规则有哪些？ 2. 单元格条件格式设置的步骤是什么
子任务2：设置单元格样式	1. 单元格样式有哪些？ 2. 单元格样式设置的步骤是什么
任务总结	小组派代表上台汇报发言，总结归纳掌握的知识和技能
扫描二维码下载资料	 数据源：创建可视化分析单元格练习用表

单元格可视化是商务数据报表中必会技能之一，它能够把数字变得更为直观且便于比较，常用于数据预警和日常报表。那么可视化单元格可以怎么做呢？

一、设置单元格条件格式

设置条件格式可以根据用户所设定的条件，对单元格中的数据进行判断，符合条件的单元格可以用特殊定义的格式来显示。每个单元格中都可以添加多种不同的判断条件和相应的显示格式，通过这些规则的组合，可以让表格自动标识需要查询的数据，让表格具备智能定时提醒功能，并能通过颜色和图标等方式来展现数据的分布情况等。

1. 基于各类特征设置条件格式

Excel 内置了多种基于特征值设置的条件格式，例如，可以按大于、小于、日期、重复值等特征突出显示单元格，也可以按大于或小于前 10 项、高于或低于平均值等项目要求突出显示单元格。Excel 内置了 7 种"突出显示单元格规则"，如表 2-7 所示。

表 2-7　Excel 内置的 7 种"突出显示单元格规则"

显示规则	说明
大于	为大于设定值的单元格设置指定的单元格格式
小于	为小于设定值的单元格设置指定的单元格格式
介于	为介于设定值之间的单元格设置指定的单元格格式
等于	为等于设定值的单元格设置指定的单元格格式
文本包含	为包含设定文本的单元格设置指定的单元格格式
发生日期	为包含设定发生日期的单元格设置指定的单元格格式
重复值	为重复值或唯一值的单元格设置指定的单元格格式

（1）标记重复值。表 2-8 所示为某公司产品销售记录，现要求标识出"销售人员"字段下重复出现的人员姓名。

表 2-8　产品销售记录

销售日期	产品型号	销售人员	销售数量/个
2018/6/24	EH2016086732	金大力	28
2018/7/3	EH2016066568	郭文静	37
2018/7/6	EH2016054399	周文龙	16
2018/7/8	EH2016018601	王清爽	90
2018/7/12	EH2016076853	许勇敢	14
2018/7/15	EH2016055655	金大力	62
2018/7/21	EH2016099253	徐小明	58
2018/7/24	EH2016053306	李安欢	25
2018/8/4	EH2016021239	苏清和	13
2018/8/11	EH2016031148	杨之伟	50
2018/9/2	EH2016010544	徐小明	84
2018/9/11	EH2016080352	王朝明	31

操作步骤如下：

Step 1：选中 C2：C13 单元格数据区域，单击"开始"|"条件格式"|"突出显示单元格规则"|"重复值"。在打开的"重复值"对话框左侧的下拉列表中选择"重复"选项，在右侧下拉列表中选择或设置所需的格式，例如"浅红填充色深红色文本"，最后单击"确定"按钮，如图 2-44、图 2-45 所示。

笔记：

思考：

Step 2：设置单元格文本颜色，如图 2-45 所示。

Step 3：完成设置后的效果如图 2-46 所示。

图 2-44　设置重复值

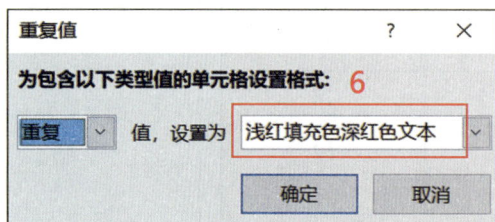

图 2-45　设置单元格文本颜色

图 2-46　效果图

另外，Excel 内置了 6 种"项目选取规则"，如表 2-9 所示。

表 2-9　Excel 内置的 6 种"项目选取规则"

显示规则	说明
值最大的 10 项	为值最大的 n 项单元格设置指定的单元格格式，其中 n 的值由用户指定
值最大的 10%项	为值最大的 n%项单元格设置指定的单元格格式，其中 n 的值由用户指定
值最小的 10 项	为值最小的 n 项单元格设置指定的单元格格式，其中 n 的值由用户指定
值最小的 10%项	为值最小的 n%项单元格设置指定的单元格格式，其中 n 的值由用户指定
高于平均值	为高于平均值的单元格设置指定的单元格格式
低于平均值	为低于平均值的单元格设置指定的单元格格式

（2）标识前几名的数据。对表2-8中的产品销售记录数据，标识出销售数量前三名的记录。操作步骤如下：

选中D2：D13单元格数据区域，单击"开始"|"条件格式"|"最前/最后规则"|"前10项"。在打开的对话框中，单击左侧的数值调节框，将数值大小设置为"3"，在右侧下拉列表中选择或设置所需的格式，如"浅红填充色深红色文本"，最后单击"确定"按钮，如图2-47所示。完成效果如图2-48所示。

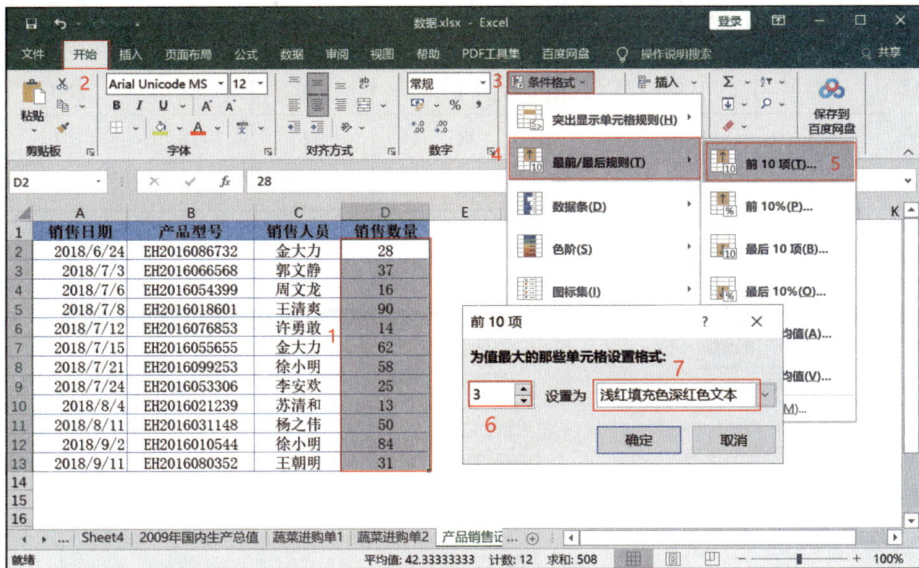

图2-47　设置前3项

图2-48　效果图

二、设置单元格样式

单元格样式是指一组特定单元格格式的组合。使用单元格样式可以快速对应用相同样式的单元格或单元格区域进行格式化，从而提高工作效率并使工作表格式规范统一。Excel预置了一些典型的单元格样式，用户可以直接套用这些样式来快速设置单元格格式。

表 2-10 所示为学生成绩表，请为下表设置显示样式。要求第一行显示为标题，成绩标识为输入数据，总成绩标识为计算数据，将 90 分（含 90）以上和 70 分以下的单元格特殊设置。可以采用单元格样式快速实现。

表 2-10　学生成绩表

班级	姓名	性别	出生日期	高等数学	英语	物理	总成绩
财务 01	宋洪博	男	1997/4/5	73	68	87	228
财务 01	刘丽	女	1997/10/18	61	68	87	216
财务 01	陈涛	男	1997/12/3	88	93	78	259
财务 01	侯明斌	男	1999/1/1	84	78	88	250
财务 01	李淑子	女	1999/3/2	98	92	91	281
财务 01	李媛媛	女	1999/5/31	96	87	78	261

Step 1：设置第一行的单元格样式为标题 3，如图 2-49 所示。

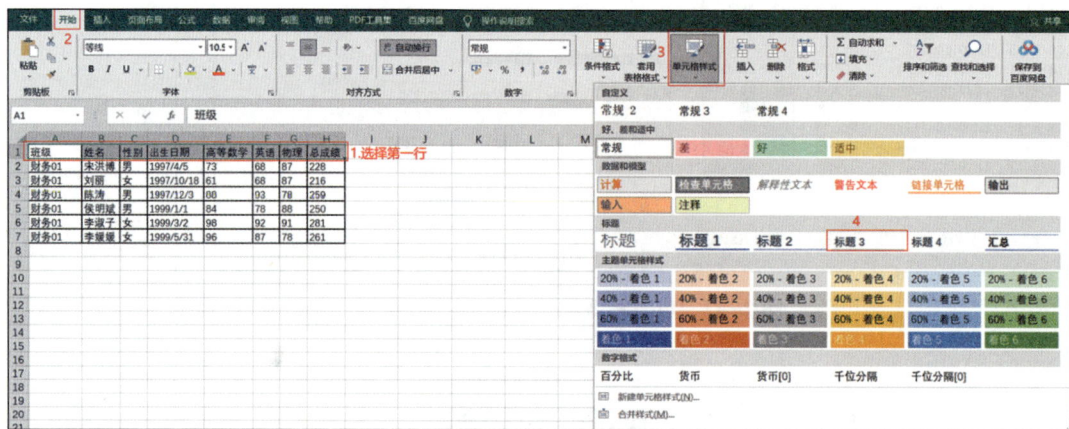

图 2-49　设置标题 3

Step 2：设置 E2：G7 单元格区域为"输入"。

Step 3：设置 H2：H7 单元格区域为"计算"。

Step 4：将 90 分（含 90 分）以上的单元格样式设置为"好"，70 分以下的单元格样式设置为"差"。

Step 5：设置后的效果如图 2-50 所示。

图 2-50　单元格样式

项目二　撰写数据分析报告

数据分析报告是数据分析人员对数据源、分析关键过程以及分析结果的展示，小商开始学习数据分析报告撰写的相关知识和技能，请你随着小商的任务工单一起开始成长之旅吧！

任务1　认知数据分析报告

【任务工单2-3】

认知数据分析报告任务工单

任务名称	认知数据分析报告
任务情景	公司要求小商认真学习如何撰写数据分析报告，并能为分析报告取一个恰到好处的标题
任务目标	了解数据分析报告概念、特点、作用，了解数据分析报告的组成，掌握数据分析报告的撰写方法
任务思考	对于一份数据分析报告来说，是漂亮的可视化图表和PPT更重要，还是分析报告本身的价值更重要？分析报告的结论是否有正确的数据支持？建议的内容是否有利于助推业绩提升
子任务1：认知数据分析报告	1. 数据分析报告的基本组成部分有哪些？ 2. 数据分析报告可以分成几种类型
子任务2：撰写数据分析报告	1. 数据分析报告如何取标题？ 2. 数据分析报告各部分必须包含哪些要素？ 3. 报告结尾的建议部分如何对商业行为进行的改进进行描述
任务总结	小组派代表上台汇报发言，总结归纳掌握的知识和技能
扫描二维码下载资料	微课：撰写数据分析报告

数据分析报告的基础是数据报表，建议预先编制完备的店铺日常运营报表，每日做好数据跟踪，到月底编写详细的运营月报，季末撰写季报等。

数据分析报告是数据分析结果的最终呈现，不同企业对报告的内容、体例、文风等要求不一。本项目围绕着数据分析报告，介绍数据分析报告的一般含义、特点、作用、类型和一般结构，为日常工作中编写数据分析报告提供借鉴和参考。

一、报告认知

数据分析报告是根据统计学的原理和方法，运用大量统计数据来反映、研究和分析社会经济活动的现状、成因、本质和规律，并做出结论，提出解决问题方法的一种应用文体。对数据分析报告概念的理解应注意以下三点。

（1）数据分析是数据分析报告写作的前提和基础。要写好数据分析报告，必须首先做好数据分析。

（2）数据分析报告的基本特色是运用大量的统计数据。无论是通过研究去认识事物，还是通过反映去表现事物，都需要运用统计数据。企业市场营销、销售、客户服务、运营管理等部门为统计分析提供了丰富的资料来源，编写数据分析报告就应充分运用各类数据，而且要用好、用活。运用大量的统计数据，是数据分析报告与其他文体最明显的区别。可以说，没有统计数字的运用，就不能成为数据分析报告。

（3）作为一种文体，数据分析报告既要遵循一般文章写作的普遍规律和要求，同时，在写作格式、写作方法、数据运用等方面也有其自身的特点和要求。

二、数据分析报告的特点

1. 运用科学分析方法

数据分析报告运用一整套统计特有的科学分析方法（如对比分析法、动态分析法、因素分析法、统计推断等），结合指标体系，全面、深刻地研究和分析社会经济现象的发展变化。

2. 运用数字和图形语言

数据分析报告运用各类统计图、表来描述和分析社会经济现象的发展情况，让数据来说话，通过确凿、翔实的数字和简练、生动的文字进行说明和分析。

3. 注重定量分析

利用统计分析部门的优势，从数量方面来表现事物的规模、水平、构成、速度、质量、效益等情况，并把定量分析与定性分析结合起来。

4. 具有很强的针对性

针对企业各部门经营管理过程中的难点、热点、焦点问题进行分析，有的放矢，针对性强。

5. 注重准确性和时效性

准确是数据分析报告乃至整个统计分析工作的生命。数据分析报告的准确性要求数字准确，不能有丝毫差错；除情况真实，不能有虚假之外，还要求论述有理，不能违反逻辑；观点正确，不能出现谬误；建议可行，不能脱离实际。数据分析报告具有很强的时效性，失去了时效性，也就失去了实用性，报告写得再好也是无效劳动。

6. 具有很强的实用性

数据分析报告是数据分析工作的最终成果，它不但包含了统计数据反映的信息，更为重要的是，它还能进行分析研究，能进行预测，指出工作中的不足和问题，提出有益于今后工作的措施和建议，从而直接满足企业制定战略、编制计划、运营管理等各方面的实际需要。

三、数据分析报告的作用

1. 衡量统计分析水平的综合标准

数据分析报告是统计分析的最终成果，在一定意义上，也是统计设计、调查、整理、分析

许多双眼睛看着，许多双手指着，这难道不令人畏惧吗？

与写作全部工作水平的综合。如果仅有较好的写作水平，其他环节都是低质量的，是不可能产生高质量的数据分析报告的。除此之外，高质量的数据分析报告还需要洞察国家方针政策，具备较强的观察能力、思维能力、创新能力、组织能力等。所以，数据分析报告的质量如何，也就反映了统计分析水平如何，这是一个非常重要的综合标准。

2. 传播统计信息的有效工具

数据分析报告把数据、情况、问题、建议等融为一体，既有定量分析，又有定性分析，比一般的统计数据更集中、更系统、更鲜明、更生动地反映了客观实际，便于人们阅读、理解和利用，传播范围广，具有较大的信息覆盖面，是传播统计信息的有效工具。

3. 企业运营决策的重要依据

现代企业管理必须科学决策，而科学的决策又必须依据准确、真实的数据。数据分析报告把原始资料信息加工成决策信息，比一般的统计资料更能深入地反映客观现状，更便于企业和社会各界接受利用。因而，数据分析报告是企业运营决策的重要依据。

4. 促进数据分析工作的抓手

数据分析报告的质量，反映了统计数据分析的水平。在数据分析报告的写作过程中，能有效地检验统计工作各个环节的工作质量，发现问题，及时改进，使统计工作得到改善、加强和提高。另外，撰写数据分析报告，能综合锻炼提高写作人员的素质，全面提升数据分析人员的素质。所以，编写数据分析报告也有利于促进数据分析工作的开展。

四、报告的结构

所谓结构，就是文章的内部组织、内部构造，是对文章内容进行安排的形式。数据分析报告会有一定的结构，但是这种结构会根据公司业务、需求的变化而进行一定的调整。最经典的结构是"总—分—总"结构，它主要包括：开篇、正文和结尾三个部分。开篇部分包括标题、目录和前言；正文部分主要包括具体分析过程和结果；结尾部分主要是结论与建议、附录。下面将对这几个部分进行介绍。

1. 开篇部分

（1）标题。好的标题不仅可以表现数据分析的主题，而且能够引起读者的阅读兴趣。下面介绍一下几种常用的标题类型。

观点型标题。这类标题往往用观点句来表示，点明数据分析报告的基本观点，如"不可忽视高净值客户的保有""分销业务是公司发展的重要支柱"等。

概括型标题。这类标题注重用数据说话，让读者抓住中心，如"××公司销售额比去年增长 30%"等。

分析型标题。这类标题反映分析的对象、范围、时间和内容等情况，并不点明分析师的看法和主张，如"拓展公司业务的渠道""2020 年运营分析报告"等，如图 2-51 所示。

笔记：

思考：

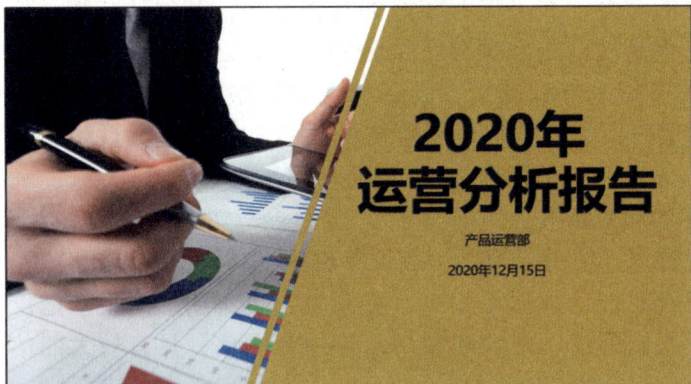

图 2-51　分析型标题页示例

　　疑问型标题。这类标题以设问的方式提出报告所要分析的问题，引起读者的注意和思考，如"客户流失到哪儿了""1 500 万元的利润是怎样获得的"等。

　　标题、作者和日期三个信息通常会出现在分析报告的首页。报告标题要精练，根据版面的要求在一两行内完成；作者是编写报告的主体，可以是个人、部门或机构组织；首页的底部一般会注明报告的呈交时间。

　　（2）目录。目录可以帮助读者快速找到所需内容，因此要在目录中列出报告主要章节的名称。如果是在 Word 中展现，还要在章节名称后加上对应的页码，对于比较重要的二级目录也可以将其列出来，如图 2-52 所示。但是目录也不要太详细，因为这样看起来不够清爽。

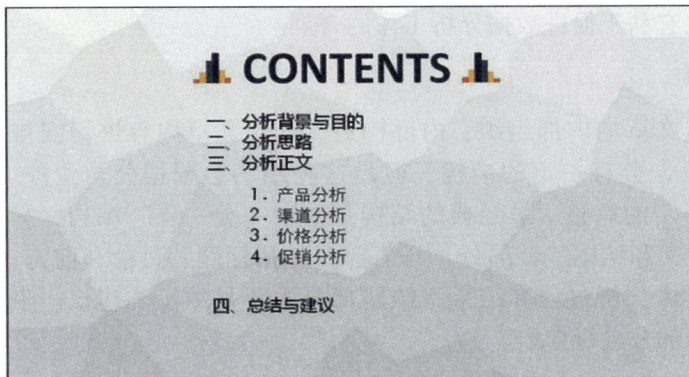

图 2-52　目录示例

　　另外，通常公司和企业高管没有时间读完完整的报告，他们只对其中一些以图表展示的分析结论感兴趣。所以，当书面报告中有大量的图表时，可以考虑将图表单独制作成目录，以便日后利用。

　　（3）前言。前言是分析报告的重要组成部分，主要有分析背景、目的和思路。前言的写作一定要经过深思熟虑，前言内容是否正确，对报告最终是否能解决业务问题、能否给决策者提供有效依据起着决定性的作用。

　　分析背景。对数据分析背景进行说明主要是为了让报告阅读者对整体的分析研究有所了解，主要阐述此项分析的主要原因、分析的意义及其他相关信息，如行业发展现状。

　　在天道规律中，事物发展到极端就会走向反面，发展到鼎盛就会转向衰落。

分析目标。阐述分析目标主要是让读者知道这次分析能带来何种效果、可以解决什么问题。有时将研究背景和目标的意义合二为一。如图2-53所示，分析目的就说得很清楚，通过分析企业市场的环境变化，以及回答市场拓展中的问题，把握机会，推动工作的进展。

笔记：

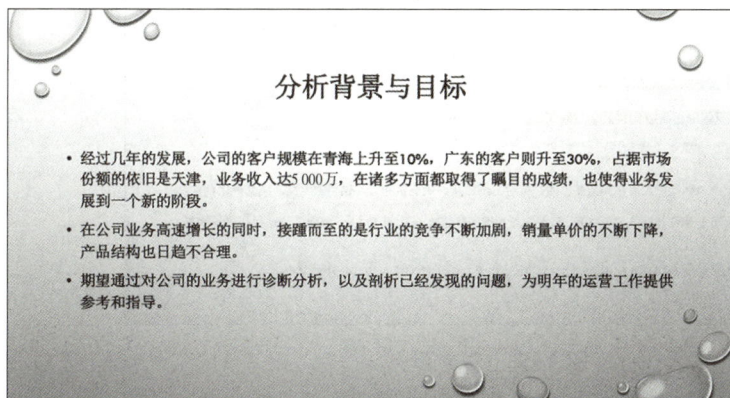

图2-53 分析目标示例

分析思路。分析思路用来指导我们如何进行一个完整的分析过程，即确定需要分析的内容或者指标。这是很多人困惑的地方，不知道该从哪个点入手。只有在相关的理论指导下才能确保数据分析维度的完整性、分析结果的有效性和正确性。此处需要注意的是目的越明确，针对性就越强，也就越有指导意义，否则数据报告就没有生命力，如图2-54所示。

思考：

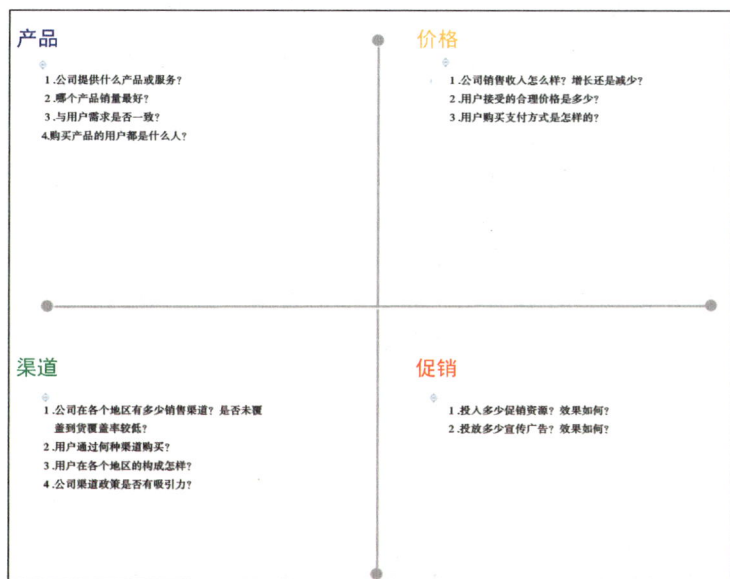

图2-54 分析思路示例

2. 正文部分

正文是数据分析报告的核心部分，它将系统全面地表达分析过程和结果。通过展开论题，对论点进行分析论证，表达撰写报告者的见解和研究成果的核心，因此，正文占了大半篇幅，如图 2-55 所示。

图 2-55　正文示例

一篇报告只有想法和主张是不行的，必须经过科学严密的论证，才能确认观点的合理性和真实性，才能使别人信服。因此，论证是极为重要的。报告正文还有以下几个特点：是报告最长的主体部分；包含所有数据分析的事实和观点；通过数据图表和相关的文字结合分析；各个部分具有逻辑关系。

3. 结尾部分

报告的结尾是对整个报告的综合与总结，是得出结论、提出建议、解决矛盾的关键。好的结尾可以帮助读者加深认识、明确主旨、引起思考。

（1）结论与建议。结论是以数据分析结果为依据得出的分析结果，它不是简单的重复，而是结合公司的业务，经过综合分析、逻辑推理形成的总体论点。结论应该首尾呼应，措辞严谨、准确。建议是根据结论对企业或者业务问题提出的解决方法，建议主要关注保持优势和改进劣势等方面。同时它也应该是一个可行的建议，因为在分析时它结合了业务实际。

以上就是数据分析报告的基本结构，但还有一个部分不可忽视，它就是报告的附录。

（2）附录。附录是分析报告结构中的特色部分。一般来说，附录提供正文中涉及而未阐述的有关资料，有时也含有正文中提及的资料，从而向读者提供一条深入数据分析报告的途径。它主要包括报告中设计的专业名词解释、计算方法、重要原始数据、地图等内容。附录是报告的补充，并不是必备部分，可以结合实际来决定是否要加上。

任务 2　撰写数据分析报告

【任务工单 2-4】

撰写数据分析报告任务工单

任务名称	撰写数据分析报告
任务情景	为 2016 年第一季度浙江省电子商务数据分析撰写数据分析报告
任务目标	掌握撰写数据分析报告的结构；掌握数据分析关键图表的展示

续表

任务名称	撰写数据分析报告
任务要求	能独立为报告取合适的标题；能合作完成数据分析报告的撰写
任务思考	如何用PPT展示一份数据分析报告
子任务1：撰写标题与前言	1. 这份报告取个什么标题合适？ 2. 这份报告前言内容如何提炼并交代？ 3. 目录如何安排
子任务2：撰写正文与结尾	1. 这份报告的正文可以从哪些角度来分析数据？ 2. 结尾部分的建议要从哪些角度提出？ 3. 这份报告是否需要附录部分？如果需要，应该放入什么内容
任务总结	小组派代表上台汇报发言，总结归纳掌握的知识和技能
扫描二维码 下载资料	PPT：数据分析报告通用模版

笔记：

接下来，以2016年一季度浙江省电子商务数据为例，进行数据分析报告撰写的练习。

一、总体概况

2016年第一季度，全省电子商务保持平稳增长态势，电子商务总体发展水平全国领先。其中，全省网络零售稳步增长，累计实现网络零售1 618.37亿元人民币（货币单位下同），同比增长31.93%；全省居民网络消费813.49亿元，同比增长24.27%；第三方电子商务平台上活跃网络零售店铺超过75.97万家，相当于注册零售店铺总数的35.93%，如图2-56所示。

思考：

零售店铺	网络零售	网络消费	从业人员
≥75万家	1 618.37亿元	813.49亿元	≥200万

图2-56 2016年第一季度浙江省电子商务发展基本情况

二、专项数据概括

1. 网络零售数据分析

（1）分周期数据分析。受春节、网购节等因素影响，1月存在大量提前消费，2月网购受物流快递制约明显，3月网购呈现升温迹象，整体来看，全省第一季度网络零售呈现"U"形走势。1月、2月、3月全省分别实现网络零售 673.38 亿元、320.44 亿元、624.55 亿元，如图 2-57 所示。

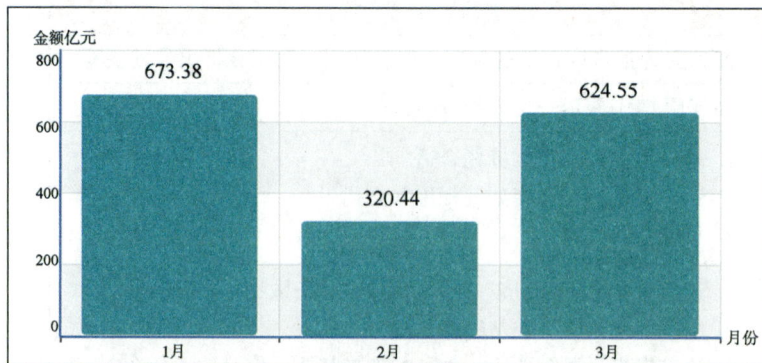

图 2-57　2016 年第一季度浙江全省网络零售基本情况

（2）分地区数据分析。由于全省各地市产业结构差异化、电商发展水平不均衡等原因，全省各地市网络零售差异较大。2016 年第一季度，网络零售前三名分别是杭州市、金华市、嘉兴市，占比分别为 35.10%、17.46%、12.67%，如图 2-58 所示。

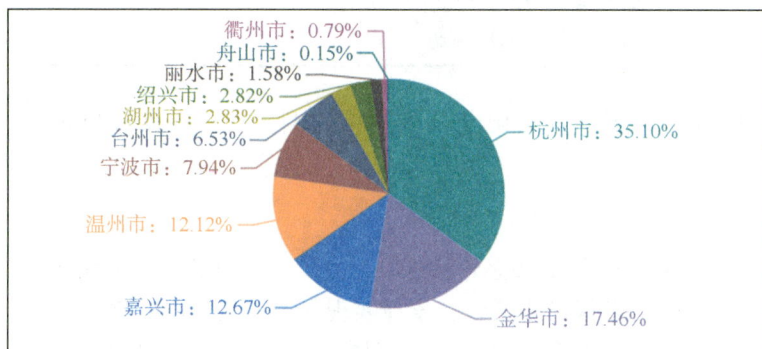

图 2-58　2016 年第一季度浙江省各地市网络零售基本情况

（3）分行业数据分析。不同行业网络零售额差距显著，以淘宝、天猫、京东为例，网络零售总额前三名的行业分别是服饰鞋包、家居家装、3C 数码，对应占比 35.08%、15.88%、9.75%；三大行业网络零售总额相当于全省在淘宝、天猫、京东上的网络零售总额的 60.71%，如图 2-59 所示。

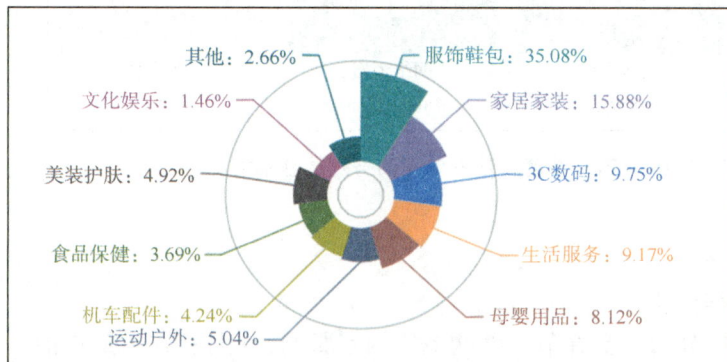

图 2-59　2016 年第一季度浙江省分行业网络零售基本情况

（4）分领域数据分析。2016 年第一季度，全省农村电商持续发展，实现农产品网络零售超过 64.72 亿元；以淘宝、天猫、京东为例，共有涉农（农产品）活跃店铺 1.55 万家。跨境电商持续升温，以速卖通、Amazon、eBay、Wish 为例，截至 3 月底各地摸底申报的店铺数据显示，全省共有跨境电商（出口）店铺 702 家。服务业电商异军突起，以去哪儿、携程、阿里旅行等为例，截至 3 月底监测数据显示，依托服务业电商平台开展网络营销业务的酒店、餐饮、景点等累计约 35 586 家（见表 2-11）。

笔记：

表 2-11　2016 年第一季度浙江省三大电商领域基本情况

全省	涉农店铺	跨境电商	服务业
	1.55 万家	702 家	35 586 家

（5）分平台数据分析。受平台偏好、产品属性等因素影响，全省传统企业或中小网商对第三方电子商务平台选择倾向前三名依次是淘宝、天猫、京东，其他平台如苏宁、国美、1 号店等也在目标选择范围内。具体而言，第一季度全省累计在淘宝、天猫、京东上产生的网络零售总额占全省在全网产生的网络零售总额的比例分别为 43.98%、36.91%、12.56%，如图 2-60 所示。

思考：

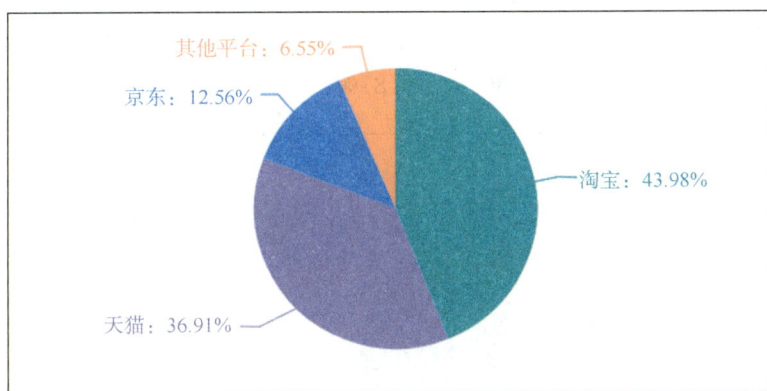

图 2-60　2016 年第一季度浙江省分平台网络零售基本情况

（6）分销量数据分析。在全省店铺数量不断增加的同时，单店单月网络零售额超过 100 万元、500 万元、1 000 万元的店铺也呈现明显上升趋势。以天猫为例，第一季度全省销量超过 300 万元、1 500 万元、3 000 万元的店铺分别有 1 676 家、152 家、61 家（见表 2-12）。

表 2-12　2016 年第一季度浙江省天猫店铺零售基本情况

零售额区间	300 万~1 500 万元	1 500 万~3 000 万元	≥3 000 万元
店铺数量	1 463 家	91 家	61 家

2. 居民网络消费数据分析

2016年第一季度，全省居民网络消费持续增长，累计实现居民网络消费813.49亿元，同比增长24.27%。

（1）周期数据分析。受春节、网购节等因素影响，第一季度全省居民网络消费呈现"U"形走势。1月、3月相对较高，2月相对较低，如图2-61所示。

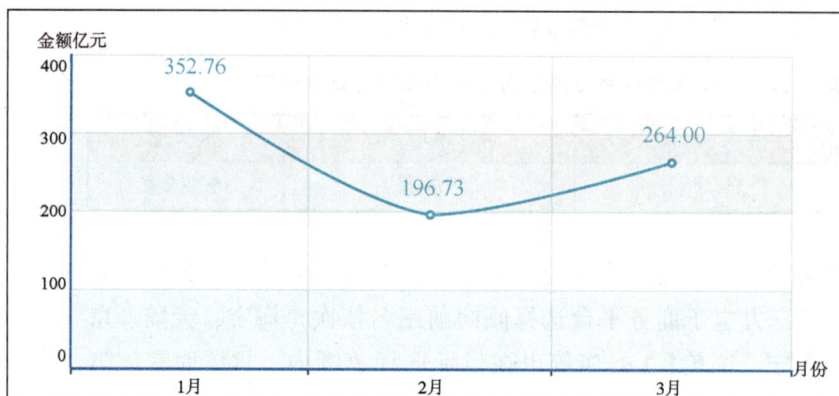

图2-61　2016年第一季度浙江省居民网络消费基本情况

（2）分地区数据分析。受各地市网络消费群体规模不一、人均购买力地区差异大等因素影响，各地市居民网络消费规模差异明显。具体而言，居民网络消费前三名的地市分别为杭州市、宁波市、温州市，全省占比依次为28.25%、14.80%、13.87%，如图2-62所示。

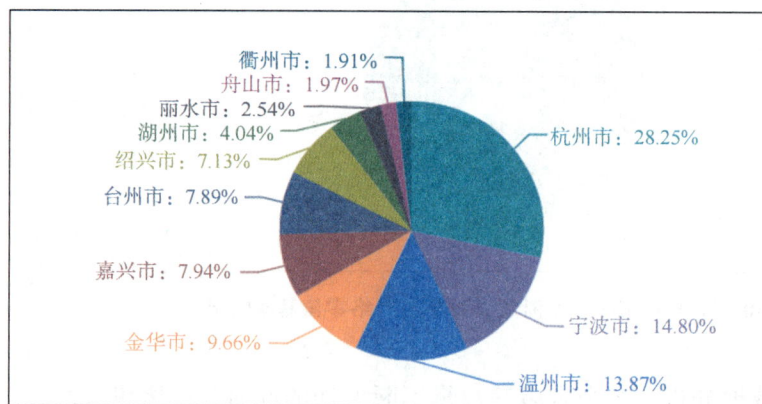

图2-62　2016年第一季度浙江省各地市居民网络消费基本情况

3. 网络零售店铺数据分析

（1）分店铺数据分析。全省店铺数量平稳增加，店铺数量尤其是活跃店铺数量和质量走在全国前列。以天猫为例，第一季度全省活跃天猫店铺2.39万家，活跃店铺占比74.94%（见表2-13）。活跃天猫店铺中旗舰店、专营店、专卖店分别为20 427家、6 178家、3 147家，旗舰店占比达到68.66%。

表 2-13　2016 年第一季度浙江省各地市天猫店铺数量基本情况

地市	活跃天猫店铺数量/家	活跃天猫店铺占比/%	全省排名
杭州市	7 426	74.07	1
金华市	5 473	78.10	2
温州市	2 837	77.22	3
台州市	1 913	78.08	4
嘉兴市	1 814	70.50	5
宁波市	2 138	69.60	6
湖州市	701	76.95	7
绍兴市	873	71.91	8
丽水市	450	77.05	9
衢州市	229	77.36	10
舟山市	46	55.42	11

笔记：

（2）分商品数据分析。全省店铺零售商品类型和数量不断丰富。以天猫为例，全省天猫店铺累计上架商品数量约为 932.36 万件，基本覆盖各大第三方电子商务平台所有商品类目（见表 2-14）。

表 2-14　2016 年第一季度浙江省各地市天猫店铺上架商品基本情况

地市	天猫店铺上架商品数量/万件	全省排名
杭州市	550.63	1
台州市	100.86	2
宁波市	64.66	3
丽水市	59.77	4
金华市	58.58	5
温州市	52.09	6
嘉兴市	25.12	7
绍兴市	9.45	8
湖州市	7.77	9
衢州市	3.07	10
舟山市	0.37	11

思考：

4. 电商从业人员数据分析

全省电子商务迅猛发展，为"大众创业、万众创新"提供了新空间，成为促进全省经济转型升级的新引擎。据不完全统计，全省近一半的创业创新项目集中在电子商务相关领域。电子商务人才发展迅速，直接解决就业岗位 195.22 万～203.62 万个，间接带动就业岗位 527.26 万～549.94 万个，如图 2-63 所示。

图 2-63　2016 年第一季度浙江省各地市电商从业人员基本情况

三、总结建议

全省电子商务快速发展，各项指标优势明显，但也存在一些发展特征。一是网络零售总体增速放缓，总量持续扩大，保量提质成为新要求；二是县域（乡镇、农村地区）居民网络消费快速增长，成为电商促消费的新引擎；三是农产品电商、跨境电商成为新的增长点，做好农产品上行、工业品出口成为网络零售突围的新课题；四是网络零售店铺活跃度或平均产值存在较大提升空间，做强本地优势企业和引入外地优质企业成为新常态；五是电商从业群体持续扩大，地区分布不均衡，人才机构不合理等有待树立新导向。

【职业素养园地】

1. 审美素质修养

马克思说过，青年一代不但要掌握科学，而且要懂得艺术。他认为艺术不仅能帮助人们认识世界，而且能鼓舞人们改造世界，去创造美好感受。他曾说过，社会的进步就是人类对美的追求的结晶。

我国著名的艺术教育家丰子恺先生曾这样说过："能用作画一般的心来处理生活、对付人生，则生活美化、人世和平。"人们认识美、发现美和鉴赏美的能力不是天生的，而是通过学习、培养、训练来逐步得到、逐步增强的。在生活和工作中不断地发现美、追求美，更好地创造美，就必然需要不断地提高对美的感受能力、鉴赏能力和创造能力，从而充实、丰富和完善自己。

在数据可视化图表绘制训练中，带着美的眼光欣赏图表的色彩搭配、结构布局和关键信息的展示技巧，都是非常重要的审美修养。我们可以尝试使用系统图表默认颜色之外的其他独特风格的色彩搭配、商家品牌形象或者产品典型外观色彩等，把其放置于图表之中，搭配出属于自己的特有风采，展现出优秀的职业风貌。

只读书学习，而不思考问题，就会茫然无知而没有未来；只空想而不读书学习，就会疑惑而不能肯定。

2. 劳动精神修养

马克思主义劳动观强调劳动是一切财富、价值的源泉，劳动者是国家的主人，一切劳动和劳动者都应该得到鼓励和尊重；倡导通过诚实劳动创造美好生活、实现人生梦想，反对一切不劳而获、崇尚暴富、贪图享乐的错误思想。劳动是创造物质财富和精神财富的过程，是人类特有的基本社会实践活动。

积极对待被安排的劳动任务，在平凡的岗位上也能做出不平凡的事业。数据分析工作中，掌握数据可视化工作环节是数据分析人员的基本功之一，如果一概浅显地按照系统默认推荐的图表类型进行一键操作，则绘制出的图表会因为缺少思考而降低数据分析的含金量。因此，当被委派制图任务时，要正确对待这项工作，重视劳动体验，精心设计数据可视化工作任务，尽心尽力地创造出不同于其他人的、不同于以往的可视化图表，让自己有机会在平凡的劳动中创造出彩的业绩。

3. 敬业品格修养

敬业自古以来就是中华民族的传统美德，是一个职业人员最重要的信条和品格之一，关系到个人是否能够正常履行岗位职责，以及是否能助推企业工作顺利进行。宋代理学家朱熹曰："敬业者，专心致志，以事其业也。"以恭敬的态度对待本职工作是敬业精神的基本要求，也是职场安身立命之本。

敬业有三种境界，分别是乐业、勤业和精业。乐业就是要学会在工作中发现快乐的事，感受工作带来的快乐，要"爱一行干一行"，更要"干一行爱一行"。勤业要求能迎接挑战并克服困难和阻碍，以"台上一分钟，台下十年功"的顽强毅力刻苦勤奋钻研工作，做到"爱一行钻一行"。精业就是要精益求精、与时俱进，以发展的眼光在工作中追求完美、开拓创新，不断吸收新知识和新技能，实现事业的成功和个人的持续发展，实现"钻一行超一行"。

数据分析工作涉及计算机、管理运筹、财会、应用文写作、数学统计、商业运营等诸多知识与技能的综合运用，这就要求从业人员不断加强敬业品格修养，在业务工作中树立起职业目标和职业理想，加强敬业品格修养，持续精进，这样方可成就一番辉煌事业。

【模块检测】

一、单选题

1. （   ）是数据分析报告写作的前提和基础。

A. 统计分析　　　　　　　　B. 数据概览

C. 数据清洗　　　　　　　　D. 数据呈现

2. 数据分析报告的特色是（   ）。

A. 运用大量图标　　　　　　B. 运用大量第三方资料

C. 运用大量外部资料　　　　D. 运用大量统计数据

笔记：

思考：

3. 数据分析报告包含大量图标，其目的在于（　　　）。

A. 通过直观的表现形式，更有利于人们对数据的洞察

B. 为了看上去绚丽多彩而显得极端复杂

C. 为要实现其功能用途而令人感到枯燥乏味

D. 突出数据的美学形式

4. 数据分析报告一般采用（　　　）的结构。

A. 分—总　　　　B. 分—总—分　　　C. 总—分　　　　　D. 总—分—总

二、多选题

1. 以下关于数据分析报告说法正确的是（　　　）。

A. 统计分析是数据分析报告写作的前提和基础

B. 数据分析报告要遵循统计学的基本原理和方法，主要是社会经济统计和数理统计的原理和方法等

C. 数据分析报告的基本特色是运用大量的统计数据

D. 作为一种文体，数据分析报告既要遵循一般文章写作的普遍规律和要求，同时，在写作格式、写作方法、数据运用等方面也要有自身的特点和要求

2. 数据分析报告要遵循统计学的基本原理和方法，主要是（　　　）的原理和方法。

A. 大数据分析　　　　　　　　B. 概率统计

C. 数理统计　　　　　　　　　D. 经济统计

3. 数据分析报告作为一种文体，（　　　）。

A. 遵循一般文章写作的普遍规律和要求

B. 在写作格式上有其自身的特点

C. 在写作方法上有其自身的特点

D. 在数据运用和呈现方面有其自身的要求

4. 以下关于数据分析报告文体结构说法正确的是（　　　）。

A. 最经典的结构是"总—分—总"结构，即开篇、正文和结尾三个部分

B. 开篇部分包括标题、目录和前言

C. 正文部分主要包括具体分析过程和结果

D. 结尾部分主要是结论与建议、附录

5. 数据分析报告常见的标题类型有（　　　）。

A. 观点型标题　　　　　　　　B. 概括型标题

C. 分析型标题　　　　　　　　D. 疑问型标题

三、判断题

1. 工作表可以用图表形式表现出来，但它的图表类型是不能改变的。　　　　　　（　　　）

2. 当前工作表中指定的区域的数值发生变化时，对应生成的独立图表不变。　　（　　　）

3. 直方图是用矩形的高低来表示数值的大小。　　　　　　　　　　　　　　　（　　　）

4. 饼图的数据源只能包含一个数值数据系列。　　　　　　　　　　　　　　　（　　　）

5. 图表中可以改变垂直坐标轴刻度单位的大小。　　　　　　　　　　　　　　（　　　）

【学习任务评价】

1. 本模块学习情况自查

序号	学习情况	自查
1	本模块主题是否已明确	（ ）是　　（ ）否
2	本模块中的微课视频是否观看完成	（ ）是　　（ ）否
3	模块检测是否完成	（ ）是　　（ ）否
4	模块检测完成后，是否核对过参考答案？错误之处是否更正	（ ）是　　（ ）否
5	1+X 技能考证训练是否能顺利完成	（ ）是　　（ ）否
6	1+X 技能考证训练完成后，是否核对过参考答案？错误之处是否更正	（ ）是　　（ ）否
7	职业素养中，你的答案是否符合社会主义核心价值观？是否符合社会公序良俗	（ ）是　　（ ）否
8	如果你理想中完美的学习状态是 100 分，你对在本模块的学习状态打多少分	（ 　　）分
9	如果改进某些行为能让自己获得理想的 100 分，那么是哪些学习行为需要改进呢	

说明：

1. 如果在上述问题的回答中，第 1、2、3、4 项为"是"，那么本模块学习达到"合格"状态；
2. 如果在上述问题的回答中，第 1、2、3、4、5、6 项为"是"，那么本模块学习达到"良好"状态；
3. 如果在上述问题的回答中，第 1、2、3、4、5、6、7 项为"是"，那么本模块学习达到"优秀"状态；
4. 如果在上述问题的回答中，第 1、2、3、4、5、6、7 项为"是"，并且对第 8、9 项做出思考之后有明确的答案，那么，你是一个"具有潜力的优秀学生"

2. 本模块学习情况复盘

序号	复盘问题
1	模块主题是什么？与店铺运营有什么关系
2	在本模块中，你学会了什么
3	通过模块检测，发现哪些知识点掌握得好、哪些掌握得不够好
4	你的答案与参考答案的差异有哪些？你认为哪个更好？理由是什么
5	技能训练题来自 1+X 电商技能题库，你是否能顺利完成这些题目？遇到的困难是什么？如何解决的
6	针对技能训练题，你是否核对过参考答案？你认为哪个更好？理由是什么
7	职业素质修养永远在路上，你是否得到启发？你找到那个提高修养的答案了吗
	发现差距后，有思考、有行动，就有进步。祝愿你距离心中更好的自己越来越近

3. 本模块学习任务评价

评价内容	评价方式			评价等级
	自评	小组评议	教师评议	
素养目标				
能力目标				
知识目标				
学习重点				
学习难点				
说明：评价等级分为三级，A级表示充分掌握，B级表示一般掌握，C级表示基本不会				

【学习总结】

请把对本模块的学习总结记录如下：

各种事业总是产生于谋虑，成功于实干，失败于骄傲。任何事业的成功，都不会凭空得来，而是产生于深思熟虑和周密计划之中，凭借灵机一动，是勾勒不出宏伟蓝图的。

模块三
销售数据分析与商业行为优化

【学习目标】

素质目标：诚信为本，引导客户理性消费；尊重公民隐私，销售数据不随意泄露；在创造性劳动中发现销售数据的价值，职场沟通中养成良好心态。

知识目标：了解销售业务场景；掌握销售数据分析的关键指标。

能力目标：能制定销售数据分析方案；能正确采集与预处理销售数据；能创建合适的可视化图表并预警异常值；能合作完成销售数据分析报告并提出商业行为优化建议。

【学习重点与难点】

学习重点：销售数据分析岗位技能实战。

学习难点：撰写销售数据分析报告与优化运营方案。

模块导图

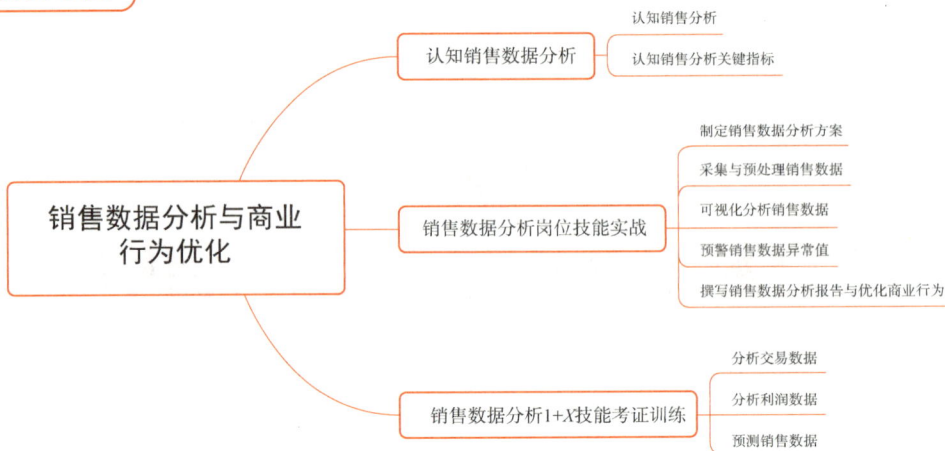

销售数据分析与商业行为优化

- 认知销售数据分析
  - 认知销售分析
  - 认知销售分析关键指标
- 销售数据分析岗位技能实战
  - 制定销售数据分析方案
  - 采集与预处理销售数据
  - 可视化分析销售数据
  - 预警销售数据异常值
  - 撰写销售数据分析报告与优化商业行为
- 销售数据分析1+X技能考证训练
  - 分析交易数据
  - 分析利润数据
  - 预测销售数据

导入案例

特易购的销售数据分析应用

特易购是全球利润第二大零售商，这家英国超级市场巨人从用户行为分析中获得了巨大的利益。从其会员卡的用户购买记录中，特易购可以了解一个用户是什么"类别"的客人，如速食者、单身、有上学孩子的家庭，等等。这样的分类可以为其提供很大的市场回报，比如，通过邮件寄给用户的促销广告可以变得十分个性化，店内的促销也可以根据周围人群的喜好、消费的时段而更加有针对性，从而加速货品的流通。这样的做法为特易购获得了丰厚的回报，仅市场宣传一项，就能帮助特易购每年节省3.5亿英镑的费用。

Tesco的优惠券：特易购每季会为顾客量身定做6张优惠券。其中4张是客户经常购买的货品，而另外2张则是根据该客户以往的消费行为数据分析，极有可能在未来会购买的产品。仅在1999年，特易购就送出了14.5万份面向不同的细分客户群的购物指南杂志和优惠券组合。更妙的是，这样的低价无损公司整体的盈利水平。通过追踪这些短期优惠券的回笼率，了解到客户在所有门店的消费情况，特易购还可以精确地计算出投资回报。发放优惠券吸引顾客其实已经是很老套的做法了，而且许多促销活动实际只是来掠夺公司未来的销售额。然而，依赖扎实的数据分析来定向发放优惠券的特易购，却可以维持每年超过1亿英镑（约8.9亿人民币）的销售额增长。

特易购同样有会员数据库，通过已有的数据，就能找到那些对价格敏感的客户，然后在公司可以接受的最低成本水平上，为这类顾客倾向购买的商品确定一个最低价。这样的好处一是吸引了这部分顾客，二是不必在其他商品上浪费钱降价促销。

特易购的精准运营：这家连锁超市在其数据仓库中收集了700万部冰箱的数据。通过对这些数据的分析，进行更全面的监控并进行主动的维修以降低整体能耗。

案例思考：

1. 特易购是怎样做好销售宣传工作的？
2. 特易购做了哪些销售推广工作？
3. 你觉得特易购在销售数据应用上有哪些成功做法？

观察他所交往的是些什么人，就能看出他是品德好的人还是不正派的人。

项目一　认知销售数据分析

　　小商在完成了数据分析前期准备工作之后，公司安排他进行销售业务板块的数据分析。请你随着小商的任务工单一起开始成长之旅吧！

【任务工单3-1】

认知销售数据分析任务工单

任务名称	认知销售数据分析
任务情景	公司安排小商完成销售数据分析岗位基础技能认知任务
任务目标	了解销售业务相关知识，掌握销售数据分析关键指标，理解销售预测分析方法及应用
项目要求	仔细读完项目一中的文字资料后再完成任务
任务思考	对于企业管理者来说，什么情况下更重视销售额？什么情况下更重视销售量？什么情况下更重视利润
任务1：认知销售分析	1. 销售数据分析的基本含义是什么？ 2. 销售相关业务场景有哪些？ 3. 销售数据分析常用的分析方法有哪些
任务2：认知销售分析关键指标	1. 销售额指标公式是什么？涉及哪些指标？ 2. 销售量指标公式是什么？涉及哪些指标？ 3. 客单价指标公式是什么？涉及哪些指标
任务总结	小组派代表上台汇报发言，总结归纳掌握的知识和技能
扫描二维码 下载资料	 微课：认知销售数据分析

任务1　认知销售分析

　　一家商业组织运营情况如何，首先要看销售量、销售额、利润、投资回报率等数据情况。如果一家商业组织的销售量长期很低且对投资回报率有要求，那么这个商业组织往往会进行"减员增效"，也就是使用裁员的方式来提高资金使用效率，以此维持公司的正常运行。

一、销售分析的基本含义

1. 销售额分析

在会计科目中，销售额由营业收入和成本两者构成。会计往往会把销售额和营业收入的概念进行区分，一般来说，销售额等于营业收入加成本，因为成本的原因，所以销售额肯定与营业收入不同。如果只是单一的业务，比如说销售某种商品，那么销售额与营业收入是指同一结果，即销售额＝营业收入。所以，转换为公式则是：

$$公司销售额＝营业收入+成本$$
$$商品销售额＝营业收入$$

在实体商务交易中，有些交易虽然成功，但不一定符合计入收入的要求，就不能计入营业收入。如物品办理了销售手续也交了钱，但货物没有取走（也就是未办理提货手续），这时，可以计入交易额而不能计入营业收入。这种情况交易额会大于营业收入。

但在电子商务交易中，我们往往把店铺销售额等同于商品销售额，也就是营业收入看待。至于商品有没有发货、有没有客户收货等情况则另行计算。销售额常表述为 GMV。

电子商务中的销售和实体店铺中的销售，概念是有所不同的。电子商务中销售额就是产品的销售产值，它的计算公式为：

$$商品销售额＝销售数量×销售单价$$

2. 销售量分析

销售量是指电子商务中的销售子订单数。如顾客小 C 在某店铺购买了一单货，这单货中有 5 款 SKU，每款 SKU 分别买了 5 个。那么，从商家角度来说，销售量为 25 个子订单的 25，而不是 1 个大订单的 1。又比如，顾客小 D 下了 1 个订单买了 5 件同款 T 恤，那么对于商家来说，商品的销售量为 5 个子订单的 5。

就商家来说，销售量越大表示生意越好，量大必然能促进产能提升。当然，不管销售额还是销售量，这些数据最终是围绕客户（也就是消费者）的情况来构建的。

3. 客单价分析

客单价是指在一个交易周期内，平均每位客户在店铺当中的交易金额。商家常常用客单价数据来判断客户的价值挖掘程度和店铺的关联销售情况。客单价是指一个时期内的客单价，又被称为 ATV。

在电子商务中，还有哪些与销售密切相关的概念呢？

二、销售相关业务场景

一般来说，商家会用自家的销售情况来衡量盈利状况，销售分析主要是为了追踪业务开展情况，与 KPI 指标业绩对比，调整销售策略，进一步提升销售额。在零售电子商务的业务场景中，非常关注人、货、场的业务场景。"人"是指客户，"货"是指商品，"场"主要指场景。那么在销售数据分析中，可以套用人、货、场的模型来分析相关业务。

"人"可以从员工和顾客忠诚度两个角度来分析；"货"则从商品、价格和销售情况三个角度来分析；"场"则从卖场、渠道和促销三个角度来分析。例如，我们在分析客单价下降情况的原因时，从"人"的角度来分析，可以通过细究员工和客户中尤其是高价值人群的流失情况数据来找到原因；从"货"的角度来分析，可以通过商品库存量、价格情况和关联销售情况的数据来分析商品；从"场"的角度来分析，可以通过店铺视觉设计、销售渠道和促销活动情况的数据来分析销售场景。

三、销售数据分析常用方法

我们在做销售数据分析时，会较常使用数据对比、极值、预测的方式来分析。

1. 对比

商家在做销售数据分析的时候，往往会对销售数据进行分类分析。然后再进行对比，常用到同比和环比的方法来分析销售相关数据。比如某化妆品公司在某店铺一周的销售额数据如图 3-1 所示。

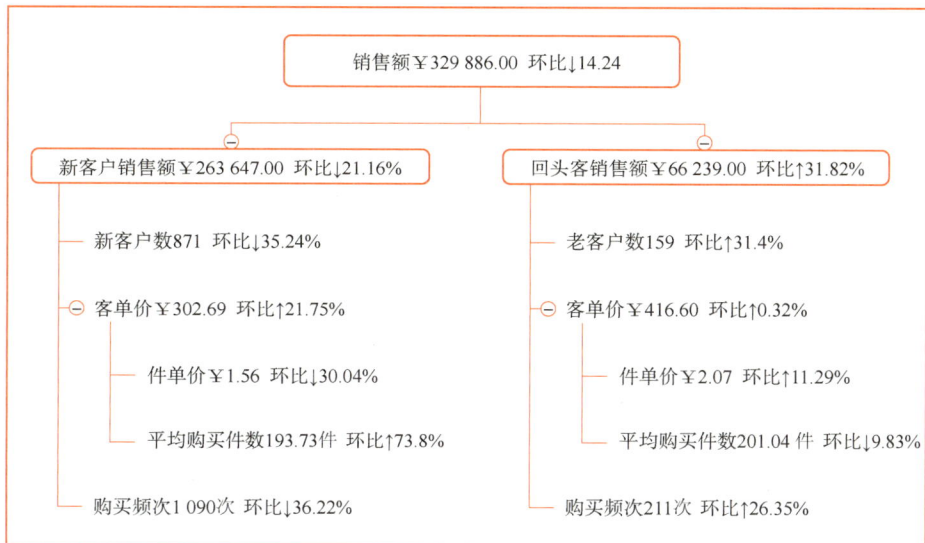

```
销售额¥329 886.00 环比↓14.24

新客户销售额¥263 647.00 环比↓21.16%          回头客销售额¥66 239.00 环比↑31.82%

新客户数871 环比↓35.24%                    老客户数159 环比↑31.4%
客单价¥302.69 环比↑21.75%                  客单价¥416.60 环比↑0.32%
    件单价¥1.56 环比↓30.04%                     件单价¥2.07 环比↑11.29%
    平均购买件数193.73件 环比↑73.8%             平均购买件数201.04 件 环比↓9.83%
购买频次1 090次 环比↓36.22%                 购买频次211次 环比↑26.35%
```

图 3-1　销售数据分析示例

在销售数据分析中，常用同比分析来看年度增长态势，用环比分析来看近期增长态势。环比方法在使用中，常常会根据需要再细分为季环比、月环比、周环比、日环比。同比分析则基本上用本年度与上年度的同期数据进行对比，以此判断相邻年度内同时期的销售情况变化。很少有同比分析是用在相邻季度、月度、周的同期数据比较的。

在图 3-1 中，商家在做对比分析时，将销售额按照消费对象分为两类，分别为"新客户销售额"和"回头客销售额"，再把这两类销售额拆解细分为更多的具体指标，然后进行环比分析，如图 3-1 中的"新客户数""客单价""购买频次""件单价""平均购买件数"等具体指标。

2. 极值

极值则表示极端数据，往往指最高或最低的销售数据。比如商家在对销售员进行业绩考核时，常常采用月销售额最高纪录的数据作为标杆，以此激励销售人员或事业部来突破极值纪录。而最低数据则往往被商家用来作为警示和辞退员工的依据之一。

3. 预测

预测是根据权重曲线预测未来的相关情况。销售中常常使用预测技术来分析预测销售成本、销售利润、销售额等情况。在商务数据分析的预测分析中，我们常使用回归分析法和时间序列预测法来预测未来业务。下面分别来介绍这两种预测分析技术。

（1）回归分析预测。

我们常常采用回归分析的基本方法——图表趋势预测法，根据给出的数据制作散点图或者折线图并添加适当类型的趋势线，利用趋势线外推或利用回归方程计算预测值。

趋势线是一种回归分析的基本方法，是确定两种或两种以上变量间相互依赖的定量关系的一种统计分析方法。趋势线包括线性、指数、对数、多项式、幂和移动平均分析等。

线性趋势线，适用于增长或降低的速度比较平稳、关系稳定，数据点构成趋势近乎直线的预测，如电商定制模式商家的销售量和生产量数据。在商务数据分析中，常常使用线形趋势线预测店铺销售额等。

指数趋势线，适用于增长或降低的速度持续增加且增加幅度越来越大的数据集合，数据点构成趋势为曲线的预测，需要注意的是如果数据值中含有零或负值，不能使用指数趋势线。在商务数据分析中，常常使用指数趋势线预测店铺销量等。

对数趋势线，适合增长或降低幅度一开始比较快，逐渐趋于平缓的数据集合，如人的年龄与身高数据等。

多项式趋势线，适用于增长或降低的波动较大的数据集合，它可用于分析大量数据的偏差。多项式的阶数可由数据波动的次数或曲线中拐点（峰和谷）的个数确定。二阶多项式趋势线通常仅有一个峰或谷。三阶多项式趋势线通常有一个或两个峰或谷，四阶通常多达三个。在商务数据分析中，常常使用多项式趋势线预测销售费用等。

乘幂趋势线，适用于增长或降低速度持续增加，且增加幅度比较恒定的数据集合。需要注意的是如果数据中含有零或负数值，就不能创建乘幂趋势线。

移动平均趋势线，用于平滑处理数据中的微小波动，从而更加清晰地显示数据的变化和趋势。移动平均使用特定数目的数据点（由"周期"选项设置），取其平均值，然后将该平均值作为趋势线中的一个点。

使用回归分析法预测未来数据时，要考虑到 R 平方值，R 平方值适用公式是：

$$R\text{ 平方值}=\text{回归平方和}/\text{总离差平方和}$$

R 平方值取值空间为大于 0 小于 1，越接近 1，回归拟合效果越好，一般认为超过 0.8 的模型拟合优度比较高。

（2）时间序列预测。

时间序列是指某种变量在一定时间段内不同时间点上观测值的集合，这些观测值是按时间顺序排列的，时间点之间的间隔是相等的，可以是年、季度、月、周、日或其他时间段。它承认事物发展的延续性，运用过去时间序列的数据进行统计分析，推测出事物的发展趋势，并且充分考虑到偶然因素影响而产生的随机性，为了消除随机波动的影响，时间序列预测法利用历史数据进行统计分析，并对数据进行适当处理，进行趋势预测。

时间序列预测假设事物发展趋势会延伸到未来，预测所依据的数据具有不规则性，且不考虑事物发展之间的因果关系。它的优点与缺点都非常明显，优点是在分析现在、过去、未来的联系时，以及未来的结果与过去、现在的各种因素之间的关系时，效果比较好；数据处理时，并不复杂。缺点是反映了对象线性的、单向的联系；适合预测稳定的、在时间方面稳定延续的过程，并不适合进行长期预测。

时间序列预测法的一般操作步骤包括：

Step 1：收集、整理历史资料，编制时间序列。要求时间序列要完整、准确，各数据间应具有可比性，要将不可比的数据整理为可比数据，如果在时间序列中存在极端值，要将其删除。

Step 2：绘制图形。把时间序列绘制成统计图，能更好地体现变量的发展变化趋势和统计数据的分布特点。

Step 3：建立预测模型、进行预测计算。选择预测模型时主要考虑：预测期的长短、时间序列的类型、预测费用、预测准确度的大小、预测方法的实用程度。

Step 4：评价预测结果。从统计检验和直观判断两个方面，对使用统计、数学方法取得的预测结果进行评价，以判断预测结果的可信程度以及是否切合实际。

时间序列预测也有几种主要的预测方法，如季节波动法、移动平均法、指数平滑法、成长曲线模式预测等，随机时间序列则是通过建立随机时间序列模型来预测，方法和数据要求都很高，精度也很高。下面对常用的几种方法展开介绍。

季节波动法。季节波动法又称季节周期法、季节指数法、季节变动趋势预测法，是对包含季节波动的时间序列进行预测的方法。季节波动是指某些社会经济现象由于受自然因素、消费习惯、风俗习惯等社会因素的影响，在一年内随着季节的更换而引起的有规律性的变动。商家常常用季节波动法来预测带有季节特性的商品销售量等。

季节波动法的具体操作步骤为：Step 1：收集历年（通常至少有 3 年）各月或各季度的统计资料，作为观察值；Step 2：求出各年同月或同季观察值的平均数（用 A 表示）；Step 3：求出历年间所有月份或季度的平均值（用 B 表示）；Step 4：计算各月或各季度的季节指数，又称季节比率，即 $S=A/B$；Step 5：根据未来年度的全年趋势预测值，求出各月或各季度的平均趋势预测值，然后乘以相应季节指数，即得出未来年度内各月和各季度包含季节变动的预测值。

移动平均法。移动平均法是用一组最近的实际数据值来预测未来一期或几期内数值的一种常用方法，如预测公司产品的需求量、公司产能等，当产品需求量既不快速增长也不快速下降，且不存在季节性因素时，移动平均法能有效地消除预测中的随机波动。商家常用移动平均法来预测店铺的销售利润等。

指数平滑法。指数平滑法指以某种指标的本期实际数和本期预测数为基础，引入一个简化的加权因子，即平滑系数，以求得平均数的一种指数平滑预测法。平滑系数必须大于 0 且小于 1，如 0.1、0.4、0.6 等。其计算公式为：下期预测数＝本期实际数×平滑系数＋本期预测数×（1－平滑系数）。商家常用指数平滑法来预测产品的生产量等。

如某种产品销售量的平滑系数为 0.4，2018 年实际销售量为 50 万件，预测销售量为 55 万件。则 2019 年的预测销售量为：

2019 年预测销售量＝50×0.4+55×（1－0.4）＝53（万件）

笔记：

思考：

任务2　认知销售分析关键指标

销售数据分析中包含的指标不多，但再和时间维度（比如年、季、月、周、日、时等）进行组合，可组合的指标就比较多了。下面介绍几个常用的销售数据关键指标。

一、销售额

销售额也叫成交额。和实体行业不同的是，电子商务中交易金额涉及的要素有访客数、转化率和客单价。公式为：

$$销售额=访客数×转化率×客单价$$

在上面的公式中，访客数可以由展现量乘以点击率计算得出。因此，公式还可以为：

$$销售额=展现量×点击率×转化率×客单价$$

在上述公式中，展现量与商品的关键词搜索排名以及引流推广活动密切相关；点击率与商品的价格、主图设计密切相关；转化率与商品主图、店铺首页、商品详情页设计、促销活动和客户评价密切相关，转化率是推广效果的重要指标，当流量一定时，转化率提高就能促进销售额的提高；客单价与商品定价、促销活动密切相关。

二、销售量

销售量包括几个概念，分别是订单量和成交量。订单量是指下单支付的笔数，下单后未支付的笔数不计入；成交量是指最终交易成功的笔数，是去除退款退货情况的交易笔数；在电子商务中，交易笔数一般指交易中的子订单笔数。一般来说，如果没有特别交代，销售量默认为成交量。

三、客单价

$$客单价=统计时间内支付金额/支付买家数$$

客单价升高，说明在已购物的新客户中，每个客户的平均购买金额都提高了。导致客单价升高的原因一般有两个：一是店铺提高了商品的单价或新客户选购了单价更高的商品，即件单价提高；二是新客户购买的商品数量增加了，即平均购买件数增加。客单价提高是新客户平均购买件数增加所致。

那么，从客单价的角度如何提升销售额呢？要提高客单价，可以使用爆款引流和关联营销的方式进行。爆款是指在商品销售中，供不应求、销售量很高的商品。打造爆款是店铺的一种促销方式。它可在最短的时间内给店铺带去大量的流量并提高成交转化率。

爆款的具体表现形式是高流量、高曝光量、高成交转化率。爆款能够在特定时间内为店铺带来大量的流量。许多经营者通常会借助各种购物平台官方的促销活动打造自己的爆款，用爆款带动其他商品的销量，从而提高店铺整体销售额。

项目二　销售数据分析岗位技能实战

某电商企业要对其速卖通店铺最近的销售情况进行一系列深度分析，以提升数据化运营效果。这项工作交给电商数据分析部门的销售数据分析工作人员小商来完成。公司准备考察小商制定销售数据分析方案的能力，再酌情交给他下一步的工作任务。让我们随着小商的任务工单一起开始成长之旅吧！

名声不是凭空产生的，赞誉也不会自己增长，只有成就了功业，名声才会到来。

任务 1　制定销售数据分析方案

【任务工单 3-2】

制定销售数据分析方案任务工单

任务名称	制定销售数据分析方案
任务情景	某店铺在运营过程中发现，部分商品持续数月销售数据低迷，严重影响资金流转及占用仓库。现要求小王对店铺产品进行分析，找出月销量低于店铺平均水平 50% 的商品
任务目标	计算出月度平均销量，找出其中低于平均值 50% 的商品。
任务要求	能合作完成销售量数据分析方案
任务思考	店铺销售量和什么业务行为有关系？店铺现有的销售量及月度平均销量如何计算？滞销品和畅销品分别对销售量有什么影响？哪些做法可以提高销售量
子任务 1：明确分析需求	1. 在确定销售量数据分析需求工作中，要先后跟哪些部门沟通？ 2. 通过归类、整理，梳理出可执行的销售量数据需求，确定数据分析的目标是什么。 3. 销售量数据分析的思路和方法是什么
子任务 2：明确分析框架	1. 进行销售数据分析用哪些方法？ 2. 分析思路是什么？如何确定的
任务总结	小组派代表上台汇报发言，总结归纳掌握的知识和技能
扫描二维码下载资料	 商务数据分析流程

按照数据分析的基本流程，小商必须先明确流量数据分析需求。以下是小商的做法，大家看他做得对不对？操作步骤如下：

Step 1：确定销售数据分析需求。

在店铺运营过程中，店铺中总有一些商品常常处于无人问津的状态，当然也会有一些商品出现供不应求的现象。如果店铺中无人问津的商品过多会造成商品积压，占用资金。如果这类商品过多还会影响店铺整体权重以及活动的报名资格等。

从任务背景中可以看出，此次数据分析需求主要是找出月销量低于店铺平均水平 50% 的商品，将持续数月严重影响资金流转及占用仓库的商品进行适当处理，以免过多占用库存资金。

Step 2：确定销售数据分析框架。

要明确哪些分析方法可以更恰当地分析销售数据，以及确定分析的基本思路。

（1）使用环比分析法分析店铺在一个年度内的环比增长情况。

（2）使用同比分析法分析店铺在不同年度内的同比增长情况。

（3）使用平均分析法对店铺销售均值和销售情况进行比较分析。

（4）使用结构分析法对不同商品的销售数据进行分析。

可以根据数据情况以及业务熟练程度，将以上方法选择性地使用在数据具体分析的过程中。

任务 2　采集与预处理销售数据

【任务工单 3-3】

采集与预处理销售数据任务工单

任务名称	采集与预处理销售数据
任务情景	通过采集店铺后台数据，全盘掌握店铺销售现状，采集商品销售的全部数据，通过计算与对比，重点呈现月度销售量低于店铺平均水平 50% 的商品信息
任务目标	能熟练使用商家后台渠道采集销售量数据，能正确使用函数计算月度平均销量，能对错误数据进行清洗
任务要求	能独立采集和预处理销售数据
任务思考	进行店铺销售数据采集时要注意什么
子任务 1： 制定销售数据采集与处理方案	请填写销售数据采集与处理方案表： 	背景介绍	
分析目标	
数据分析指标	
数据采集渠道及工具		
子任务 2： 确定数据采集关键节点	1. 确定数据采集的时间范围。 2. 请在 Excel 中创建数据采集表，至少包括以下字段名： | 订单创建时间	商品标题	销售量
---	---	---
子任务 3： 预处理销售数据	在 Excel 中更正格式异常的数据、删除重复采集的数据、处理单元格缺失的数据、纠正逻辑错误的数据

续表

任务名称	采集与预处理销售数据
任务总结	小组派代表上台汇报发言，总结归纳掌握的知识和技能
扫描二维码 下载资料	数据源：销售 数据分析练习用表 微课：商务数据 采集渠道及工具

笔记：

小商从店铺的商家数据后台下载了所有商品的销售数据，如表 3-1 所示，请你帮助小商一起完成上表中的任务工单。操作步骤如下：

Step 1：下载数据表。

思考：

表 3-1　店铺销售数据下载后的原始表

订单创建时间	商品标题	销售量	支付金额/元	支付买家数	支付转化率/%
2020 年 8 月	文胸	645	130 313.18	64	0.97
2020 年 8 月	文胸套装	277	79 904.95	27	0.74
2020 年 8 月	塑身上衣	312	58 621.64	30	1.48
2020 年 8 月	塑身美体裤	295	58 398.5	20	0.90
2020 年 8 月	塑身分体套装	317	94 458.84	19	0.31
2020 年 8 月	塑身连体衣	818	251 821.89	54	0.20
2020 年 9 月	文胸	603	121 756.6	59	0.88
2020 年 9 月	文胸套装	154	44 372.84	18	0.73
2020 年 9 月	塑身上衣	486	91 304.55	27	1.08
2020 年 9 月	塑身美体裤	271	53 579.25	17	0.49
2020 年 9 月	塑身分体套装	736	219 284.17	42	0.55
2020 年 9 月	塑身连体衣	1 040	32 0378.58	78	0.34
2020 年 9 月	邮费	880	880	1	100.00
2020 年 10 月	文胸	720	145 409.23	70	0.81
2020 年 10 月	文胸套装	202	58 310.86	25	0.98
2020 年 10 月	塑身上衣	449	84 364.62	35	0.91
2020 年 10 月	塑身美体裤	311	61 596.98	19	0.25
2020 年 10 月	塑身分体套装	613	182 656.92	44	0.26
2020 年 10 月	保暖套装	4	1 396	1	0.18
2020 年 10 月	塑身连体衣	1 472	453 499.39	103	0.37
2020 年 10 月	塑身腰封/腰夹	0	0	0	0.00

订单创建时间	商品标题	销售量	支付金额/元	支付买家数	支付转化率/%
2020 年 10 月	邮费	38	38	1	100.00
2020 年 6 月	文胸	1 094	221 076.41	119	0.89
2020 年 6 月	文胸套装	195	56 036.09	17	0.75
2020 年 6 月	塑身上衣	835	157 021.74	115	1.68
2020 年 6 月	塑身美体裤	426	84 256.85	52	0.27
2020 年 6 月	塑身腰封/腰夹	119	11 617.9	9	1.84
2020 年 6 月	塑身分体套装	1177	350 695.36	64	0.25
2020 年 6 月	保暖套装	70	25 673.65	32	1.10
2020 年 6 月	塑身连体衣	1 599	492 515.21	104	0.31
2020 年 6 月	邮费	1 234	1 234	5	83.33
2020 年 7 月	文胸	730	147 524.95	68	0.46
2020 年 7 月	文胸套装	106	30 608.46	13	0.58
2020 年 7 月	塑身上衣	383	72 013.09	34	0.67
2020 年 7 月	塑身美体裤	433	85 819.14	29	0.24
2020 年 7 月	塑身腰封/腰夹	20	1 990	1	0.47
2020 年 7 月	塑身分体套装	975	290 582.51	54	0.25
2020 年 7 月	保暖套装	22	8 019.54	6	0.41
2020 年 7 月	塑身连体衣	1 451	447 019.31	106	0.37
2020 年 7 月	邮费	480	480	1	50.00
2020 年 1 月	文胸	592	119 582.61	58	0.69
2020 年 1 月	文胸套装	92	26 568.77	13	0.89
2020 年 1 月	塑身上衣	354	66 491.51	34	1.05
2020 年 1 月	塑身美体裤	320	63 399.43	23	0.64
2020 年 1 月	塑身腰封/腰夹	20	1 986	1	0.48
2020 年 1 月	塑身分体套装	540	161 018.09	34	0.40
2020 年 1 月	保暖套装	35	13 043	8	0.95
2020 年 1 月	塑身连体衣	1 112	342 490.6	96	0.35
2020 年 2 月	文胸	885	178 768.24	99	0.74
2020 年 2 月	文胸套装	64	18 376.95	8	0.47
2020 年 2 月	塑身上衣	385	72 426.66	44	1.08
2020 年 2 月	塑身美体裤	385	76 324.44	30	1.09
2020 年 2 月	塑身腰封/腰夹	41	3 980	2	0.72

续表

订单创建时间	商品标题	销售量	支付金额/元	支付买家数	支付转化率/%
2020 年 2 月	塑身分体套装	524	156 102.06	25	0.31
2020 年 2 月	保暖套装	10	3 614	3	0.77
2020 年 2 月	塑身连体衣	1 524	469 274.65	104	0.42
2020 年 2 月	邮费	1 000	1 000	2	66.67
2020 年 3 月	文胸	868	175 307.82	98	1.23
2020 年 3 月	文胸套装	79	22 722.6	9	0.54
2020 年 3 月	塑身上衣	602	113 086.32	73	1.40
2020 年 3 月	塑身美体裤	418	82 731.19	41	1.38
2020 年 3 月	塑身腰封/腰夹	41	3 982	2	0.61
2020 年 3 月	塑身分体套装	505	150 381	23	0.42
2020 年 3 月	塑身连体衣	1 828	562 918.07	119	0.43
2020 年 3 月	保暖套装	0	0	0	0.00
2020 年 3 月	邮费	240	240	1	100.00
2020 年 4 月	文胸	825	166 578.09	82	1.27
2020 年 4 月	文胸套装	33	9 432	5	0.41
2020 年 4 月	塑身上衣	177	33 260	24	0.57
2020 年 4 月	塑身美体裤	290	57 427	24	0.78
2020 年 4 月	塑身腰封/腰夹	20	1 980	1	0.42
2020 年 4 月	塑身分体套装	350	104 340.89	16	0.45
2020 年 4 月	塑身连体衣	1 420	437 355.02	91	0.29
2020 年 4 月	保暖套装	0	0	0	0.00
2020 年 4 月	邮费	2 120	2 120	3	75.00
2020 年 5 月	文胸	322	65 056.3	32	0.67
2020 年 5 月	文胸套装	59	16 986	5	0.40
2020 年 5 月	塑身上衣	211	39 709	20	0.63
2020 年 5 月	塑身美体裤	151	29 986.72	12	0.34
2020 年 5 月	塑身腰封/腰夹	20	1992	1	0.41
2020 年 5 月	塑身分体套装	210	62 689.84	9	0.26
2020 年 5 月	塑身连体衣	2 401	739 623.14	104	0.26
2020 年 5 月	保暖套装	0	0	0	0.00

笔记：

思考：

上述表格包括 2020 年 1—10 月的商品销售数据，需要将下载的数据进行如下预处理。

Step 2：清洗数据。

（1）删除无效值。筛选出原始数据表中为 0 的数据，进行删除。操作如图 3-2 所示。

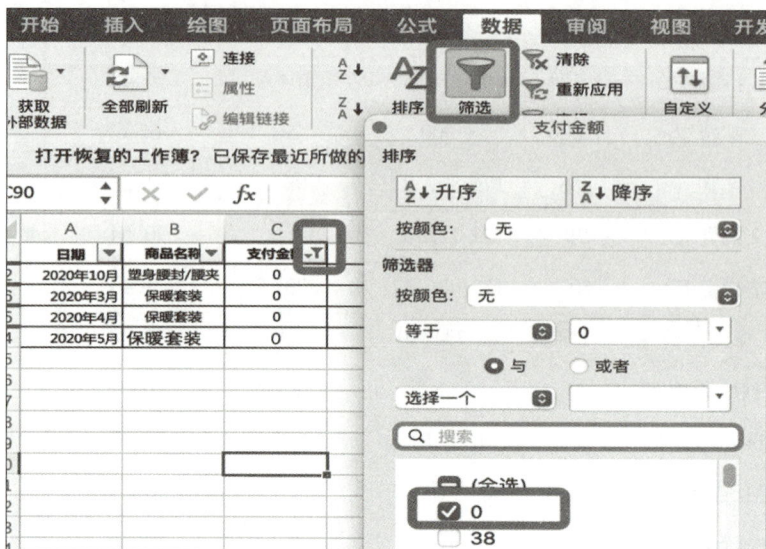

图 3-2　筛选异常数值

（2）删除重复值。操作如图 3-3 所示。

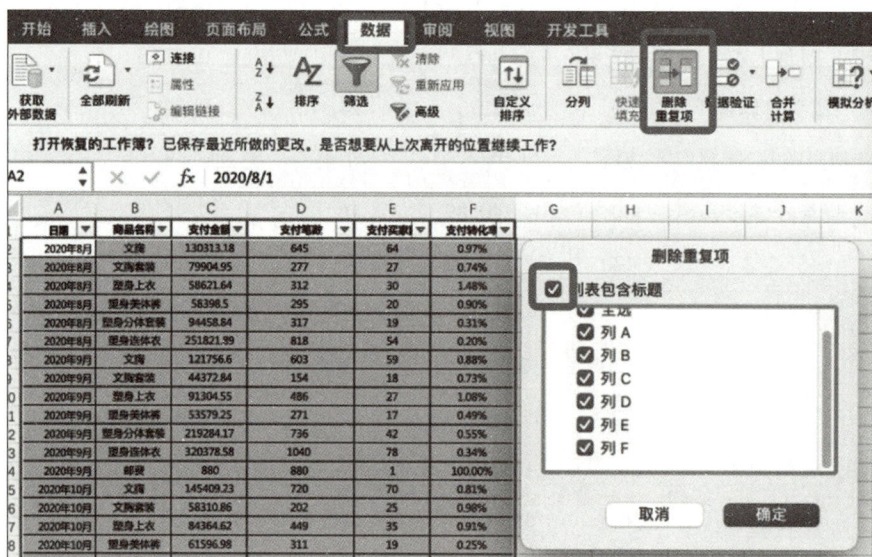

图 3-3　删除重复值

（3）处理空白值。通过"查找与替换"菜单中的"定位条件"选项卡，未发现表格中有空白值。

（4）清洗无价值数据。对于电子商务中的邮费（运费），其为不计入商品范畴的数据，属于销售数据无效值，必须进行删除处理。操作如图 3-4 所示。

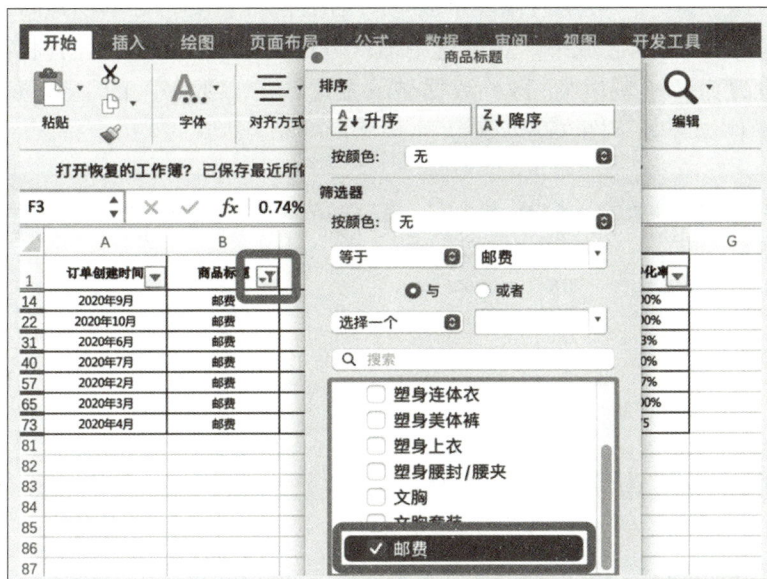

图 3-4　清洗无价值数据

选中"筛选"出的"邮费"数据，然后点击右键"删除"。到此步骤为止，数据清洗工作初步完成了。

Step 3：预处理数据。

下面进行数据的预处理工作。小商选择使用数据透视表来进行数据的汇总计算和处理。

（1）建立数据透视表。插入"数据透视表"，并选中关键指标"订单创建时间""商品名称""销售量"几个字段，将"求和项：销售量"改为"平均值：销售量"。操作如图 3-5 所示。

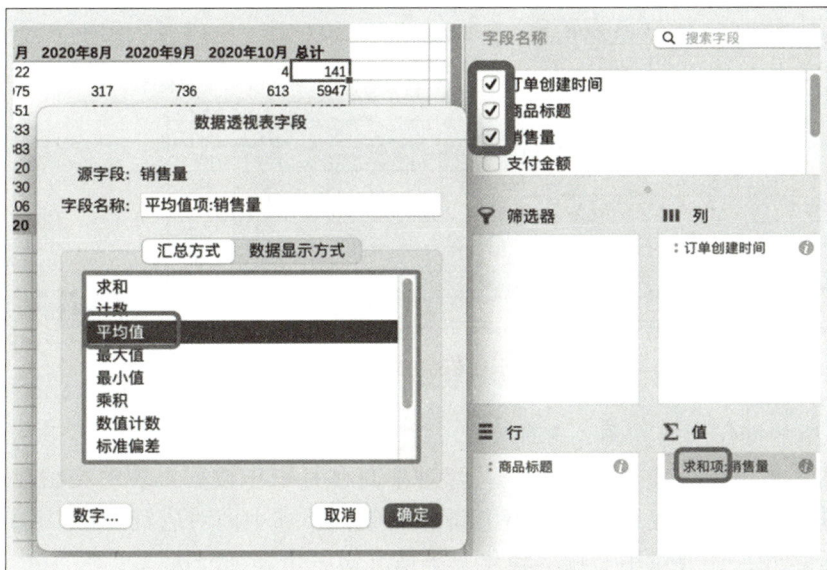

图 3-5　建立数据透视表

（2）调整数据透视表格式。打开"数据透视表字段"对话框，将字段"订单创建时间"拖拽到行区域中、"商品标题"拖拽到列区域中。右键选中值区域中的字段"销售量"，将其"字段设置"的"汇总方式"设置为"平均值"，将"数据显示方式"的"数字"的"数值"格式设置为"小数位数为0"。操作结果如下图3-6所示。

平均值项:销 列标签									
行标签	保暖套装	塑身分体套装	塑身连体衣	塑身美体裤	塑身上衣	塑身腰封/腰夹	文胸	文胸套装	总计
2020年1月	35	540	1112	320	354	20	592	92	383
2020年2月	10	524	1524	385	385	41	885	64	477
2020年3月		505	1828	418	602	41	868	79	620
2020年4月		350	1420	290	177	20	825	33	445
2020年5月		210	2401	151	211	20	322	59	482
2020年6月	70	1177	1599	426	835	119	1094	195	689
2020年7月	22	975	1451	433	383	20	730	106	515
2020年8月		317	818	295	312		645	277	444
2020年9月		736	1040	271	486		603	154	548
2020年10月	4	613	1472	311	449		720	202	539
总计	28	595	1467	330	419	40	728	126	515

图 3-6　销售数据透视表

（3）计算目标数据。选中数据透视表格区域，进行实线框填充，调高行间距。在新单元格中计算出月度平均销售量515的50%，为257.5，四舍五入取整后为258。

（4）突出显示目标数据。选中数据区域，使用"开始"菜单中的"条件格式"设计，标识出小于258的数据。操作如图3-7所示。

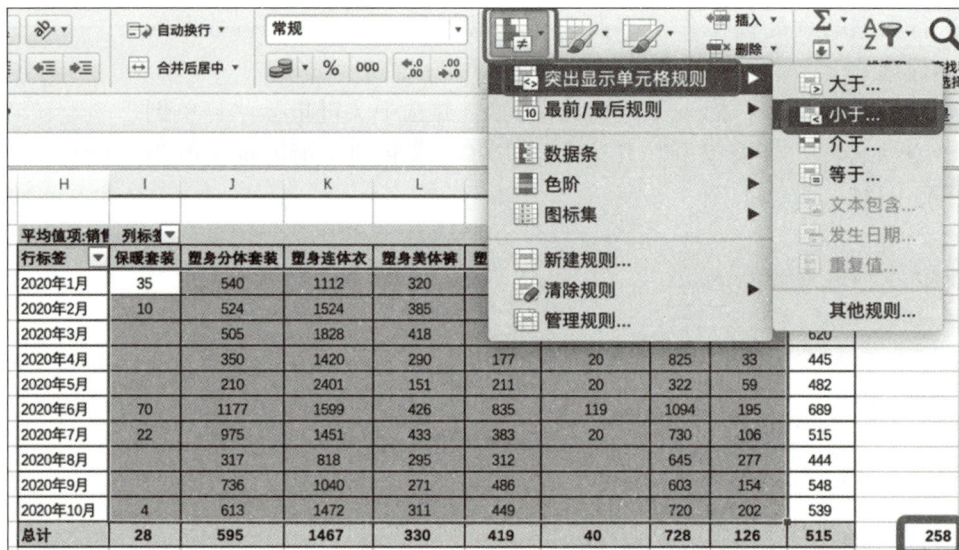

图 3-7　突出显示目标数据

"条件格式"设置之后的操作结果如图3-8所示。

到此为止，销售数据采集与预处理工作完成。主管对小商在月销售数据报表中突出显示未达标数据的做法表示很满意。同时，也给小商提出了新的任务，要求小商对店铺2020年1—10月的商品销售量做出分析之外，还要对销售额、转化率等情况做一个详细分析。

如果做事情不懂得坚持，那么腐朽的木头你都不能轻易折断。如果做事情能持之以恒，那么即使是金石那么坚硬的物体，你都能雕出美丽的花纹。

行标签 ▼	保暖套装	塑身分体套装	塑身连体衣	塑身美体裤	塑身上衣	塑身腰封/腰夹	文胸	文胸套装	总计
2020年1月	35	540	1112	320	354	20	592	92	383
2020年2月	10	524	1524	385	385	41	885	64	477
2020年3月		505	1828	418	602	41	868	79	620
2020年4月		350	1420	290	177	20	825	33	445
2020年5月		210	2401	151	211	20	322	59	482
2020年6月	70	1177	1599	426	835	119	1094	195	689
2020年7月	22	975	1451	433	383	20	730	106	515
2020年8月		317	818	295	312		645	277	444
2020年9月		736	1040	271	486		603	154	548
2020年10月	4	613	1472	311	449		720	202	539
总计	28	595	1467	330	419	40	728	126	515

图 3-8　销售数据单元格可视化

任务 3　可视化分析销售数据

【任务工单 3-4】

销售数据可视化分析任务工单

任务名称	可视化分析销售数据
任务情景	主管要对店铺 2020 年 1—10 月的商品的销售量、销售额、转化率等情况做一个详细分析
任务目标	能根据工作内容熟练选用销售数据关键指标，并能进行可视化图表分析。对商品的销售量、销售额、转化率几个指标做着重分析
任务要求	能独立制作销售数据可视化图表，能进行合作分析
任务思考	在时间维度上需要展现哪些时间段的数据？在工作要求的指标之外，有无其他指标的分析是能得出有用信息的
子任务 1：分析销售量数据	使用数据透视表准备销售量的数据；并制作合适的可视化图表类型，对图表进行美化，突出显示店均销量低于 50% 的数据；再用文字描述指标间的数据差距
子任务 2：分析销售额数据	使用数据透视表准备销售额的数据；并制作合适的可视化图表类型，对图表进行美化，突出显示重点数据；再用文字描述指标间的数据差距
子任务 3：分析转化率数据	使用数据透视表准备转化率的数据；并制作合适的可视化图表类型，对图表进行美化，突出显示重点数据；再用文字描述指标间的数据差距
子任务 4：分析客单价数据	使用数据透视表准备客单价的数据，对图表进行美化，突出显示重点数据；并制作合适的可视化图表类型；再用文字描述指标间的数据差距
任务总结	小组派代表上台汇报发言，总结归纳掌握的知识和技能
扫描二维码下载资料	微课：销售数据可视化分析

笔记：

思考：

物类之起，必有所始；荣辱之来，必象其德。——《荀子·劝学》

小商按照工单开始做任务。首先，他思考了时间维度的数据展现，可以从 1—10 月的总量、月度均量以及每个月的数据量三个角度来展现商品数据。其次，他想到，对于销售数据而言，客单价是一个比较重要的指标，可以体现出店铺关联销售的效果。下面截取了小商做的部分维度的指标数据图表，请你学习小商的制图方法，并在小商的工作基础上对指标数据进行图表的增补完善，以便能从更全面、更完整的角度对销售数据进行分析。操作步骤如下。

一、使用数据透视表处理销售量数据

（1）建立新表，将透视表中字段名修改成易懂的字段名。操作如图 3-9 所示。

平均值项:销售量 列标签													商品名称	月均销量
行标签	10月	1月	2月	3月	4月	5月	6月	7月	8月	9月	总计			
保暖套装	4	35	10			70	22				28		保暖套装	28
塑身分体套装	613	540	524	505	350	210	1 177	975	317	736	595		塑身分体套装	595
塑身连体衣	1 472	1 112	1 524	1 828	1 420	2 401	1 599	1 451	818	1 040	1 467		塑身连体衣	1 467
塑身美体裤	311	320	385	418	290	151	426	433	295	271	330		塑身美体裤	330
塑身上衣	449	354	385	602	177	211	835	383	312	486	419		塑身上衣	419
塑身腰封/腰夹		20	41	41	20	20	119	20			40		塑身腰封/腰夹	40
文胸	720	592	885	868	825	322	1 094	730	645	603	728		文胸	728
文胸套装	202	92	64	79	33	59	195	106	277	154	126		文胸套装	126
总计	539	383	477	620	445	482	689	515	444	548	515			

图 3-9　建立销售量数据透视表

（2）再将新表增加一列，插入"平均销量"数据。目的是将"平均销量"与各款商品的月均销量形成对比。操作如图 3-10 所示。

商品名称	月均销量		商品名称	月均销量	平均销量
保暖套装	28		保暖套装	28	515
塑身分体套装	595		塑身分体套装	595	515
塑身连体衣	1 467		塑身连体衣	1 467	515
塑身美体裤	330		塑身美体裤	330	515
塑身上衣	419		塑身上衣	419	515
塑身腰封/腰夹	40		塑身腰封/腰夹	40	515
文胸	728		文胸	728	515
文胸套装	126		文胸套装	126	515

图 3-10　整理销售量数据表

二、销售量数据可视化图表制作

（1）将新表中的数据制作成可视化图表，为了便于比较各款商品的月均销量多少，选择柱状图来展示数据。将平均销量数据的图表类型更改为折线图。操作如图 3-11 所示。

（2）操作结果。操作之后，将得到如图 3-12 所示的样子。

（3）将上图添加图表标题与单位，对柱状和折线图添加数据标签。在完成图表结构的同时对图表进行美化，将折线图线条的短划线类型改为虚线型，并调整文字配色等格式。操作如图 3-13 所示。

一切事物的兴起，必定有它的开始；荣耀与耻辱的到来，必定和他的德行好坏相符合。

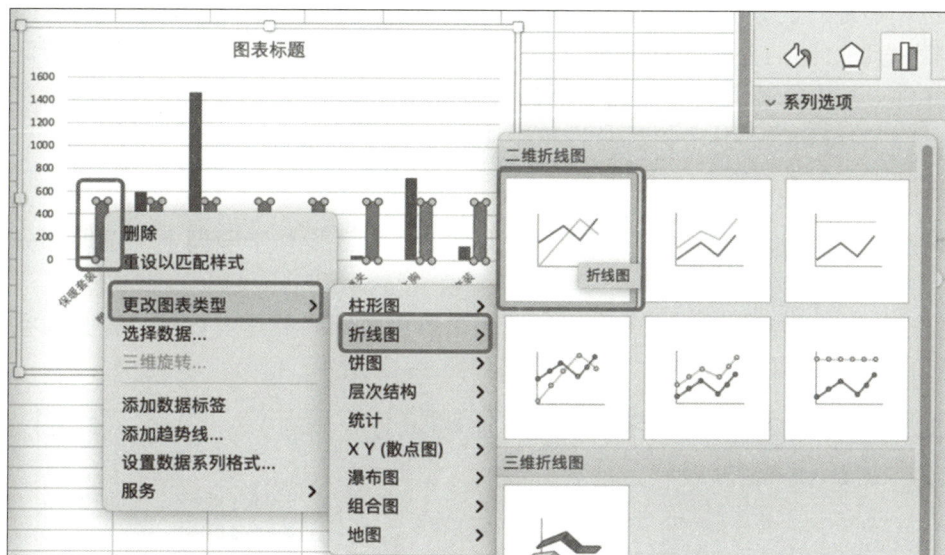

图 3-11　更改图表类型

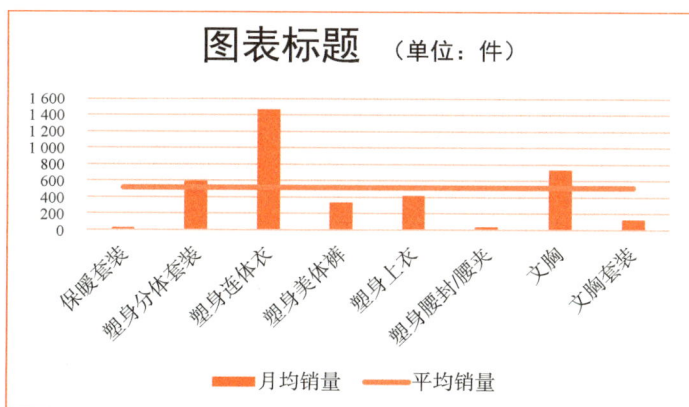

图 3-12　图表类型更改结果

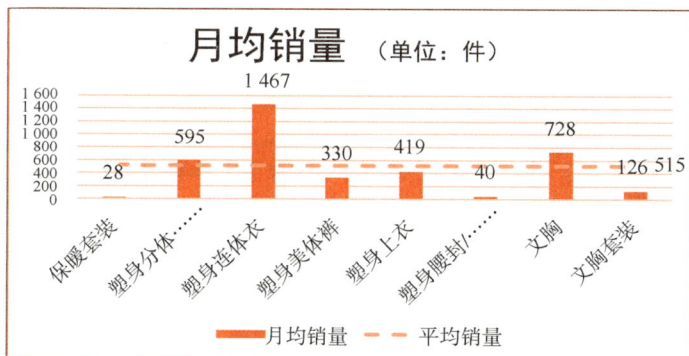

图 3-13　商品月均销量和店铺均量对比图

从图 3-13 中可以明显地对比分析出各款商品在 1—10 月的月均销量的多少，以及这些商品的月均销量与店铺销售均量之间的差距。月均销量最高的是塑身连体衣，达到 1 467 件，最低的是保暖套装，仅 28 件；其中保暖套装、塑身美体裤、塑身腰封/腰夹、文胸套装共计四款商品的月均销量低于店铺的销售均量，其中保暖套装和塑身腰封/腰夹不足店铺销售均量的 10%。

三、销售额、转化率、客单价等指标图表制作

再对销售额、转化率、客单价的指标数据进行可视化图表分析。操作步骤同上，选取部分图表，制图过程展示如下：

（1）按时间维度的月度销售额数据，插入数据透视表。再选中销售额月度数据，查找为空值的单元格，替换为 0。操作如图 3-14 所示。操作结果如图 3-15 所示。

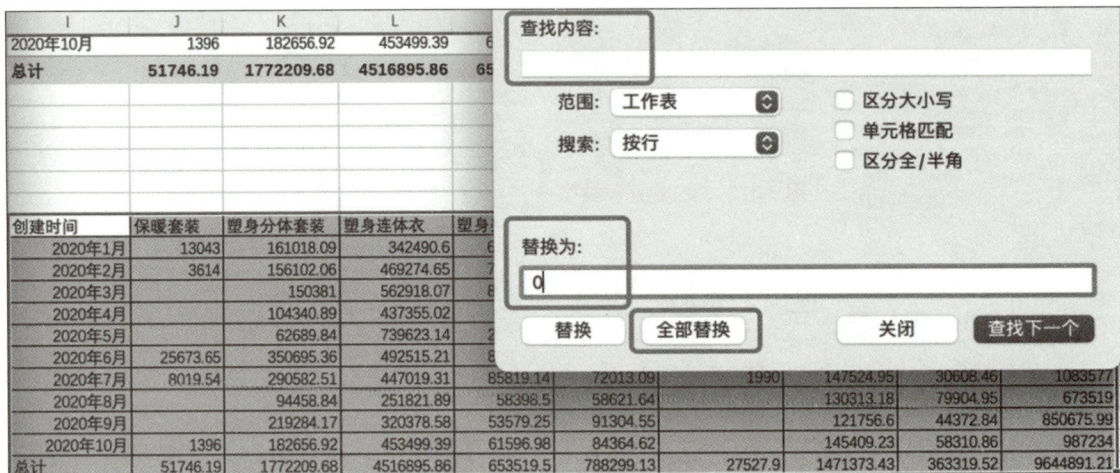

图 3-14　空白值处理

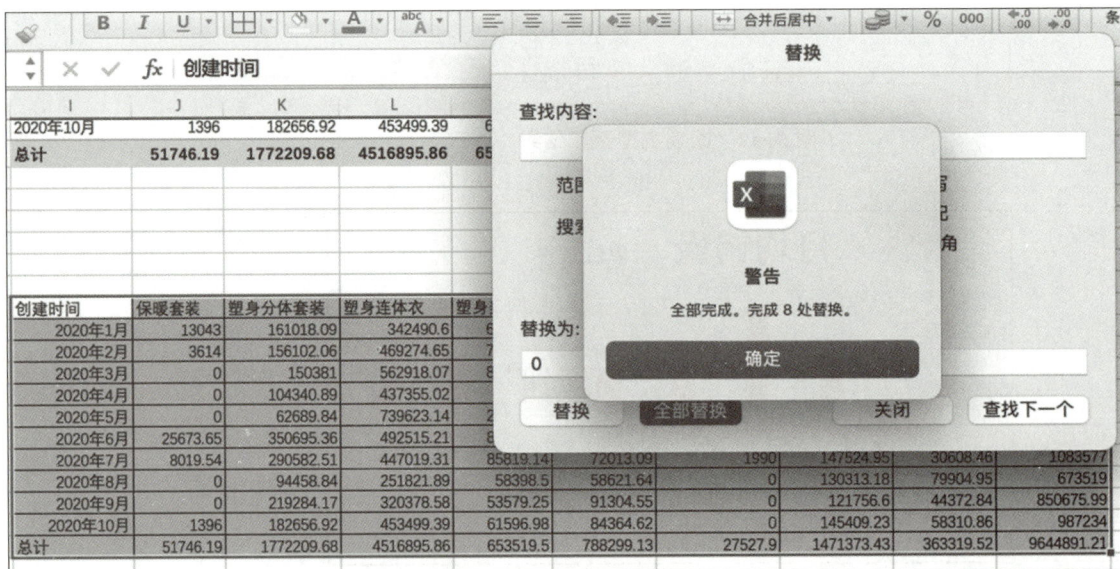

图 3-15　空白值处理结果

内心的真实一定会表现到外表上来。所以，品德高尚的人哪怕是在一个人独处的时候，也一定要谨慎。

（2）制作折线图。将处理好的数据制作成折线图，如图 3-16 所示。

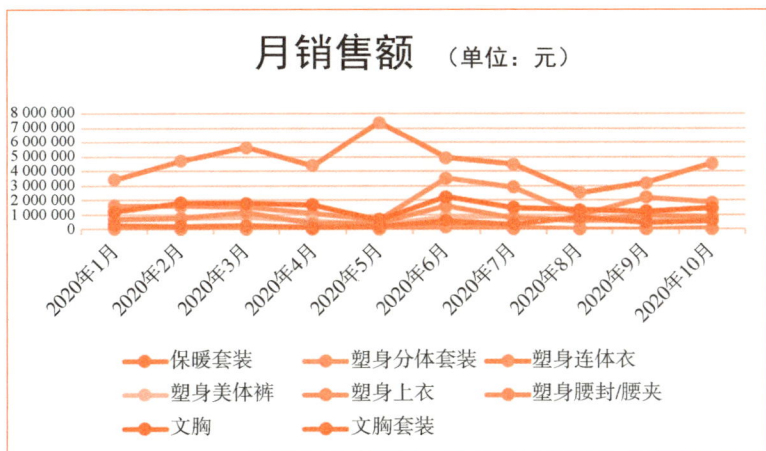

图 3-16　月销售额折线图

（3）对比分析。对于上面的图表，可以使用纵向对比分析法，明显地分析出各款商品 2020 年 1—10 月的销售额的增长变化；使用横向对比分析法，明显地分析出各款商品之间的销售额差距。

（4）用数据透视表处理好支付转化率数据，支付转化率的计算方式为平均值。操作如图 3-17 所示。

行标签	平均值项:支付转化率
保暖套装	0.68%
塑身分体套装	0.35%
塑身连体衣	0.33%
塑身美体裤	0.64%
塑身上衣	1.06%
塑身腰封/腰夹	0.71%
文胸	0.86%
文胸套装	0.65%

图 3-17　数据透视表处理

（5）将数据整理成折线图，并对折线图进行结构完善和文字、图的配色美化。操作结果如图 3-18 所示。

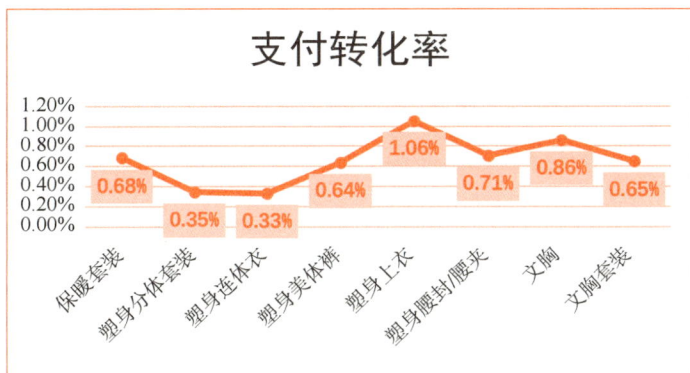

图 3-18　支付转化率折线图

（6）使用数据透视表对客单价指标数据进行处理。制图操作如图 3-19 所示。

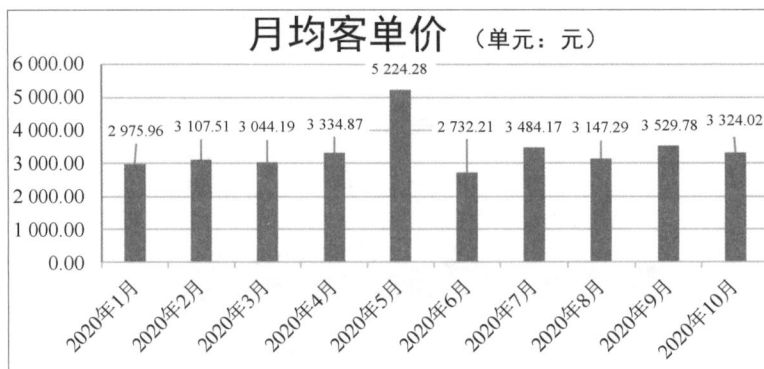

图 3-19　月均客单价制图

任务 4　预警销售数据异常值

【任务工单 3-5】

预警销售数据异常值任务工单

任务名称	预警销售数据异常值
任务情景	主管布置给小商的工作任务，是找到月销量连续几个月低于销售均量 50% 的商品。 　　销售异常数据跟踪监控与处理是销售数据分析的常规工作。可以采用合法合规的监控方式，根据业务目的选用需要重点监控的数据指标，明确指标数据异常波动的范围，及时分析异常原因并进行优化
任务目标	能按照异常值鉴别的流程，根据"连续数月低于销售均量 50%"的目标设置监控指标，鉴别异常数据，完成监控报表制作与分析，对相关数据及时预警
任务要求	能按照异常数据鉴别的流程对销售异常数据进行分析预警
任务思考	通过销售数据监控发现异常数据之后，如何预警？导致异常数据的原因可能有哪些？可以从哪些方面改进
子任务 1： 制作数据监控方案	请填写下列监控方案表： <table><tr><td>销售数据监控目标</td><td></td></tr><tr><td>销售数据监控指标</td><td></td></tr><tr><td>监控方式与周期</td><td></td></tr><tr><td>数据异常波动范围</td><td></td></tr></table>
子任务 2： 制作异常数据图表	1. 使用"条件格式"菜单对数据报表中的数据进行突出显示。 2. 使用数据图表展示异常值
子任务 3： 分析并预警异常数据	1. 制作异常数据分析图表。 2. 向汇报对象和业务部门发出预警信息
任务总结	小组派代表上台汇报发言，总结归纳掌握的知识和技能

　　发愤用功，连吃饭都忘了，快乐得把一切忧虑都忘了，连自己快要老了都不知道。

续表

任务名称	预警销售数据异常值
扫描二维码 下载资料	 交易数据分析操作参考

小商在可视化图表制作完成之后，发现重点销售数据还需要进行突出呈现。尤其是在日后的数据分析岗位工作中还需要后续跟进。请你和小商一起来理顺销售数据中需要重点跟踪关注的数据指标，以及目前表现异常的数据，做重点预警提示。

任务操作步骤如下：

Step 1：确定监控方案。

小商的数据分析工作主要围绕着工作任务中的商品月均销量不足店铺销售均量的 50%的监控目标，那么监控指标为销售量以及与销售量有关的指标转化率等。因为监控量小，可以通过人工数据采集的方式进行监控，将月销量低于店铺均量的定为关注值，低于均量 50%的定为异常值。

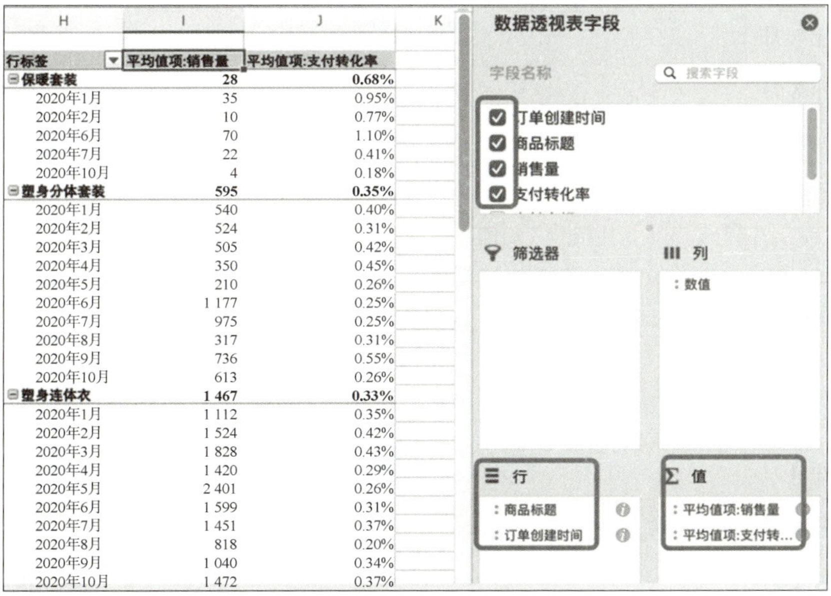

Step 2：制作异常数据图表。

根据工作任务目标，将月销量中低于店铺销售均量 50%的数据进行突出显示。同时对店铺的转化率数据进行数据条展示。操作如下：

（1）标识出月均销量中的异常数据。使用数据透视表处理好销售量和支付转化率的数据表。右边为数据透视表操作界面，左边为同步实现的操作结果，如图 3-20 所示。

图 3-20　数据透视表操作

99

（2）用"条件格式"突出显示异常数据。使用"条件格式"中的"突出显示单元格规则"标识出销售量指标中的低于店铺销售均量50%的单元格，使用"最前/最后规则"中的"低于平均值"标识出低于平均值的支付转化率数据。异常数据监控报表的操作结果如表3-2所示。

表3-2 异常数据监控报表的操作结果

项目	平均值项：销售量	平均值项：支付转化率
保暖套装	28	0.68%
2020年1月	35	0.95%
2020年2月	10	0.77%
2020年6月	70	1.10%
2020年7月	22	0.41%
2020年10月	4	0.18%
塑身分体套装	595	0.35%
2020年1月	540	0.40%
2020年2月	524	0.31%
2020年3月	505	0.42%
2020年4月	350	0.45%
2020年5月	210	0.26%
2020年6月	1 177	0.25%
2020年7月	975	0.25%
2020年8月	317	0.31%
2020年9月	736	0.55%
2020年10月	613	0.26%
塑身连体衣	1 467	0.33%
2020年1月	1 112	0.35%
2020年2月	1 524	0.42%
2020年3月	1 828	0.43%
2020年4月	1 420	0.29%
2020年5月	2 401	0.26%
2020年6月	1 599	0.31%
2020年7月	1 451	0.37%

续表

项目	平均值项：销售量	平均值项：支付转化率
2020 年 8 月	818	0.20%
2020 年 9 月	1 040	0.34%
2020 年 10 月	1 472	0.37%
塑身美体裤	330	0.64%
2020 年 1 月	320	0.64%
2020 年 2 月	385	1.09%
2020 年 3 月	418	1.38%
2020 年 4 月	290	0.78%
2020 年 5 月	151	0.34%
2020 年 6 月	426	0.27%
2020 年 7 月	433	0.24%
2020 年 8 月	295	0.90%
2020 年 9 月	271	0.49%
2020 年 10 月	311	0.25%
塑身上衣	419	1.06%
2020 年 1 月	354	1.05%
2020 年 2 月	385	1.08%
2020 年 3 月	602	1.40%
2020 年 4 月	177	0.57%
2020 年 5 月	211	0.63%
2020 年 6 月	835	1.68%
2020 年 7 月	383	0.67%
2020 年 8 月	312	1.48%
2020 年 9 月	486	1.08%
2020 年 10 月	449	0.91%
塑身腰封/腰夹	40	0.71%
2020 年 1 月	20	0.48%
2020 年 2 月	41	0.72%

笔记：

思考：

太上无败，其次败而有以成，此之谓用民。——《墨子·亲士》

续表

项目	平均值项：销售量	平均值项：支付转化率
2020 年 3 月	41	0.61%
2020 年 4 月	20	0.42%
2020 年 5 月	20	0.41%
2020 年 6 月	119	1.84%
2020 年 7 月	20	0.47%
文胸	728	0.86%
2020 年 1 月	592	0.69%
2020 年 2 月	885	0.74%
2020 年 3 月	868	1.23%
2020 年 4 月	825	1.27%
2020 年 5 月	322	0.67%
2020 年 6 月	1094	0.89%
2020 年 7 月	730	0.46%
2020 年 8 月	645	0.97%
2020 年 9 月	603	0.88%
2020 年 10 月	720	0.81%
文胸套装	126	0.65%
2020 年 1 月	92	0.89%
2020 年 2 月	64	0.47%
2020 年 3 月	79	0.54%
2020 年 4 月	33	0.41%
2020 年 5 月	59	0.40%
2020 年 6 月	195	0.75%
2020 年 7 月	106	0.58%
2020 年 8 月	277	0.74%
2020 年 9 月	154	0.73%
2020 年 10 月	202	0.98%
基准值	258	0.66%

从以上报表中，可以轻易看出"销售量"和"支付转化率"2 个指标中带颜色的单元格为异常数据情况。

最上的是不失败，其次则是败了却还有办法成功，这才叫善于用人。

Step 3：分析并预警异常数据。

（1）分析销售量异常数据。制作销售量的数据可视化图表，如图 3-21 所示。

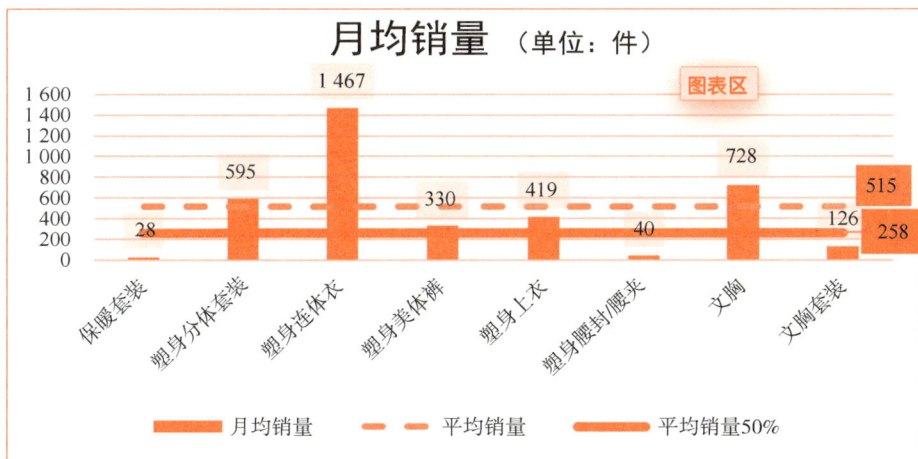

图 3-21　月均销量

从图 3-21 中可以看出，保暖套装、塑身腰封/腰夹、文胸套装三款商品的月均销量远低于店铺销售均量 50%，其中保暖套装、塑身腰封/腰夹两款商品不足基准值的 16%，属于严重拖累整体销量的商品款。

（2）分析与异常销售量有关的指标异常数据。有关指标主要是指支付转化率和销售额、客户数等。首先分析支付转化率总体数据，如图 3-22 所示。

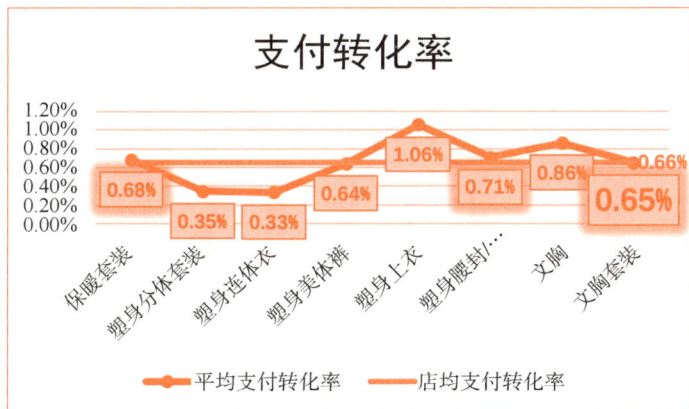

图 3-22　支付转化率

图 3-22 反映出月均销量低于店铺销售均量 50% 的产品保暖套装、塑身腰封/腰夹、文胸套装三款商品中，文胸套装距离店均支付转化率只差 0.01%，其他两款商品均超过店均支付转化率。说明店铺在咨询转化和静默转化工作方面总体与平均水平持平。如果转化方面没有明显异常，则要观察这三款商品的销售额等情况。

（3）再分析销售额异常数据，如图 3-23 所示。

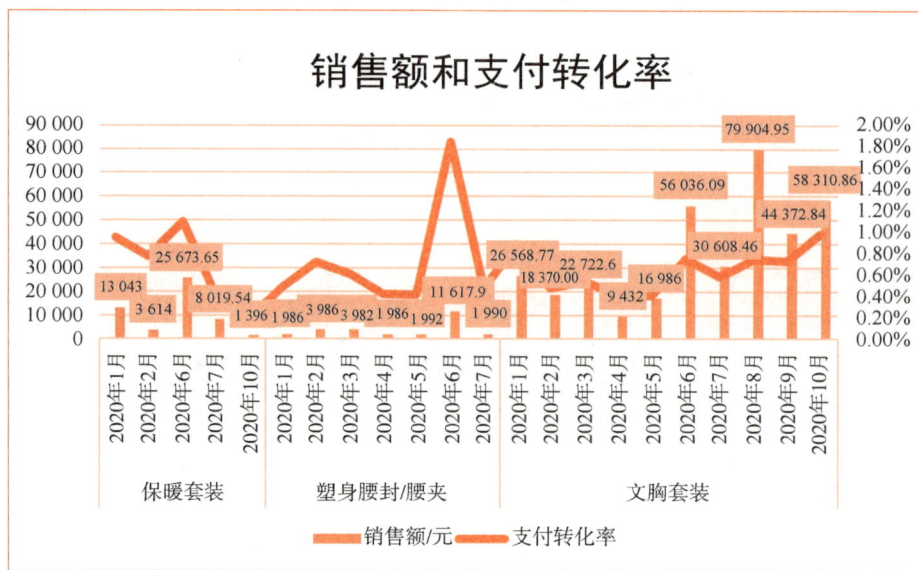

图 3-23　销售额和支付转化率

从图 3-23 可以看出，保暖套装和塑身腰封/腰夹月度销售额较低，其中保暖套装还有 5 个月处于滞销状态，塑身腰封/腰夹有 3 个月处于滞销状态。要注意深挖这几个月无销售数据的背后原因，查找商品展示量、浏览量等方面的数据，以此来挖掘商品销售额低的真正原因。

（4）分析客单价指标异常数据，如图 3-24 所示。

图 3-24　月均客单价

从月均客单价情况来看，5 月客单价数据最大，6 月客单价数据最小。

（5）预警异常值数据。对于销量指标而言，低于基准值 258 的则为异常数据，需要向数据部门主管和业务相关人员汇报沟通进行警示。另外，对于临近基准值的商品数据，也要及时向相关人员做出预警，引起业务部门重视，防患于未然。

君子耳朵不聆听淫荡的音乐，眼睛不注视女子的美貌，嘴巴不说出邪恶的语言。

任务5 撰写销售数据分析报告与优化商业行为

【任务工单3-6】

撰写销售数据分析报告与优化运营方案任务工单

任务名称	撰写销售数据分析报告与优化运营方案
任务情景	对月销量连续几个月低于销售均量50%的商品进行了关键指标和相关指标的图表分析之后，需要形成一份主题型分析报告，向相关人员做出汇报
任务目标	掌握销售数据分析报告的标题、结构、正文等内容的确定方法；能根据分析报告的阅读对象确定报告内容和侧重点
任务要求	能合作完成一份数据分析报告
任务思考	分析报告中不同的阅读对象，偏向有什么不一样？报告的标题如何体现报告的重点和主要内容？报告主送对象、抄送对象分别考虑哪些人
子任务1：设计报告结构	1. 按"总—分—总"的形式设计这份报告，怎么安排内容？ 2. 设计分析报告的结构
子任务2：撰写分析报告	1. 撰写报告的标题页、目录页和前言页。 2. 撰写正文，展现关键指标与异常指标的数据图表，表述规范。 3. 撰写结尾，有总体分析结论，能针对关键指标和异常指标数据提出优化方案，对经营中的商业行为提出优化建议
任务总结	小组派代表上台汇报发言，总结归纳掌握的知识和技能
扫描二维码 下载资料	PPT：数据分析报告通用模版　　　微课：撰写数据分析报告

　　商务数据分析的目的是优化业务运营效果，分析要紧密结合业务情况来开展。小商在完成上述几项工作之后，需要将相关图表和分析进行整合，制作成报告汇报给主管。请和小商一起，完成销售数据分析的专题报告，报告中需要对业务运营方案提出优化建议。完成这个任务后，小商准备将

报告主送主管，抄送给相关业务部门。把你做的分析报告上传到在线开放班级，和大家一起交流提高吧！

项目三　销售数据分析 1+X 技能考证训练

以下任务涉及的数据及背景来自电商数据分析 1+X 技能考证培训题库，跟着任务工单要求进行练习，不仅有助于 1+X 取证，还能提升职业岗位工作能力。完成以下任务所需的数据源、参考答案等内容请通过相关二维码下载。

任务 1　分析交易数据

【任务工单 3-7】

分析交易数据任务工单

任务名称	分析交易数据
任务情景	在店铺经营销售过程中会产生大量的销售数据，这些销售数据对店铺的经营策略会有很大影响。通常店铺的销售策略是需要根据前期的销售数据和市场变化情况及时调整的，这是为了帮助销售部门实现销售目标。 　　进行销售数据分析，首先要明确此次数据分析的目标，然后围绕该目标收集相关的数据，整理并分析相应的数据，找到数据变动的原因，最后调整相关的内容，改善销售情况
任务目标	能正确使用数据指标和进行制图分析
任务要求	能独立完成子任务，能合作完成数据分析报告
任务思考	观察数据源中有哪些指标数据？需要选用哪些指标数据进行分析用什么方法进行分析
子任务 1： 确定目标数据	1. 销售额计算公式是什么？ 2. 店铺整体销售额下降可以从哪些方面找原因
子任务 2： 分析客单价数据	1. 客单价计算公式是什么？ 2. 客单价下降可能和哪些业务有关系？ 3. 客单价基本稳定，订单量下降可能是什么原因
子任务 3： 分析转化率数据	1. 制作转化率折线图； 2. 转化率的波动对什么指标有影响
子任务 4： 分析访客数据	1. 制作访客量折线图。 2. 访客量下降对什么指标数据影响最大

肉腐烂后就会生蛆虫，鱼死后就会生出蠹虫，懈怠散漫到忘了自己的程度，灾祸就要发生了。

续表

任务名称	分析交易数据
子任务5： 分析数据 变动原因	1. 导致销售额下降的主要指标是哪些？ 2. 哪些具体措施可以优化店铺运营效果
任务总结	通过完成以上任务，学会的知识和技能有哪些
扫描二维码 下载资料	数据源：交易 数据分析练习用表　　　交易数据分析 　　　　　　　　　　　操作参考

任务2　分析利润数据

【任务工单3-8】

分析利润数据任务工单

任务名称	分析利润数据
任务情景	利润分析是指以一定时期的利润计划为基础，计算利润增减幅度，查明利润变动原因，进而提出增加利润的措施等工作。通过利润分析可促进企业在遵守国家方针政策和财经纪律的情况下，改善经营管理，挖掘内部潜力，提高利润水平。已知某电商企业近两年的利润数据，部门经理安排小王对两年同一时期的利润进行分析，考察利润的增长速度，分析利润的变动情况，从而规划下一年的运营投入
任务目标	能正确计算同比增长值和同比增长率；能正确制作组合图
任务要求	能独立完成子任务，能合作完成数据分析报告
任务思考	考察利润增长适合用什么分析方法？将利润与运营投入关联的时候，还要考虑哪些情况
子任务1： 创建数据透视表	1. 可以选用数据透视表哪些字段建表？ 2. 数据透视表字段放什么区域合适？ 3. 怎么在年度下面添加季度或者月份字段

任务名称	分析利润数据
子任务2： 计算同比增长值与 同比增长率	1. 使用"值显示方式"的"差异百分比"计算出同比增长率； 2. 使用"值显示方式"的"差异"计算出同比增长值
子任务3： 分析年度利润 同比数据	1. 创建柱状图和折线图的组合图表； 2. 使用折线表示增长率，柱状表示增长值
任务总结	通过完成以上任务，学会的知识和技能有哪些
扫描二维码 下载资料	数据源：利润 数据分析练习用表　　利润数据分析 　　　　　　　　　操作参考

任务3　预测销售数据

【任务工单3-9】

预测销售数据任务工单

任务名称	预测分析销售数据
任务情景	对店铺商品销量趋势进行分析与预测，其结果可以帮助运营人员优化选品及销售策略，调整商品库存及采购数量。某店铺是一家服饰专营店，主营产品有羽绒服、牛仔裤等，部门经理为了分析这两款商品的销量趋势，向小王布置了以下两个分析任务： 1. 已知羽绒服近四年各季度销量数据，计划在2019年提高20%的销量，预测出羽绒服2019年各季度的销量。 2. 已知牛仔裤近两年各月的销量数据，分析牛仔裤的销量趋势
任务目标	能使用时间序列预测法，对历史数据进行统计分析，将已知数据序列外推预测对象未来的发展趋势
任务要求	能独立完成子任务，能合作完成数据分析报告
任务思考	羽绒服的销售有季节性，如何使用季节波动引起的规律变化进行分析？牛仔裤没有季节性，如何使用移动平均法分析牛仔裤的销量趋势

续表

任务名称	预测分析销售数据
子任务1： 季节波动法预测分析 羽绒服销量	1. 计算同季度平均值。 2. 计算四个季度的总体平均值。 3. 计算季度比率。 4. 计算全年的总销售量。 5. 计算预测值。 6. 绘制季度比率折线图。 7. 分析各季度销量大小数据
子任务2： 移动平均法预测分析 牛仔裤销量	1. 用数据分析工具中的"移动平均"输出移动平均数值及趋势线； 2. 制作趋势线图表
任务总结	通过完成以上任务，学会的知识和技能有哪些
扫描二维码 下载资料	数据源：销量　　　　　销量预测分析 预测分析练习用表　　　操作参考 拓展资源： 微课：销售数据预测分析

笔记：

思考：

【职业素养园地】

1. 职场素质修养

学会主动沟通。有效沟通在职场中非常重要。数据分析员要同上级主管及许多平行业务部门的人员打交道，这些人际协调中少不了沟通，但并非每种沟通都是有效沟通。英国著名管理学大师约翰·阿代尔在《人际沟通》中说："沟通能建立关系。你和别人沟通得越多，你们之间就越有可能建立起良性关系，反之亦然。"研究表明，主动沟通者更容易与别人建立并维持广泛的人际关系，更可能在人际交往中获得成功。

在沟通中学会尊重。俗话说："你敬我一尺，我敬你一丈。"尊重是人的高层次需要。你尊重别人，别人也会尊重你，结果就是彼此愿意沟通、合作，就能达到有效沟通的目的。

充分理解沟通对象的思想行为。由于人们在社会上所处的地位各异，其人生经历、思想观念、性格爱好、心理需要、行为方式、利益关系各不相同，所以在沟通中对同一事物表现出不同的看法、情感和态度、行为。在沟通中要耐心地倾听对方意见，充分理解对方处境，宽宏大量地赢得对方的配合，达成有效沟通的目的。

在销售数据分析中，要明白销售并不是完全独立的业务模块，它往往受到营销推广、产品质量以及客户关系等业务的重大影响，因此从事销售数据分析工作时，和其他相关业务部门保持良好沟通以及紧密合作的心态与技能，是我们重要的职场素质修养内容之一。

2. 劳动素质修养

劳动者的劳动不是简单的机械制造或再造，而是有生命有理想的劳动者个体按劳动计划而展开的创造性工作。劳动技能是在解决工作问题及矛盾的过程中，受劳动者支配和运用的劳动工具及方法，并由此而产生并达到预定劳动结果的专业技能。

作为销售数据分析专员，我们在工作的过程中，需要有精益求精的良好劳动心态，要不厌其烦地追求更完整的数据源、更美的图表、更细分的数据指标。同时，在销售数据分析工作中尝试新的维度进行创新性工作就显得更为难得。

3. 道德品质修养

数据分析工作中，切记保护好数据的私密性。在取得相关领导同意之前，不能将销售数据分析的结果随意发布或进行网络公告，更不能将整篇原始数据抄送给公司非相关业务人员，以免造成商业机密泄露。另外，采集到的销售数据中含有客户个人私密信息，如身份证号码、手机号码等，要做好保密工作，分析时可以进行删除或隐藏处理，不能随意公布给客户管理工作岗位以外的人员。

【模块检测】

一、单选题

1. 销售额的计算公式是（　　　）。

A. 访客数×转化率×客单价　　　　B. 访客数×客单价

C. 转化率×客单价　　　　D. 访客数×转化率×客单价×100%

2. 某电商店 2020 年 1 月的销售额为 50 万元，2 月的销售额为 100 万元；2019 年 1 月的销售额为 60 万元，2 月的销售额为 80 万元。那么此电商店 2 月的销售额同比增长率是多少？（　　　）

A. 100%　　　　B. 25%　　　　C. 68%左右　　　　D. −100%

3. 现计划在图表中展现某店铺第四季度销售额占全年的百分比，适合选用（　　）。

　　A. 热力图　　　B. 雷达图　　　C. 折线图　　　D. 饼状图

4. 店铺的连带率越高，（　　）越高，有助于提升全店的销售额。

　　A. 访客数　　　B. 转化率　　　C. 客单价　　　D. 浏览量

5. 某店铺商品售价是 150 万元，已经销售商品的进价为 125 万元，则毛利润为 25 万元，那么毛利润率是（　　）

　　A. 20%　　　　B. 10%　　　　C. 16.7%　　　　D. 18%

二、判断题

1. 在流量相同的情况下，客单价越高，销售额越高。　　　　　　　　（　　）

2. 在销售行业有这样一句话：产品卖出去销售就完成了。　　　　　　（　　）

3. 销售分析是指对商品的销售额、销售数量、平均销售额及其构成比情况等分析，使得运营者了解营运现状，确定 A 类重点商品，并为调整商品的结构提供依据。　　　　　　　　　　　　　　　　　　　　　　　（　　）

4. 商品销售数量的变化对商品销售毛利有直接的影响。在商品进销价格和毛利率不变的情况下，销售数量扩大，销售毛利增加；销售数量降低，销售毛利减少。商品销售毛利的多少与商品销售数量成正比例关系，增加商品销售数量是增加商品销售毛利的主要途径。　　　　　　　　（　　）

5. 某智能门锁卖家想了解自家的市场份额，可以用本店铺的销售额和行业总销售额进行对比。　　　　　　　　　　　　　　　　　　　（　　）

三、填空题

请根据表 3-3 中的数据，计算点击率、平均点击价格、转化率、转化成本、投入产出比，并写出分析结论。

表 3-3　数据表

关键词	消费额	点击量	展现量	点击率（CTR）	平均点击价格（ACP）	订单数量	订单额	转化率（CVR）	转化成本（CPA）	投入产出比（ROI）
运动鞋	690	1 061	10 504			4	1 120		172.5	
女靴	86	92	613			8	2 598		10.75	

结论：（　　）关键词更能吸引消费者兴趣，（　　）关键词单次点击花费成本更高，（　　）关键词转化效果更好，（　　）关键词回报更高

跬步而不休，跛鳖千里；累土而不辍，丘山崇成。——《荀子·修身》

【学习任务评价】

1. 本模块学习情况自查

序号	学习情况	自查	
1	本模块主题是否已明确	（　）是	（　）否
2	本模块中的微课视频是否观看完成	（　）是	（　）否
3	模块检测是否完成	（　）是	（　）否
4	模块检测完成后，是否核对过参考答案？错误之处是否更正？	（　）是	（　）否
5	1+X 技能考证训练是否能顺利完成	（　）是	（　）否
6	1+X 技能考证训练完成后，是否核对过参考答案？错误之处是否更正	（　）是	（　）否
7	职业素养中，你的答案是否符合社会主义核心价值观？是否符合社会公序良俗	（　）是	（　）否
8	如果你理想中完美的学习状态是 100 分，你对在本模块的学习状态打多少分	（　　　）分	
9	如果改进某些行为能让自己获得理想的 100 分，那么是哪些学习行为需要改进呢		

说明：

1. 如果在上述问题的回答中，第 1、2、3、4 项为"是"，那么本模块学习达到"合格"状态；

2. 如果在上述问题的回答中，第 1、2、3、4、5、6 项为"是"，那么本模块学习达到"良好"状态；

3. 如果在上述问题的回答中，第 1、2、3、4、5、6、7 项为"是"，那么本模块学习达到"优秀"状态；

4. 如果在上述问题的回答中，第 1、2、3、4、5、6、7 项为"是"，并且对第 8、9 项做出思考之后有明确的答案，那么，你是一个"具有潜力的优秀学生"

2. 本模块学习情况复盘

序号	复盘问题
1	模块主题是什么？与店铺运营有什么关系
2	在本模块中，你学会了什么
3	通过模块检测，发现哪些知识点掌握得好、哪些掌握得不够好
4	你的答案与参考答案的差异有哪些？你认为哪个更好？理由是什么

不停地迈步，瘸腿的鳖也能行程千里；堆土而不停止，高山也能累积而成。

续表

序号	复盘问题
5	1+X 考证题来自 1+X 电商技能题库，你是否能顺利完成这些题目？遇到的困难是什么？如何解决的
6	针对 1+X 技能考证训练，你是否核对过参考答案？你认为哪个更好？理由是什么
7	职业素质修养永远在路上，你是否得到启发？你找到那个提高修养的答案了吗
发现差距后，有思考、有行动，就有进步。祝愿你距离心中更好的自己越来越近	

3. 本模块学习质量评价

评价内容	评价方式			评价等级
	自评	小组评议	教师评议	
素养目标				
能力目标				
知识目标				
学习重点				
学习难点				
说明：评价等级分为三级，A 级表示充分掌握，B 级表示一般掌握，C 级表示基本不会				

【学习总结】

请把对本模块的学习总结记录如下：

模块四
流量数据分析与商业行为优化

【学习目标】

　　素质目标：合法合规引流，不虚假引流；以诚信为本，坚持数据的真实性，不随意改动数据。

　　知识目标：了解流量类型与来源、常用引流方式；掌握流量分析的关键指标与分析方法。

　　能力目标：能制定流量数据分析方案；能正确采集与预处理流量数据；能创建合适的可视化图表并预警异常值；能合作完成流量数据分析报告并提出商业行为优化建议。

【学习重点与难点】

　　学习重点：流量数据分析岗位技能实战。

　　学习难点：撰写流量数据分析报告。

模块导图

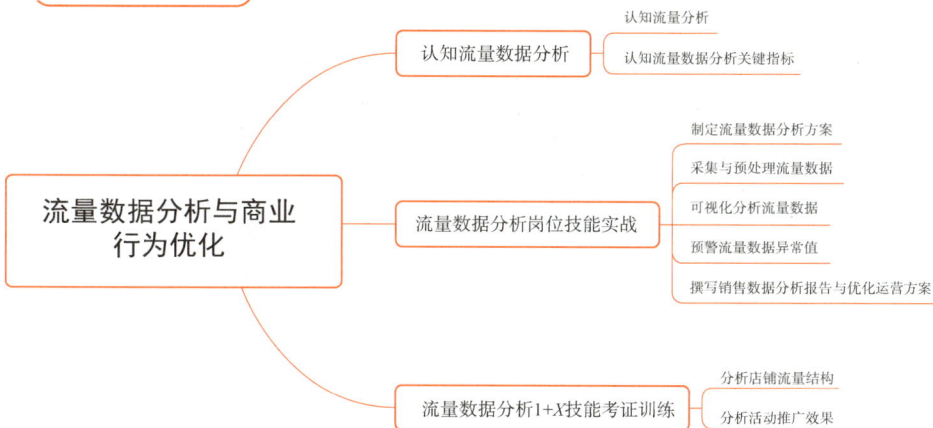

认知流量数据分析 —— 认知流量分析
　　　　　　　　　认知流量数据分析关键指标

流量数据分析与商业行为优化 —— 流量数据分析岗位技能实战 —— 制定流量数据分析方案
采集与预处理流量数据
可视化分析流量数据
预警流量数据异常值
撰写销售数据分析报告与优化运营方案

流量数据分析1+X技能考证训练 —— 分析店铺流量结构
分析活动推广效果

笔记：

导入案例

亚马逊流量

　　亚马逊官方一直倡导店铺流量应该是符合亚马逊商家政策的正规流量，其店铺流量渠道包括站内和站外两大部分。站内流量渠道如 Listing 关键词排名引流、Frequently Bought Together 推荐引流、站内 Deals 秒杀引流、Coupons 引流、亚马逊 CPC 广告引流、类目相关推荐引流等；站外流量渠道如利用 Facebook 的流量渠道找正规流量、搭建符合 Google 规则的独立站引流、利用第三方博客资源引流等。这些流量的特点是：十分正规，不会被亚马逊惩罚，且这些流量随着运营的积累，不仅增速会上升，而且数量也会有所叠加。

　　2018 年是亚马逊商家抢夺流量的一年，谁掌握了流量，谁就能够玩转亚马逊销量。

思考：

1. 亚马逊首页霸屏流量

　　商家熟练地将各项步骤执行好，通常一周之内就可以上首页。首先需要对 Listing 的核心关键词进行竞品数据分析，根据竞品关键词安排 Listing 优化排名步骤；其次要结合亚马逊 A9 算法最新的要求，通过一系列的 Listing 关键词布局优化，结合 Listing 新品流量扶持周期和 Listing 转化率优化等积极因素，不断刺激 A9 算法对 Listing 关键词进行有效匹配，从而让 Listing 核心关键词搜索排名上首页。

2. 关键词引流

　　在 Listing 的优化过程中，商家要做到关键词、主图、卖点保持一致。

在广告投放的过程中，商家可以通过改变关键词的匹配形式、增加合适的否定关键词等方式来提升关键词的转化率。

3. 亚马 CPC 广告引流

商家首先要对广告架构进行微清晰可控的处理，避免关键词数据混杂、难处理的情况出现；其次在广告关键词的选取上，要考虑关键词的精准度和转化率，接着才是搜索量。在关键词筛选上，商家尽量做全局的广告投放筛选，在广告引流方面要结合 Listing 免费排名因素来考虑。

4. 免费流量

Google 是全球最大的搜索引擎，这是做跨境电子商务、外贸网络营销必备的引流工具。亚马逊商家可以通过流量过滤的操作，来达到 Google 免费流量在亚马逊平台上完成高转化率的销售过程。

案例思考：

1. 亚马逊的流量如何分类？
2. 亚马逊在 2018 年提高流量的有效做法有哪些？
3. 选一个国内电商平台的流量排名规则，和亚马逊的进行比较，有什么相似之处？

项目一　认知流量数据分析

小商在完成了数据分析前期准备工作之后，公司安排小商进行流量业务板块的数据分析工作。请你随着小商的任务工单一起开始成长之旅吧！

【任务工单 4-1】

认知流量数据分析任务工单

任务名称	认知流量数据分析
任务情景	公司安排小商完成流量数据分析岗位基础技能认知任务
任务目标	了解流量业务的相关知识，掌握流量数据分析关键指标，理解流量分析方法及应用
项目要求	仔细读完项目一中的文字资料后再完成任务
任务思考	对于企业管理者来说，什么情况下更重视付费流量、什么情况下更重视免费流量、什么情况下更重视站外流量？提升引流效果的方式方法有哪些
任务 1：认知流量分析	1. 流量分析的基本含义是什么？ 2. 流量相关业务场景有哪些？ 3. 流量分析常用的分析方法有哪些
任务 2：认知流量分析关键指标	1. 展示量指标公式计算是什么？ 2. 浏览量指标公式计算是什么？ 3. 转化率指标公式计算是什么
任务总结	小组派代表上台汇报发言，总结归纳掌握的知识和技能

以道德教化来治理政事，就会像北极星那样，安然处在自己的位置上，而群星都会环绕在它的周围。

续表

任务名称	认知流量数据分析
扫描二维码 下载资料	 微课：认知流量数据分析
	拓展资源： 　　　 微课：认知　　　　　　微课：认知 推广数据分析　　　　　转化数据分析

笔记：

任务1　认知流量分析

电商流量是商家有效经营的立足点，网络商品如果没有获取到流量，那么经营和发展都是空谈。因此，有效引流就成为众多电商企业的首要追求。那么，对于流量数据分析工作人员来说，流量是什么、电商流量数据来自哪些渠道、数据所代表的业务逻辑是什么、商家常用的引流手段有哪些，等等，这都是我们要弄清的问题，如图4-1、图4-2所示。

思考：

图4-1　生意参谋流量板块首页

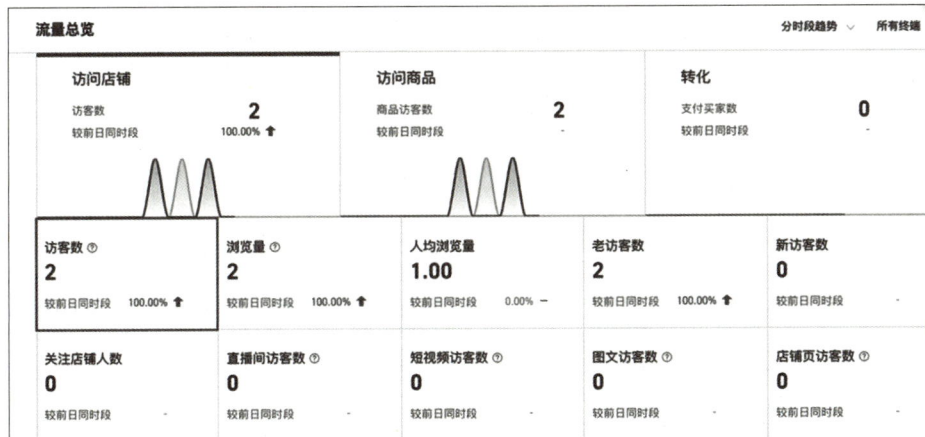

图4-2　生意参谋流量纵览页面

不积跬步，无以至千里；不积小流，无以成江海。——《荀子·劝学》

一、流量的基本含义

流量是指访问数量，包括访问次数和访问人数。消费者访问量越多，表示流量越大；消费者访问量越少，表示流量越小。

商家对商品等进行网络展示时，消费者可能会被吸引，从而点击进入访问。这个点击进入的动作称为访问，每次点击都会产生1个访问量，也就是1个流量，多次点击会产生多个访问量，也就是多个流量。实际上，未必每次展示都能带来流量，但每次展示一定会有展示量。如果没有展示，则没有流量。所以说，展示量是流量的前提和基础。

点击之后进入链接页面访问的时间越长，说明消费者对这个页面内容越感兴趣。如果产生了收藏、加入购物车、下单等行为，则表示此流量有效。访客行为越多，说明流量质量越好。相反，点击进入链接页面访问的时间不足10秒就跳出此页面，并且未产生收藏、加购等进一步的访客行为，可以说明消费者对这个页面内容不感兴趣，这样的瞬时流量基本可以判断为无效流量，说明流量质量差。当然，如果访问时间很短，但是有咨询、收藏、加购等其他访客行为，那么这样的流量为有效流量。

无效流量不能说明此流量毫无意义，相反，商家可以从中找到不足进行改进。首先，无效流量说明商家展示不能有效引起消费者兴趣，此流量与消费者的黏性不足。其次，商家可以从所展示的内容进行改进，用良好的推广视觉效果、商品超级卖点的凸显、精准的关键词等多维度吸引消费者注意，从而改善流量效果。最后，如果无效流量占比过半，商家则应该引起高度重视，注意控制引流成本。

二、流量的基本来源

电商流量的来源渠道很多，但常用于流量数据分析的来源渠道基本可以归为两个维度四个类别。从商家有无引流成本维度来看，可以分为免费流量和付费流量两类；从商家店铺所在平台维度来看，可以分为站内流量和站外流量两类。

1. 免费流量

免费流量来源渠道包括搜索流量和首页流量，是指消费者直接通过关键词搜索等途径进入店铺中的流量。这类流量是店铺最需要的流量，是店铺通过关键词优化、主图优化等方式获取到的网络自然流量，流量的精准度和质量往往都比较高。免费流量主要通过直接访问、商品收藏等途径获得。

直接访问，指消费者通过淘宝网搜索功能和分类导航功能直接搜索商品或店铺名称进入店铺访问的行为。

商品收藏，指消费者对某款商品进行收藏的行为。商品收藏量高，说明消费者对该商品感兴趣。商品被收藏后，消费者可以直接通过商品收藏夹中已收藏的商品进入店铺。商品的收藏人气是商品收藏人数和关注热度的综合评分，收藏人气对于商品和店铺的综合评分是有影响的，收藏人气越高，越有利于商品的综合排名。

此外，商家平台还会举办一些免费的促销活动，引入对价格敏感的人群。商家参加平台组织的促销活动是有准入条件限制的，这需要商家必须在日常经营中打好基础，有活动机会时及时报名。

没有一步半步的累计，就没有办法到达千里的地方；不积累小河流，就没有办法汇成江海。

2. 付费流量

付费流量是指通过付费投放广告的方法引入的消费者流量。这类流量精准度也比较高，更容易获取。电商比较常用的付费流量包括按成交计费（比如淘宝客、推广商品赚佣金等）、按点击计费（比如直通车，竞价关键词等）、按展现计费（比如智钻、论坛广告等）。

淘宝客流量主要是引导淘宝商家推广店铺的主推宝贝，寻找一些大的淘宝客进行合作，报名一些淘宝客活动等，这都相当于是淘宝商家花钱请别人帮忙为店铺做推广，但是无须垫资，运营风险相对比较低。

直通车，是一种以"文字+图片"的形式展现在搜索结果页面中实现精准推广的工具。直通车展示位置旁通常有灰色"广告"字样。直通车在推广某个单品商品时，通过精准的搜索匹配给店铺带来优质的消费者。同时，消费者进入店铺时极易产生一次或多次的流量跳转，促成其他商品的成交。这种以点带面的精准推广可以最大限度地降低店铺的推广成本，提升店铺的整体营销效果。

钻石展位（智钻）是按展现收费（CPM）的推广方式确定的位置。展现位置除了平台首页、类目首页、门户、画报等多个站内广告展位之外，还包括大型门户网站、垂直媒体、视频网站、搜索引擎等海外各类媒体广告展位。钻石展位主要依靠图片的创意吸引买家的兴趣，以此获取巨大的流量。钻石展位可以做人群定向和店铺定向，定向包括地域、访客和兴趣点三个维度，主动地把广告投放给潜在的目标客户。如果说直通车是布点，那么钻石展位就是铺面，商家可以自己通过客户需求分析，判断出目标客户具有哪些特征、哪些店铺的客户也同样是自己的客户，然后通过定向，将广告展现在这些客户面前。

钻展的引流成本相对比较高，但是引来的流量通常也都是比较精准有效的，通过这样的方式能够更大面积地覆盖网络，加大产品展现在买家面前的机会。钻石展位既可以做单品推广，也可以做店铺推广。单品推广一般用于需要长期引流的宝贝或不断调高单品成交转化率的卖家。店铺推广主要针对有一定活动运营能力或者短时间内需要大量流量的大中型卖家。

3. 站内流量

站内流量是指通过电子商务平台内部获取的流量，也是店铺流量重要的构成部分。站内流量也有免费与付费之分，淘宝的站内流量来源渠道很多，这里再补充讲讲微淘和淘宝头条等淘宝官方互动交流平台。

微淘，手机淘宝的重要商品之一，定位于移动消费的入口，在消费者生活细分领域为其提供方便、快捷、省钱的手机购物服务。其核心是以消费者为中心，每一个消费者都有自己关注的账号和感兴趣的领域，并通过订阅的方式获取自己想关注的信息和服务，同时还可以与商家进

笔记：

思考：

行实时互动。

淘宝头条，一个生活消费资讯类媒体聚拢平台。媒体、"达人"及自媒体可以通过这一专业的信息发布平台创建"淘宝头条号"，借助淘系海量流量和精准算法实现个性化推送，以获得更多的曝光和关注。每个月有超过 8 000 万个消费者通过淘宝头条获取最新、最优质的消费类资讯内容，商家可以通过内容营销的方式在淘宝头条中发布商品和店铺信息，从而引入精准的站内流量。

4. 站外流量

站外流量是指非商品店铺平台内部渠道引入的流量。站外流量可以为店铺扩大消费受众面，这部分流量大多来自贴吧、论坛、社区、微博等。这类流量的精准度有限，但在扩大店铺品牌知名度方面可以发挥较大的作用。常用的站外流量来源渠道有百度、360 搜索、搜狗、新浪微博、QQ 空间等。

三、商家常用的引流方式

1. 关键词引流

关键词是搜索引擎的产物，关键词引流是商家常用的搜索引流方式，主要用于商品标题，是消费者在搜索商品时所输入的词语。若商品标题中包含消费者搜索的关键词，商品就可能出现在搜索结果中让消费者访问。关键词有核心词、长尾词、修饰词、品牌词、促销词等类别。

平台随机展示的商品，其商品标题由商家自行设计，商家设计的此类关键词是无须付费给电商平台的。另一种是收费关键词，比如商家在直通车推广工具中设计的关键词，是需要付费给电商平台的。如果关键词能根据平台规则和消费者需求进行设计，则引流针对性强，达成交易的可能性大。

（1）关键词的基本类别。

核心词。体现商品名称的词语，如商品类目为牛仔裤，则核心词就是"牛仔裤""裤""裤子"等。核心词的搜索量很大，但针对性不强，竞争也十分激烈，通常难以获得精准流量和转化效果。

长尾词。体现商品属性的词语。长尾词的特点是比较长，一般包含核心词，如"加绒牛仔裤女""牛仔裤女高腰""女士牛仔裤新款"等都是女装牛仔裤类目的长尾词。长尾词的搜索量相对较少，但由于精确性较高，因此转化率比核心词高。

修饰词。单独体现所在行业商品属性的词语，如"女""宽松""直筒"等，都是女装牛仔裤或裤子类目商品的修饰词。

品牌词。直接体现所经营商品品牌名称的词语。

（2）关键词的设置。淘宝规定每一款商品的标题文字不能多于 30 字，因此在竞争搜索流量时，这 30 个字如何组织和设计就成了商家必须慎重的问题。只有理解了关键词的主要类型，才能完成对关键词的有效组合，进而设计出更好的标题。

为了更好地匹配消费者输入的关键词，商家都会尽量将标题设置为最大容量的 30 个字，综合使用核心词、长尾词和修饰词，如" 加绒加厚牛仔裤女 2018 新款韩版显瘦冬季高腰弹力大码黑色小脚裤子"。消费者输入的关键词与标题的部分内容匹配，则该商品就可能显示在搜索结果中。

关键词可以自行设计，也可以到平台搜索框推荐词中找，也可以在直通车工具的词表中找，还可以在百度搜索中寻找。

关键词能引来多少流量，主要看关键词被消费者搜索的次数有多少，同时考虑此关键词在竞品上和行业中的整体表现。关键词质量高不高，可以考察其搜索指数与搜索指数趋势、点击率和转化率、目标客户群体精准度、商品精准度、商家竞争实力等多方面的表现。

（3）关键词的优化。关键词也需要优化，商家找到了高质量的关键词，还需要进一步优化，才能充分发挥这些关键词的作用。

关键词要避免内部竞争。很多商家在优化新款商品时，老款商品就慢慢退出了市场。这种情况往往是由于商品内部竞争导致的，因此一定要根据同类型商品的不同人气、人群、价格等属性，合理安排关键词，尽量避免内部竞争。

关键词要合理安排竞品。根据商品竞争力的不同，商家应合理安排核心关键词。竞争力比较弱的商品要以长尾关键词为主，主要考虑覆盖率。关键词覆盖率越广，曝光力就越强；竞争力比较强的商品要以热词和高转化率词为主，主要考虑引流能力。引流能力越强，销量就越高。

关键词要匹配个性需求。根据商品对应的消费者区域、性别、消费主张、爱好偏向、消费能力、浏览行为、购物习惯等，商家来匹配关键词。

关键词要组合标题。有了高质量的关键词后，商家就需要将其组合成标题。关键词的组合也应该建立在关键词的分析上，如"碎花长裙"和"长碎花裙"，"秋冬连衣裙"和"连衣裙秋冬"。这两组关键词的引流能力、竞争情况都是不一样的，商家需要根据自己商品的实际情况进行选择和组合。

2. 爆款引流

爆款是指人气指数极高、销售量很旺、供不应求的商品，常指店铺销售，也指实物店铺销售。爆款的具体表现是高流量、高曝光率、高成交转化率。从严格意义上讲，爆款可以分成两种：引流爆款和盈利爆款。引流爆款也叫小爆款，盈利爆款也叫大爆款。从成本上讲，引流爆款的利润一般比较低。

爆款之所以引起众多商家的关注，原因主要是通过某件宝贝的热销，能够拉动店铺的成交额快速增长，甚至影响一整个季度的销售格局。在成功打造爆款宝贝之后，商家可以从整个爆款销售周期中循环获得收益。

爆款的流量数据有非常出色的表现，体现在浏览量（访问量）大，人均停留时间长，跳出率低，转化率高，收藏量高。

将爆款商品与店铺内的其他商品做好关联营销，通过搭配组合、关联推荐、搭载展示等多种方式将爆款的流量同时引入其他商品，流量的价值将会得到更大发挥。

3. 广告精准引流

现在的电子商务免费流量越来越难获取，因此许多商家通过广告投放的方式来获取流量。广告引流只有在符合目标客户群体的针对性强、精准投放的情况下，才能做到付出有回报，否则投资回报率就会为负数，那么这种商业行为就是在浪费成本了。

广告的精准投放就是在保证流量的基础上，将最有吸引力的广告放到最有需求的人眼前。广告引流有比较复杂的过程，可以分为浏览广告、点击广告、留存网站、注册用户、付费行为，每一环节都有一定比例的损失。

电商引流漏斗图如图 4-3 所示。

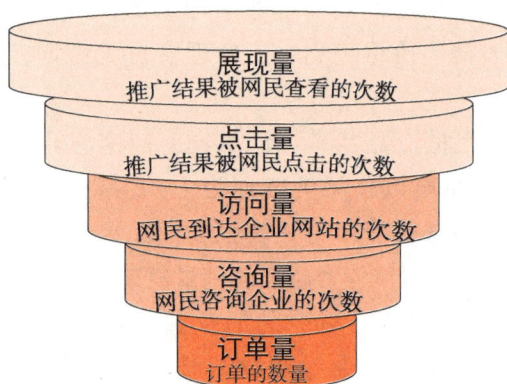

图 4-3 电商引流漏斗图

互联网精准引流，至少要经过五个工作环节，这五个环节是我们的必经之路，只有做好这五个环节，推广引流才会合理有效，如图 4-4 所示。

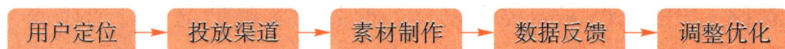

图 4-4 精准引流工作环节

任务2 认知流量分析关键指标

一、流量分析通用指标

1. PV 和 UV

流量指标主要包括网页浏览量（Page Views，PV）、独立访客数（Unique Visitors，UV）、重复访客数（Repeat Visitors，RV）、每个访客的页面浏览量（Page Views Per User）、某些具体文件或页面的统计指标，这里着重讨论 UV、PV 两个常用指标。PV 是指网站被浏览的总页面数，UV 是指通过互联网访问浏览网站网页的人数。

如果 PV 和 UV 数据同步增长，表明运营状况良好，应保持势头。PV 上升而 UV 下降，则表示浏览网页的页面数在增加但人数在减少，说明网页内容吸引力强但店铺总体展示量不足，应加强推广。PV 下降 UV 上升，表示浏览页面数减少，访客数增加，说明店铺展示量较高但页面内容不够吸引人，应优化网页内容。PV 下降 UV 下降，表示展示量减少，访客数也减少，说明网页推广力度不够且页面内容吸引力也不够，应加强推广和进行页面优化。

2. 访问深度

访问深度（Depth of Visit，DV）也称平均访问页面数，是指用户在一次访问网站的过程中浏览网站页面的总数。网站访问深度可以用 PV 和 UV 的比值来表示，即 DV = PV/UV。访问深度越大，即平均访问页面数越多，表明用户体验越好，用户对该电子商务网站中的商品越感兴趣，网站的黏性也越好。

提高访问深度的方法有：合理规划和布局网页结构，结构简单明了，重要信息摆放在网页最显著的位置，可以有效增强网页的易用性，改善用户访问网页的体验，从而提高访问深度；精心设计页面内容，内容既要丰富也要精练，应尽可能多地提供对用户有用的信息，增加网站黏度；设计清晰的网站导航和适当的内部链接——清晰的导航十分重要，它能引导用户轻松到达店铺内任何想要浏览的页面，另外，适当的内部链接也能有效增强店铺的内聚性；保证商品质量，保证所售商品质量可靠，建立良好的口碑，是提高网站访问深度的有效方法。

3. 跳出率

网站跳出率（Bounce Rate）是指来到网站只浏览一个页面便离开网站的访问次数占该网站总访问次数的比值。跳出率是衡量一个网站用户黏度的重要指标。如果网站跳出率很高，则表示进入网站后马上离开的人次很多，说明该网站的用户体验不好，对用户的吸引力不是很大；反之，若跳出率较低，则说明网站的用户体验不错，用户能够在网站中找到感兴趣的内容，这类用户往往还会再次光顾该网站。因此，降低网站跳出率可以提高用户回访度，增大用户在网站消费的概率。

评价网站跳出率的方法。一般来说，网站跳出率的平均值为 40%，其中，零售网站一般为 20%~40%，门户网站一般为 10%~30%，服务性网站一般为 10%~30%，内容网站一般为 40%~60%。分析网站跳出率时，首先应该判断目前跳出率的高低，同时还要考虑网站的运营时间、自身特点和以往的跳出率变化等情况，然后做出综合判断。

例如，某零售网站 9 月 15 日的跳出率为 70%，远高于行业平均值，因此，应该考虑如何降低跳出率；该网站 9 月 22 日的跳出率为 55%，仍处于较高水平，但考虑到与前段时间相比已有大幅度下降，表明该网站的用户体验有所改善，所以该数据在当前阶段还是可以接受的。

笔记：

思考：

跳出率过高的原因。通常情况下，网站跳出率过高，可能是因为以下三个方面的原因。第一，网站内容单一，或内容与用户需求不符，导致网站的跳出率增高。第二，访问速度过慢，会严重影响网站的用户体验而导致跳出率增高。研究表明，如果网站超过 3 秒还没有完全打开，约 57% 的用户会选择离开。第三，网站导航不足，内容引导较差。用户在查看完一个页面后，如果没有得到相关信息的引导，很有可能会直接关闭页面。

对于电商而言，网页跳出率能直接反映用产流量信息。因此，分析跳出率可以提示企业及时调整销售方向等经营策略。

二、流量质量评估指标

店铺获取的流量来自多个不同的渠道，不同渠道获得的数据流量有高质和低质的区别。高质量的流量能够给店铺带来优质的潜在客户，而低质量的流量对店铺的作用非常有限。对于店铺来说，最终的目的是获取利润，产生经济效益，所以流量质量的评估关键在于流量本身的有效性，看流量是否能带来价值。

对一个店铺各个渠道获得的流量进行评估时，需要关注几个重要指标：免费流量与付费流量之比、真实流量占比、有效流量占比和高质流量占比。

免费流量是通过免费渠道来获得访客，而付费流量是通过付费方式获得访客。真实流量是剔除虚假流量之后的流量。有效流量是登录店铺后并非立即离开的这部分流量，是由在店铺有二次跳转的访客带来的，这些访客真正访问了店铺，虽然并非一定产生购买行为。高质量流量是指与店铺有互动行为的流量，包括下单、支付、加购、收藏、咨询以及浏览较多网页的访客。

流量质量的评估通常采用转化率、活跃客户率和参与指数作为衡量流量有效性的三项宏观指标。转化率是指流量带来的访客中成交客户的比例，它直接衡量流量的效果。活跃客户率是指流量带来的访客中活跃客户的比例，它衡量流量的潜在价值。参与指数是指一段时间内流量带来的访客平均访问店铺的次数，它衡量流量带来的访客的黏性。如果某个渠道带来的流量的三项指标都很高，那么流量就可以定性为高质量。如果某个渠道所获流量在这三项指标上有高有低，那么就以转化率作为主要指标。

三、流量价值计算指标

现在，很多网上店铺都在使用付费精准引流，而且将来电商平台也将越来越趋向于用付费流量来增加店铺的流量。但如何确定引入的流量有没有价值呢？这就需要进行计算了。计算流量的价值，可以帮助卖家知道店铺整体流量的健康状态，尤其是店铺经营进入稳定期后，每一个流量能产生多少价值商家要做到心中有数；如果流量价值开始下降，商家就需要考虑是不是在错误的引流渠道上投入了太多的资源。

流量价值（UV 价值）是指一个流量能带来多少交易金额，又称流量产值。流量价值的计算公式一为：

流量产值 = 流量产生的交易金额 / 流量大小

= 访客数 × 转化率 × 客单价 / 访客数 = 转化率 × 客单价

那些有道德、有修养的君子，总是以谦恭好礼、守法合矩的态度自处；那些骄傲自夸、好独断专行的态度，都是会给行事带来灾祸和不测的啊。

流量价值（UV 价值）还可以定义为一个流量能带来多少利润。流量价值的计算公式二为：

$$流量价值=流量产生的利润/流量大小$$
$$=访客数×转化率×客单价×利润率/访客数$$
$$=转化率×客单价×利润率$$

根据公式，要计算流量价值需要获取的数据包括店铺的交易金额、访客数或者转化率和客单价。在生意参谋的首页的运营视窗的整体看板中可以获取每日的交易、流量、商品、推广、服务相关的数据。

项目二　流量数据分析岗位技能实战

某电商企业要对其电商店铺最近的流量情况进行一系列深度分析，以提升数据化运营效果。这项工作交给电商数据分析部门的流量数据分析工作人员小商来完成。公司准备考察小商制定流量数据分析方案的能力，再酌情交给他下一步的工作任务。小商会通过做好哪些工作来完成销售数据分析呢？让我们随着小商的任务工单开始成长之旅吧！

任务 1　制定流量数据分析方案

【任务工单 4-2】

制定流量数据分析方案任务工单

任务名称	制定流量数据分析方案
任务情景	目前，电商企业面临的挑战较为严峻。获客成本不断上涨，流量红利殆尽、行业竞争加剧，用户获取成本不断攀升；市场预算越来越紧张，电商行业对流量特别重视，尤其对流量渠道引流效果特别在意。面对分散零碎的市场流量渠道，日常流量监测和分析势在必行，以便掌握实时数据，及时调整流量运营策略，摒除低效流量和无效流量渠道，打通数据孤岛，真实评估流量渠道的质量与价值。 　　某电商企业要对其淘宝店铺最近的流量情况进行一系列深度分析，找到改善店铺引流工作的策略，以便进行数据化运营。这项工作交给电商数据分析部门的流量数据分析工作人员小商来完成
任务目标	全面分析流量数据情况，找到店铺流量现存问题，提出数据化运营优化建议
任务要求	能合作完成流量数据分析方案

笔记：

思考：

任务名称	制定流量数据分析方案
任务思考	流量和什么商业行为有关系？如果某个渠道在流量质量、效果、价值方面表现都不算最好，是否有保留的必要？在分析过程中，是否有必要针对流量渠道的使用进行分情况讨论
子任务1：确定流量数据分析目标	1. 与推广等部门沟通，确定流量数据分析的业务需求点。 2. 归类、整理、梳理出可执行的流量数据需求，确定数据分析目标
子任务2：确定流量数据分析思路	1. 流量数据分析方法有哪些？ 2. 流量数据分析思路是什么？是如何确定的
任务总结	小组派代表上台汇报发言，总结归纳掌握的知识和技能
扫描二维码下载资料	商务数据分析流程

按照数据分析的基本流程，小商必须先明确流量数据分析需求。以下是小商的做法，大家看看对不对。操作步骤如下：

Step 1：确定流量数据分析目标。

根据工作任务要求，基于真实全面的业务场景，对店铺最近的流量情况进行一次全面的深度分析，分析的最终目标是实现流量数据渠道的优化，以此来提升流量质量，改善引流效果，实现流量的最大价值。

因此可确定数据采集目标为：店铺的流量相关数据采集，要采集的数据包括免费流量、付费流量、站外其他来源流量相关数据。要想确定店铺流量的基本情况分析框架，就要从流量数量和流量结构两方面进行分析。

Step 2：确定流量数据分析思路。

（1）使用结构分析法来分析流量来源渠道的分类占比数据。

（2）使用漏斗图分析模型来分析转化效果类指标数据。

（3）使用对比分析法对流量各个来源渠道数据进行优劣比较。

（4）使用平均分析法对人均页面访问数、平均停留时长等进行比较。

以上方法可以根据数据情况以及业务熟练程度，选择性地使用在数据的具体分析过程中。

杂草不清除，就损害庄稼的生长；强盗窃贼不消灭掉，良民就不得安生。

任务2　采集与预处理流量数据

【任务工单 4-3】

采集与预处理流量数据任务工单

任务名称	采集与预处理流量数据
任务情景	通过采集店铺后台流量相关数据，了解店铺最近的流量情况。通过预处理数据，为数据分析做好准备
任务目标	能熟练使用商家后台渠道采集流量数据，能对流量数据进行清洗和预处理。采集店铺近段时间的流量相关数据，包括展示量、浏览量、转化率等
任务要求	能独立采集和预处理流量数据
任务思考	店铺流量数据采集渠道除了商家后台，还有哪里
子任务 1： 制定流量数据采集与处理方案	请填写流量数据采集与处理方案表： | 背景介绍 | | | 分析目标 | | | 数据分析指标 | | | 数据采集渠道及工具 | |
子任务 2： 确定数据采集关键节点	1. 确定流量数据采集的时间范围。 2. 在 Excel 中制作数据采集表并建好字段名
子任务 3： 预处理流量数据	更正格式异常的数据、删除重复采集的数据、处理单元格缺失的数据、纠正逻辑错误的数据。对各类流量数据进行汇总计算
任务总结	小组派代表上台汇报发言，总结归纳掌握的知识和技能
扫描二维码 下载资料	数据源：流量数据　　　微课：商务数据采集 分析练习用表　　　　　渠道及工具

故彼人者，寡不死其所长，故曰：太盛难守也。——《墨子·亲士》

小商在制定了数据分析方案之后开始执行数据采集和预处理任务。我们看看小商是怎么做的。

一、制定流量数据采集方案

Step 1：确定数据来源及采集工具。

（1）免费流量数据来源。淘宝有生意参谋平台流量板块，其提供了各流量来源的访客数、下单买家数、下单转化率、新访客数、关注店铺人数、商品收藏人数、加购人数、下单金额等多个指标。

（2）付费流量数据来源。付费渠道平台的报表板块，在直通车报表当中提供了直通车推广所产生的数据信息，如展现量、点击量、花费、点击率、平均点击花费、千次展现花费、直接成交金额等 20 个指标，可以提供所选时间段内的详细数据下载。

（3）数据采集工具。生意参谋、直通车。

Step 2：制定流量数据采集方案。

小商根据上面的准备工作，最终确定了店铺流量数据采集方案，如表 4-1 所示。

表 4-1　流量数据采集与处理方案

背景介绍	店铺引流形势严峻
分析目标	通过对淘宝店铺最近 30 天内的流量情况进行一次全面的深度分析，找到改善店铺引流工作的策略，以提升店铺流量质量，改善引流效果，实现流量的最大价值
数据分析指标及拆解	（1）展现类指标：展现量。 （2）点击类指标：点击量、访客数、浏览量/人均浏览量、跳失率、平均停留时长。 （3）转化类指标：直接成交金额、直接成交笔数、间接成交金额、间接成交笔数、收藏宝贝数、收藏店铺数、总成交金额、总成交笔数、总收藏数、直接购物车数、间接购物车数、总购物车数。 （4）花费类指标：花费、平均花费、千次展现花费
数据来源渠道及采集工具	使用生意参谋和直通车后台采集商家后台数据

小商开始对数据进行采集。首先进入生意参谋后台，进行数据查看。

二、流量数据采集

Step 1：采集店铺近期流量数据。

（1）采集流量趋势数据。在生意参谋中，点击"经营分析/流量分析/流量概况"，选择最近 30 天，便可得到流量总览与流量趋势。

（2）采集流量分布数据。在生意参谋中，点击"经营分析/流量分析/访客分析"，便可得到流量时段数据、流量地域分布数据、浏览访客分布数据。

这些人很少不是死于自己的所长，所以说：事业达到顶峰后很难持久。

（3）采集来源入口数据。在"经营分析/流量分析/流量地图"中，展现了六大流量渠道及其渠道明细。对店铺的淘内免费、自主访问、付费流量数据进行采集，对同行优秀数据进行采集。

（4）采集关键词数据。在"经营分析/流量分析/访客分析"中，可对店铺关键词引流数据进行采集。

（5）采集来源页面数据。在"经营分析/流量分析/流量地图"中，选择店内路径标签项，即可对店内各类页面的流量数据进行采集，包括商品详情页、店铺微淘页、店铺首页等。

三、流量数据预处理

由于采集到的数据内容较杂，且从多个渠道进行数据采集，数据格式各不相同，还有部分数据下载后出现乱码、下载后发现有许多重复等，需要手动修改。为确保数据分析顺利进行，小商对数据进行了预处理，并审验了数据指标的完整性。

Step 1：流量数据清洗。

清洗内容包括错误数据纠错、空白值数据填空、重复值数据去重和异常值数据的处理，对格式进行了转换。将数据进行初步清洗之后，得到正常格式的流量数据，如表 4-2 所示。

表 4-2　某店铺近期流量情况

流量类别	流量来源	展现量/次	点击量/次	下单笔数/笔
付费流量	聚划算	10	3	2
付费流量	聚划算	9	2	1
付费流量	淘宝客	2 901	103	72
付费流量	淘宝客	3 696	123	86
付费流量	淘宝客	3 963	160	112
付费流量	直通车	5 949	146	102
付费流量	直通车	4 730	133	93
付费流量	直通车	3 995	76	53
付费流量	钻石展位	57	8	6
付费流量	钻石展位	17	3	2
付费流量	钻石展位	15	29	20
淘内免费	WAP 淘宝	243	11	3
淘内免费	WAP 淘宝	147	13	4
淘内免费	WAP 天猫	246	9	3
淘内免费	WAP 天猫	213	7	2

笔记：

思考：

流量类别	流量来源	展现量/次	点击量/次	下单笔数/笔
淘内免费	猫客品牌旗舰	18	2	1
淘内免费	猫客首页	37	3	1
淘内免费	猫客首页	35	7	2
淘内免费	猫客搜索	1 978	51	15
淘内免费	猫客搜索	1 516	38	11
淘内免费	手淘必买清单	385	18	5
淘内免费	手淘每日好店	506	12	4
淘内免费	手淘每日好店	476	6	2
淘内免费	手淘名媛	44	2	1
淘内免费	手淘名媛	35	3	1
淘内免费	手淘拍立淘	27	3	1
淘内免费	手淘拍立淘	26	3	1
淘内免费	手淘其他店铺	112	14	4
淘内免费	手淘其他店铺	48	5	2
淘内免费	手淘其他店铺商品详情	519	34	10
淘内免费	手淘其他店铺商品详情	260	25	8
淘内免费	手淘人群	1 549	43	13
淘内免费	手淘人群	275	7	2
淘内免费	手淘社区	12	5	2
淘内免费	手淘社区	8	2	1
淘内免费	手淘收藏夹	58	4	1
淘内免费	手淘收藏夹	36	4	1
淘内免费	手淘首页	820	83	25
淘内免费	手淘首页	476	28	8
淘内免费	手淘私人定制	21	1	0
淘内免费	手淘私人定制	10	3	1
淘内免费	手淘搜索	20 258	393	118
淘内免费	手淘搜索	12 962	228	68
淘内免费	手淘淘宝头条	8	1	0
淘内免费	手淘淘小铺	17	3	1
淘内免费	手淘淘小铺	23	5	2

笔记：

流量类别	流量来源	展现量/次	点击量/次	下单笔数/笔
淘内免费	手淘天猫首页	15	3	1
淘内免费	手淘天猫首页	15	2	1
淘内免费	手淘旺信	1 250	467	140
淘内免费	手淘旺信	782	249	75
淘内免费	手淘微淘	262	19	6
淘内免费	手淘微淘	107	12	4
淘内免费	手淘问大家	2 358	221	66
淘内免费	手淘问大家	1 639	121	36
淘内免费	手淘我的评价	47	7	2
淘内免费	手淘我的评价	154	20	6
淘内免费	手淘我的足迹	281	44	13
淘内免费	手淘我的足迹	157	24	7
淘内免费	手淘消息中心	376	102	31
淘内免费	手淘消息中心	329	87	26
淘内免费	手淘找相似	804	34	10
淘内免费	手淘找相似	572	26	8
淘内免费	淘内免费其他	9 226	755	227
淘内免费	淘内免费其他	4 459	409	123
淘内免费	天猫关注	25	1	0
淘内免费	天猫关注	17	1	0
淘外网站	搜狗	9	1	1
淘外网站	搜狗	5	1	1
自主访问	购物车	4 402	1 193	1 193
自主访问	购物车	2 390	551	551
自主访问	我的淘宝	2 819	889	889
自主访问	我的淘宝	1 582	433	433
自主访问	直接访问	300	6	6
自主访问	直接访问	105	5	5

思考：

以上数据格式正常，但并不能马上用来进行数据分析，因为数据表中还有大量的同类数据没有进行汇总，导致同一个渠道有多个不同的原始数据呈现。

另外，数据表中出现的指标还不能满足我们的分析需求，因此我们需要从现有指标中进行计算处理，计算出需要用到的能体现流量效果的指标数据。

Step 2：转化率指标的计算。

使用公式分别计算出点击转化率和下单转化率，将其添加到表格的列中。公式分别为：

$$点击转化率=点击量/展现量×100\%，下单转化率=下单量/点击量×100\%$$

Step 3：流量数据预处理。

使用数据透视表功能，对数据进行分类汇总处理。对数据透视表字段进行处理，将点击转化率和下单转化率的汇总方式设置成求平均值。处理方式如图4-5所示。

图4-5　数据透视表字段处理

经过数据透视表字段设置得到数据，如表4-3所示。

表4-3　某店铺近期流量情况

行标签	求和项：展现量/次	求和项：点击量/次	求和项：下单笔数/次	平均值项：点击转化率/%	平均值项：下单转化率/%
付费流量	25 342	786	547	26.85	64.20
聚划算	19	5	4	26.11	70.00
淘宝客	10 560	386	273	3.64	71.32
直通车	14 674	355	254	2.39	71.47
钻石展位	89	40	17	75.01	45.94
淘内免费	66 279	3 680	1 109	11.46	30.44
WAP 淘宝	390	24	6	6.69	26.54
WAP 天猫	459	16	7	3.47	42.78
猫客品牌旗舰	18	2	1	11.11	30.00

行标签	求和项：展现量/次	求和项：点击量/次	求和项：下单笔数/次	平均值项：点击转化率/%	平均值项：下单转化率/%
猫客首页	72	10	3	14.05	30.00
猫客搜索	3 494	89	26	2.54	29.51
手淘必买清单	385	18	5	4.68	30.00
手淘每日好店	982	18	5	1.82	30.00
手淘名媛	79	5	2	6.56	30.00
手淘拍立淘	53	6	2	11.32	30.00
手淘其他店铺	160	19	6	11.46	30.00
手淘其他店铺商品详情	779	59	19	8.08	33.24
手淘人群	1 824	50	14	2.66	28.95
手淘社区	20	7	2	33.33	30.00
手淘收藏夹	94	8	2	9.00	30.00
手淘首页	1 296	111	34	8.00	30.66
手淘私人定制	31	4	1	17.38	30.00
手淘搜索	33 220	621	189	1.85	30.40
手淘淘宝头条	8	1	0	12.50	30.00
手淘淘小铺	40	8	2	19.69	30.00
手淘天猫首页	30	5	2	16.67	30.00
手淘旺信	2 032	716	215	34.60	30.00
手淘微淘	369	31	9	9.23	30.00
手淘问大家	3 997	342	103	8.38	30.00
手淘我的评价	201	27	8	13.94	30.00
手淘我的足迹	438	68	20	15.47	30.00
手淘消息中心	705	189	57	26.79	30.00
手淘找相似	1 376	60	18	4.39	30.00
淘内免费其他	13 685	1 164	349	8.68	30.00
天猫关注	42	2	1	4.94	30.00
淘外网站	14	2	2	15.56	100.00
搜狗	14	2	2	15.56	100.00
自主访问	11 598	3 077	3 077	19.30	100.00
购物车	6 792	1 744	1 744	25.08	100.00
我的淘宝	4 401	1 322	1 322	29.45	100.00
直接访问	405	11	11	3.38	100.00
总计	103 233	7 545	4 735	14.49	42.98

笔记：

思考：

133

自知者不怨人，知命者不怨天；怨人者穷，怨天者无志。——《荀子·荣辱》

到此步骤，数据预处理已基本完成。接下来，我们要将这些数据进行简洁直观的展示，以便能更好地观察店铺的流量数据规律。

任务3　可视化分析流量数据

【任务工单4-4】

可视化分析流量数据任务工单

任务名称	可视化分析流量数据
任务情景	对店铺近一个月的流量数据进行可视化分析，以便能更直观地展示流量现状
任务目标	能根据工作内容熟练选用流量数据关键指标，并能进行可视化图表与分析。对商品的展示量、浏览量、转化率等指标做着重分析
任务要求	能独立制作流量数据可视化图表，能合作进行分析
任务思考	在时间维度上需要展现哪些时间段的数据？在工作要求的指标之外，有无其他指标分析能实现且重要的
子任务1：分析展示量数据	使用数据透视表准备展示量的数据；并制作合适的可视化图表类型，对图表进行美化，突出显示重点数据；再用文字描述指标间的数据差距
子任务2：分析浏览量数据	使用数据透视表准备浏览量的数据；并制作合适的可视化图表类型，对图表进行美化，突出显示重点数据；再用文字描述指标间的数据差距
子任务3：分析转化率数据	使用数据透视表准备转化率的数据；并制作合适的可视化图表类型，对图表进行美化，突出显示重点数据；再用文字描述指标间的数据差距
任务总结	小组派代表上台汇报发言，总结归纳掌握的知识和技能
扫描二维码下载资料	微课：流量数据可视化分析 拓展资源： 微课：转化数据分析实训　　微课：转化数据可视化分析

小商认为，在执行可视化分析任务时，先要厘清思路。操作步骤如下：

Step 1：明确关键指标背后的业务逻辑。

流量数据来源渠道分布分析的目的是发现哪些渠道引流效果更好，可通过观察点击量数据获得结论。而流量转化效果分析则侧重分析哪些渠道带来的流量效果更好，成交金额和利润则

有自知之明的人从不抱怨别人，掌握自己命运的人从不抱怨天地；抱怨别人的人则穷途而不得志，抱怨上天的人就不会立志进取。

能看出哪些渠道的流量更有价值，可通过观察下单转化率数据获得结论。

Step 2：用可视化图表美观展示重点数据。

展示流量数据整体情况，并着重突出点击量和下单转化率这两个关键指标数据，对数据图表进行美化。

（1）数据可视化图表制作。

将所有数据制作在一个图表中，由于数据差距特别大，数据表现不清晰，如图 4-6 所示。

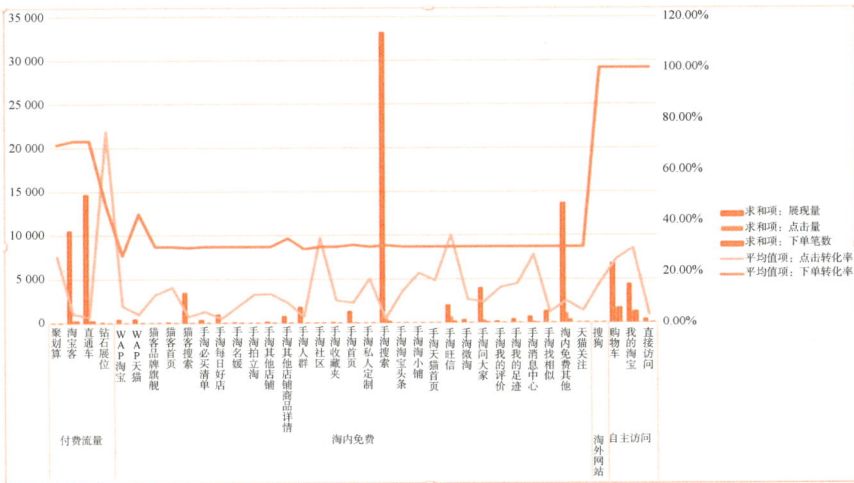

图 4-6　某店铺流量情况

为了清晰地展示各类数据，我们可以在数据透视图中插入切片器，通过控制切片器对数据进行动态展示，便可展示出清晰的可视化图表，如图 4-7 所示。

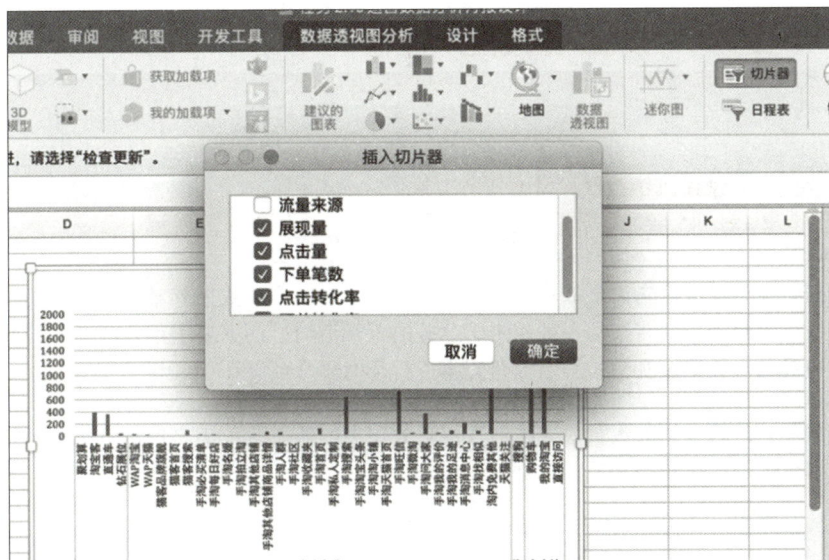

图 4-7　插入切片器

令重于宝，社稷先于亲戚；法重于民，威权贵于爵禄。——《管子·法法》

通过点击切片器中的选项卡，分别展示出流量数据中的展现量、点击量、下单笔数、点击转化率和下单转化率的数据图表。使用切片器之后呈现的展现量数据如图 4-8 所示。

图 4-8　某店铺使用切片器之后呈现的展现量数据

（2）数据可视化图表重点突出。

着重突出点击量和下单转化率这两个关键指标数据，并对单项指标中数据量最大的图表进行阴影和三维格式的设置，使其表现更突出。

（3）数据可视化图表美化。

数据在进行加工前，系统会自带某些颜色设置，但这样的图表缺乏个性和格调，因此，可以通过颜色搭配、立体化设置等操作，对数据图表进行美化。

任务 4　预警流量数据异常值

【任务工单 4-5】

预警流量数据异常值任务工单

任务名称	预警流量数据异常值
任务情景	数据监控与预警也是流量数据分析的日常工作之一。流量数据异常值主要是指那些量很小的数据，这些数据一般超出了业务的正常范畴，商家要引起重视。小商决定对流量日常数据展开监控，对流量数据进行及时异常预警
任务目标	能按照异常值鉴别的流程，关注监控流量数据中的非正常范围之内的数据，特别关注和跟踪展示量较高和低的数据
任务要求	能独立制作异常值预警图表，能合作完成预警分析
任务思考	流量数据异常值如何预警？导致异常数据的原因可能有哪些？可以从哪些方面改进

国家的政令重于物质财富，国家的利益要重于亲戚的利益；法令比个人重要，威望权力要比贵族的爵位、俸禄更值得珍重。

续表

任务名称	预警流量数据异常值		
子任务 1： 制作数据监控方案	请填写下列监控方案表：		
	流量数据监控目标		
	流量数据监控指标		
	监控方式与周期		
	数据异常波动范围		
子任务 2： 制作异常数据图表	1. 使用"条件格式"菜单对数据报表中的数据进行突出显示。 2. 使用数据图表展示异常值		
子任务 3： 分析并预警异常数据	1. 制作异常数据分析图表。 2. 向汇报对象和业务部门发出预警信息		
任务总结	小组派代表上台汇报发言，总结归纳掌握的知识和技能		

小商在对流量数据进行可视化分析之后，决定对流量数据进行监控。针对流量数据展开日常监控，要特别注意以下几种情况：

（1）排在尾部的数据。

如小商所在店铺中，展现量排在末 5 位的流量渠道有哪些？未达到基准值的数据在付费流量渠道里，哪些渠道是收入回报比推广成本低的？也就是说，此付费流量渠道是处于亏损状态的，这样的渠道必须进行预警，以引起商家的重视。

（2）未达到目标值的数据。

在流量渠道分析中，哪些流量渠道是引流数量低于原定引流目标值的？一般来说，数据异常值的预警，采用在数据表中使用条件格式进行标识的方式进行。以预警排在末尾的 5 个数据为例，操作过程如图 4-9、图 4-10 所示。

Step 1：打开"条件格式"选项卡，选择"最前/最后规则"，点击"最后 10 项"选项卡，如图 4-9 所示。

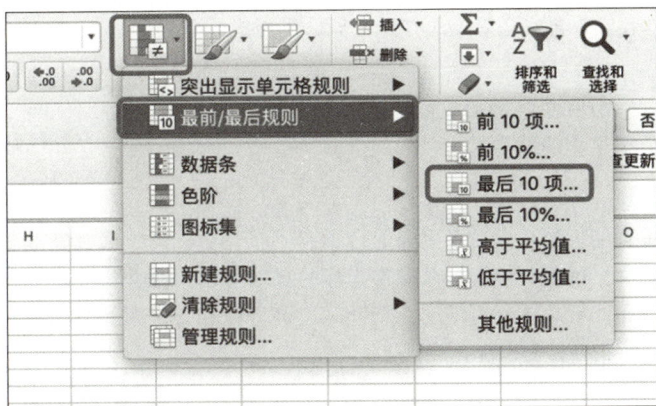

图 4-9　条件格式设置

颜回曰："舜何人也！子何人也！有为者亦若是。"——《孟子·滕文公上》

Step 2：在选项卡的"最低""10"中，将"10"改成"5"，如图4-10所示。

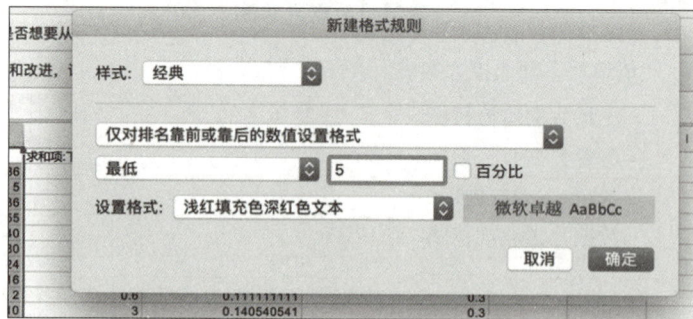

图4-10　条件格式设置（最后5项）

经过上述设置之后，排在末位5项的数据所在单元格便用浅红填充色深红色文本进行突出显示。这些数据，要向业务相关的推广部门以及上级领导进行反映预警，引起业务部门的重视。

任务5　撰写流量数据分析报告与优化商业行为

【任务工单4-6】

撰写流量数据分析报告与优化运营方案任务工单

任务名称	撰写流量数据分析报告与优化运营方案
任务情景	对流量数据进行全面分析，并将分析过程和结果使用报告的形式进行整合汇报
任务目标	掌握流量数据分析报告的标题、结构、正文等内容的确定方法；能根据分析报告的阅读对象确定报告内容和侧重点
任务要求	能合作完成一份数据分析报告
任务思考	分析报告中不同的阅读对象，偏向有什么不一样？报告的标题如何体现报告的重点和主要内容？报告主送对象、抄送对象分别考虑哪些人
子任务1：设计报告结构	1. 按"总—分—总"的形式设计这份报告，怎么安排内容？ 2. 设计分析报告的结构
子任务2：撰写分析报告	1. 撰写报告的标题页、目录页和前言页。 2. 撰写正文，展现关键指标与异常指标的数据图表，表述规范。 3. 撰写结尾，有总体分析结论，能针对关键指标和异常指标数据提出优化方案，对经营中的商业行为提出优化建议
任务总结	小组派代表上台汇报发言，总结归纳掌握的知识和技能

颜渊说："舜是什么人，我就是什么人，只要有作为就能像舜一样。"

续表

任务名称	撰写流量数据分析报告与优化运营方案
扫描二维码 下载资料	PPT：数据分析报告通用模版　　微课：撰写数据分析报告 微课：流量数据分析报告

　　数据分析的作用最终指向运营方案的优化，也就是商业业务行为的改进。因此，数据分析工作常常与商务运营方案优化建议紧密相连。在上述流量分析中，为有利于商家进行运营改进，数据分析工作人员小商在对数据进行分析之后，必须以文件或者 PPT 的形式向上级领导做专题汇报。报告中要突显出流量关键分析指标和异常值部分，并结合业务框架附上观察所得和分析结论。

　　一个好的报告要有一个好标题，要考虑标题是着重针对问题解决，还是着重针对数据规律，还是着重针对发展趋势等。所以，如果是你，你会从哪个角度给报告取个标题？给这份流量数据分析报告取个什么标题呢？

　　报告正文部分要突显出流量关键分析指标和异常值部分，并结合业务框架附上观察所得和分析结论。

　　分析报告的最后部分，必须提出对运营方案优化的行动建议，这个建议可以从业务维度提出，也可以从数据的理想值维度提出，最终数据分析要实现推动店铺业务运营和商业行为优化的目的。

　　如：所有流量渠道中，展现量排前三的分别是什么渠道？建议持续优化展示效果，维持良好的流量展现态势。

　　点击转化率排前三的分别是哪些渠道？排最后三位的分别是哪些？建议慎重考虑这些渠道引流的效果和成本付出比例，做出加强/淘汰流量渠道的建议。

　　还有，针对管理层最关注的业务问题做出重点分析，将预期效果数据和现有效果数据做出对比，并找寻两者数据之间的差距及产生差距的原因，再从业务优化角度提出一些可行的意见和建议。

　　所有的数据分析是基于业务发展需要进行的，店铺在不同发展阶段可能重视的流量指标不一样，不可一概而论，可以根据实际情况进行具体分析和指标调整。

139

小商在完成上述几项工作之后，需要将相关图表和分析进行整合，制作成报告汇报给主管。请和小商一起，完成流量数据分析的专题报告，报告中需要对业务运营方案提出优化建议。完成这个任务后，小商准备将报告主送主管，抄送给相关业务部门。把你做的分析报告上传到在线开放班级，和大家一起交流提高吧！

项目三　流量数据分析 1+X 技能考证训练

以下任务涉及的数据及背景来自电商数据分析 1+X 技能考证培训题库，跟着任务工单要求进行练习，不仅有助于 1+X 取证，还能提升职业岗位工作能力。完成以下任务所需的数据源、参考答案等内容请通过相关二维码下载。

任务 1　分析店铺流量结构

【任务工单 4-7】

分析店铺流量结构任务工单

任务名称	分析店铺流量结构
任务情景	流量是电子商务企业的命脉，流量的多少，直接影响企业的营收，对流量结构进行分析，能够帮助企业了解单位时间内哪种渠道为企业带来的流量更多，哪种渠道的投入产出比最大，企业可以根据分析结果优化引流方式。某电子商务企业部门经理为了解近期推广效果，安排小商对最近一个月的店铺流量数据进行分析，明确流量的结构占比，为后期营销渠道的选择提供参考
任务目标	完成流量结构分析报告，明确每种流量类型引流较多的渠道，指导企业后续推广渠道的优化
任务要求	能独立完成子任务，能合作完成数据分析报告
任务思考	如何从业务层面为流量分类？需要选用哪些指标数据进行分析？用什么方法进行分析
子任务 1：分类流量数据	1. 将流量分为付费流量和免费流量两类； 2. 按升序或降序排列数据； 3. 制作复合饼图
子任务 2：分析付费流量结构	1. 计算付费流量投入产出比； 2. 将所有数据制作成柱状图和折线图的组合图； 3. 将折线图设置为次坐标轴； 4. 分析付费流量结构数据特点

如果不专心致志地苦学，就不会有明辨事理的才智；如果不拼命苦干，就不会有卓著的功业。

续表

任务名称	分析店铺流量结构
子任务3： 分析免费流量结构	1. 制作免费流量组合图； 2. 将访客数设置为簇状柱形图； 3. 将访客数设置为次坐标轴； 4. 分析免费流量结构数据特点
任务总结	通过完成以上任务，学会的知识和技能有哪些
扫描二维码 下载资料	数据源：流量数据 分析练习用表　　　流量数据 　　　　　　　　　分析操作参考

笔记：

任务2　分析活动推广效果

【任务工单4-8】

分析活动推广效果任务工单

任务名称	分析活动推广效果
任务情景	丰富的促销活动的确能非常有效地吸引买家的目光，但是促销活动绝不是随便打个折、送个赠品就能成功的。要想成功开展一次促销活动，卖家必须制订周详的计划，把握活动成功的要点、避开活动误区，才能做到万无一失。某电子商务企业的部门经理制定了平台活动方案，活动方案如下： 　　目标人群：成年女性；活动时间：2019年9月16日0时至2019年9月20日24时；活动内容：试用活动。通过提供试用商品吸引买家进店并关注宝贝，为品牌快速入市提供帮助；活动目的：此次活动旨在打造秋冬款爆品，为10月中旬大促和"双11"大促引流。现活动已结束，为了评估活动效果，部门经理安排小何对活动期间的店铺数据进行分析，明确活动为店铺带来的流量，评估活动效果，为后期营销策略的制定提供参考
任务目标	完成活动推广效果分析报告，明确每种促销活动的引流效果，指导企业后续营销策略的制定与优化
任务要求	能独立完成子任务，合作完成一份数据分析报告；重点关注活动效果

思考：

自诚明，谓之性；自明诚，谓之教。诚者明矣，明则诚矣。——《礼记·中庸》

续表

任务名称	分析活动推广效果
任务思考	如何从业务层面为促销活动分类？需要选用哪些指标数据进行分析？用什么方法进行分析比较合适
子任务1： 分析活动流量	1. 处理计算访客数、加购人数、收藏次数数据； 2. 制作活动流量趋势图
子任务2： 分析活动流量结构	1. 处理计算流量渠道访客数和新访客数； 2. 制作流量渠道访客数据图； 3. 分析老访客和新访客的下单数据
任务总结	通过完成以上任务，学会的知识和技能有哪些
扫描二维码 下载资料	数据源：活动推广效果分析练习用表　　　　活动推广效果数据分析操作参考

【职业素养园地】

1. 职场素质修养

职场中，对于依靠个人能力无法独立完成的任务，往往需要合作完成。在这样的合作中，如果遇到意见不合，你会据理力争论个输赢，还是求同存异力求达成共识？

在流量数据分析中，如果公司要求发现异常值必须向上级汇报，而你发现异常值出现的业务点恰好是玩得特别好的朋友负责的工作。直接向上级汇报，可能会让你的好朋友受到批评；不向上级汇报，可能导致自己的工作业绩评价受到影响。你会怎么办？

实际上，在团队合作中对同一件事有不同看法是很正常的现象，所谓"一千个读者就有一千个哈姆莱特"。通过交流让团队成员的不同观点在碰撞中找到共通点是非常有意义的，达成共识比争个输赢更有价值。公私分明是基本的职业素养，别让私事对工作造成负面影响。

2. 法律与道德素质修养

《中华人民共和国电子商务法》对电子商务的商家运营做出了严格的规范。同时，淘宝等大型电商平台也对商家进行了较为严格的规范和约束，比如商家不能引导消费者对商品好评，一旦平台接到举报则直接处罚商家店铺。

在这种商业环境下，要求商家行为必须合法合规，做到君子爱财取之有道。那么，作为流量数据分析工作人员，在对流量进行分析时，是否要对引流渠道的合法合规性进行考证和监督、是否要对异常情况进行预警和提示？在向业务部门提出建议时，如果引流渠道不符合公序良俗但能带来超大流量，是否会提出风险提示及时进行预警？在发现关键词引流效果好，标题能足

本性真诚而明晓道理，称为天性；明晓道理而生发诚心，称为教化。真诚就会通晓事理，通晓事理就会真诚。

够博取眼球但与商品属性实际情况不符的时候，是否会意识到这是对消费者的误导？是否会意识到企业这种做法，会影响企业的长期发展？

3．社会主义核心价值观修养

当进行流量数据分析时，发现有个数据只要稍微修改一点点，就会成为完美的数据，你会进行微调吗？实际上，坚持数据来源的真实性和可靠性，确保源数据的完整性，是作为数据分析工作人员的基本道德修养。同时，也是社会主义核心价值观之一的"诚信"体现，坚持真诚，方可赢得客户的信任。

【模块检测】

一、单选题

1．流量趋势分析的要素有以下哪几项？（　　　）

A．发现流量变动趋势　　　　　　　B．分析流量来源数据

C．找到问题关键所在　　　　　　　D．对症下药解决问题

2．流量价值和以下哪项因素无关？（　　　）

A．访问时长　　B．利润率　　　C．转化率　　　　D．可单价

3．流量结构分析要分析下列哪项数据？（　　　）

A．发现流量变动趋势　　　　　　　B．分析流量来源数据

C．找到问题关键所在　　　　　　　D．对症下药解决问题

4．流量是指（　　　）。

A．访问数量　　B．IP 地址　　　C．展示次数　　　D．访问时长

5．以下哪个不是免费流量的来源渠道？（　　　）

A．直通车　　　B．搜索流量　　　C．购物车　　　　D．收藏

6．以下哪个不是付费流量的来源渠道？（　　　）

A．关键词搜索　B．淘宝客　　　　C．智钻　　　　　D．直通车

二、判断题

1．爆款的具体表现是高流量、高跳失率、高成交转化率。　　（　　　）

2．如果某个渠道带来的流量的转化率、参与指数和活跃客户率三项指标都很高，那么流量就可以定型为高质量。如果某个渠道所获流量在这三项指标上有高有低，那么就以转化率作为主要指标。　　（　　　）

3．流量价值（UV 价值）是指一个流量能带来多少交易金额，又称流量产值。它的计算公式之一是：流量产值＝转化率×客单价。　　（　　　）

4．千人千面的出现意味着店铺在引流的时候是有所选择的，店铺的工作重点是引进那些与店铺定位相契合的流量。如果引进的流量与店铺定位不符，就会打乱店铺的定位，店铺的标签变得不清晰，自然很难得到淘宝的推荐。　　（　　　）

5．销量＝流量×购买转化率。　　（　　　）

富润屋，德润身，心广体胖，故君子必诚其意。——《礼记·大学》

三、填空题

请针对表4-4中的流量数据，计算出每日的流量产值、流量价值、流量质量、访客黏性等数据，并得出结论。

表4-4 6月3—6日流量数据

项目	6月3日	6月4日	6月5日	6月6日
支付金额/元	1 348 143	168 907	145 559	2 658 509
访客数/人	41 282	42 226	44 939	43 765
浏览量/次	126 551	121 687	140 382	143 232
转化率/%	1.11	0.30	0.28	1.99
客单价/元	2 930	1 351	1 155	3 055
利润率/%	10	10	10	10
流量产值				
流量价值				
访客黏性				

结论：流量质量最高日期的是（ ）月（ ）日，其当日转化率为（ ），访客黏性为（ ）。

【学习任务评价】

1. 本模块学习情况自查

序号	学习情况	自查
1	本模块主题是否已明确	（ ）是 （ ）否
2	本模块中的单元视频是否观看完成	（ ）是 （ ）否
3	模块检测是否完成	（ ）是 （ ）否
4	模块检测完成后，是否核对过参考答案？错误之处是否更正	（ ）是 （ ）否
5	1+X 技能考证训练是否能顺利完成	（ ）是 （ ）否
6	1+X 技能考证训练完成后，是否核对过参考答案？错误之处是否更正	（ ）是 （ ）否
7	职业素养中，你的答案是否符合社会主义核心价值观？是否符合社会公序良俗	（ ）是 （ ）否
8	如果你理想中完美的学习状态是100分，你在对本模块的学习状态打多少分	（ ）分
9	如果改进某些行为能让自己获得理想的100分，那么是哪些学习行为需要改进呢	

说明：
1. 如果在上述问题的回答中，第1、2、3、4项为"是"，那么本模块学习达到"合格"状态；
2. 如果在上述问题的回答中，第1、2、3、4、5、6项为"是"，那么本模块学习达到"良好"状态；
3. 如果在上述问题的回答中，第1、2、3、4、5、6、7项为"是"，那么本模块学习达到"优秀"状态；
4. 如果在上述问题的回答中，第1、2、3、4、5、6、7项为"是"，并且对第8、9项做出思考之后有明确的答案，那么，你是一个"具有潜力的优秀学生"！

财富可以装饰房屋，品德却可以修养身心，使心胸宽广而身体舒泰安康。所以，品德高尚的人一定要使自己的意念真诚。

2. 本模块学习情况复盘

序号	复盘问题
1	模块主题是什么？与店铺运营有什么关系
2	在本模块中，你学会了什么
3	通过模块检测，发现哪些知识点掌握得好、哪些不够好
4	你的答案与参考答案的差异有哪些？你认为哪个更好？理由是什么
5	1+X 考证题来自 1+X 电商技能题库，你是否能顺利完成这些题目？遇到的困难是什么？如何解决的
6	针对 1+X 技能考证训练，你是否核对过参考答案？你认为哪个更好？理由是什么
7	职业素质修养永远在路上，你是否得到启发？你找到那个提高修养的答案了吗？
发现差距后，有思考、有行动，就有进步。祝愿你距离心中更好的自己越来越近	

3. 本模块学习质量评价

评价内容	评价方式			评价等级
	自评	小组评议	教师评议	
素养目标				
能力目标				
知识目标				
学习重点				
学习难点				
说明：评价等级分为三级，A 级表示充分掌握，B 级表示一般掌握，C 级表示基本不会				

【学习总结】

请把对本模块的学习总结记录如下：

模块五
客户数据分析与商业行为优化

【学习目标】

素质目标：熟悉我国公民享有的十项隐私权，能够对进行分析的电子商务数据及分析结果严格保密；树立服务意识。

知识目标：理解客户分析的指标；掌握客户类型及特征、方法。

能力目标：能制定客户数据分析方案；能正确采集与预处理客户数据；能创建合适的可视化图表并预警异常值；能合作完成客户数据分析报告并提出商业行为优化建议。

【学习重点与难点】

学习重点：客户数据分析岗位技能实战。

学习难点：撰写客户数据分析报告。

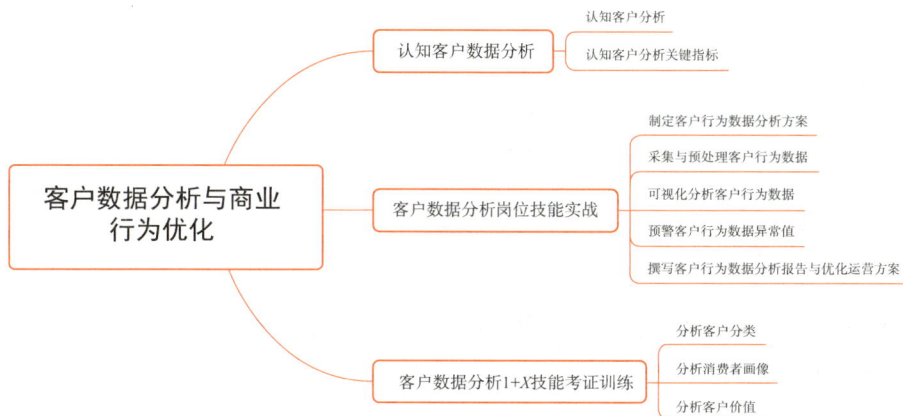

模块导图

客户数据分析与商业行为优化
- 认知客户数据分析
  - 认知客户分析
  - 认知客户分析关键指标
- 客户数据分析岗位技能实战
  - 制定客户行为数据分析方案
  - 采集与预处理客户行为数据
  - 可视化分析客户行为数据
  - 预警客户行为数据异常值
  - 撰写客户行为数据分析报告与优化运营方案
- 客户数据分析1+X技能考证训练
  - 分析客户分类
  - 分析消费者画像
  - 分析客户价值

笔记：

导入案例

不同站点客户群体的主流消费习惯

亚马逊平台的十多个站点中，每个站点的消费人群都有自己的不同于其他站点的消费习惯，北美站便是有代表性的一个站点。北美站点分为美国站、墨西哥站和加拿大站三个国家站点，我们来看看这三个国家的主流消费习惯。

思考：

1. 美国的主流消费习惯

美国作为全球消费水平数一数二的发达国家，他们的社会文化和民众主体价值观都使得其人均消费水平很高。美国人是典型的西方人，他们喜欢一些冒险运动，而且大多数美国人的社交活动都在户外，所以我们在户外用品这块也可以关注一下。因为美国人很多都喜欢冒险运动，防护用具在美国也比较畅销。还有一个就是汽配用品，因为美国很多人喜欢改装车，所以一些中低端但是质量好的汽配用品在美国也很畅销。

2. 墨西哥的主流消费习惯

墨西哥的消费者在亚马逊上面买东西都喜欢搜索之后货比三家，他们对商品是否能及时送达比较看重，所以我们如果做墨西哥站点一定要注意物流的选择；墨西哥的卖家很喜欢带有个性化的购物体验，所以现在我们可以从个性化服务找突破点。还有一个情况就是，墨西哥的消费者很注重自身的隐私保护，我们在提供个性化服务中可以体现出对客户隐私的关注和保护。

3. 加拿大的主流消费习惯

加拿大的消费者在购买商品之前都喜欢做做功课，看看自己需要的东西的类目，这个时候搜索榜排名靠前的卖家通常是他们的选择，所以如果你做加拿大站点，可能要想办法提升自己的店铺权重排名；再一个就是在价格方面，加拿大的消费者对价格还是很看重的，他们会习惯将亚马逊上面的商品与其他平台的同类商品做对比，目的是拿到商品的最低价格，所以我们卖家可以从价格差异化做起，以吸引更多的客户。

案例思考：

1. 请思考企业为什么要进行客户分类。
2. 企业如何采用数据分析的思维对客户进行分类？

项目一 认知客户数据分析

小商在完成了数据分析前期准备工作之后，公司安排他进行客户业务板块的数据分析工作。请你随着小商的任务工单一起开始成长之旅吧！

【任务工单5-1】

认知客户数据分析任务工单

任务名称	认知客户数据分析
任务情景	公司安排小商完成客户数据分析岗位基础技能认知任务
任务目标	了解客户业务相关知识，掌握客户数据分析关键指标
任务思考	拉新与维系老客户哪项更节约运营成本？什么情况下需要大量拉新
任务1： 认知客户分析	1. 客户分析的基本含义是什么？ 2. 客户相关业务场景有哪些
任务2： 认知客户分析关键指标	以下指标的基本含义、计算公式分别是什么？ 1. 有价值的客户数；2. 活跃客户数；3. 客户活跃率；4. 客户回购率；5. 客户留存率；6. 平均购买次数；7. 客户流失率
拓展任务： 以用户为中心的数据化运营	以客户/用户为中心的业务模式中，如何实现数据化运营
任务总结	小组派代表上台汇报发言，总结归纳掌握的知识和技能
扫描二维码 下载资料	微课：认知客户数据分析　　　　微课：售后数据分析

但凡治理国家的方法，必须首先使百姓富裕起来。百姓富裕就容易治理，百姓贫穷就难以治理。

任务1　认知客户分析

一、客户分析的概念

客户分析就是根据客户信息数据来分析客户的各种特征、评估客户价值，从而为客户制订相应的营销策略与资源配置计划。通过合理系统的客户分析，商家可以知道不同的客户有着什么样的需求，分析客户消费特征与经营效益的关系，使运营策略得到最优的规划。更为重要的是，客户分析可以帮助商家发现潜在客户，从而进一步扩大商业规模，使企业得到快速的发展。商家可以从以下几个方面入手，对客户数据信息展开分析。

二、客户分析的主要内容

客户分析的内容很多。根据客户关系管理的内容，将客户分析的主要内容概括为以下几个方面。

1. 客户行为分析

利用客户数据信息，商家可以了解到每一个客户的购买行为，通过对这些客户行为的分析可以了解客户的真正需求。客户行为分析是客户分析的重要组成部分，通过客户行为分析可以知道哪些客户行为会对商家的利润产生影响，商家可以通过调整策略来改变客户的行为，进而改善客户与商家之间的关系。

2. 客户价值分析

要做到以客户为中心，商家就必须对客户进行分析。商家通过客户分析可以进行科学的决策，而不是将决策建立在主观判断和过去经验的基础之上。通过客户分析，商家可以获得许多有价值的信息，例如，某次促销活动中客户对哪些促销方式感兴趣，哪些产品不适宜进行促销，影响客户购买促销品的因素有哪些，客户再次参加类似促销活动的可能性有多大等。这些有价值的信息有利于商家进行科学的决策。客户分析是客户关系管理的重要内容。

对客户价值进行分析是为了考察企业的实际盈利能力及客户的实际贡献情况。每个客户的成本和收益都直接与企业的利润相联系。客户收益率分析能够帮助商家识别对企业有重要贡献价值的20%客户，通过对这些重要客户进行重点营销能够提高企业的投资回报率。

3. 客户个性化需求分析

随着企业经营理念的转变，"以客户为中心"的经营理念越来越受到商家的推崇，客户个性化的需求分析越来越受到商家的关注。客户关系管理（Customer Relationship Management, CRM）是以客户为核心的，分析客户的个性化需求也是客户关系管理的一个重要内容。通过客户个性化需求分析，商家可以了解不同客户的不同需求，从而采取有针对性的营销活动，使得企业的投资回报率达到最大。

笔记：

思考：

4. 客户保持或流失分析

客户保持分析就是商家根据对客户的记录数据，找到对商家有重要贡献度的客户，也就是商家最想保持的客户，然后将这些客户清单发放到企业的各个分支机构，以便这些客户能享受到企业的优惠产品和服务。客户完成之后总会有部分客户流失，客户流失分析就是要求分析出这些客户流失的原因、客户流失量有多大，从而使企业改变商业活动，降低流失率。

5. 客户特征分析

客户特征分析要求商家根据客户的历史消费数据来了解客户的购买行为习惯、客户对新产品的反应、客户的反馈意见等。客户的购买行为特征分析主要用来细分客户，针对不同的特征客户采取不同的营销策略。比如通过客户对新产品的反应特征进行分析，商家可以获得新产品的目标客户群体特征，并且了解不同客户对新产品的接受程度，最终决定新产品投放到哪个细分市场。

6. 客户忠诚度分析

客户忠诚度分析对商家的经营战略具有重要意义，保持客户忠诚才能保证企业持续的竞争力。客户只有对商家所提供的产品服务满意、对企业信任，才会继续购买企业的产品，这样才能提高客户忠诚度。事实证明，保持老客户的成本比吸引一个新客户的成本要低得多，因此保持商家与客户之间的长期沟通与交流对降低企业成本大有帮助。另外，客户是企业的无形资产，保持客户忠诚，能从根本上提高企业的核心竞争力。

7. 客户满意度分析

客户满意与评价是根据产品、区域来识别一定时期内感到满意的客户和感到不满意的客户，并描述这些客户的特征。通过对客户的满意度进行分析，可以了解某一地区的哪些客户对哪些产品最不满意、哪些客户对哪些产品最为满意，进而了解这些客户的具体特征，并提出产品的改进意见和办法。

客户分析是商家成功实施客户关系管理的关键。商家所有的经营管理活动都是围绕客户来进行的。对客户进行有效的分析，不仅能提高客户的满意度和忠诚度，而且最终能增加企业的利润，增强企业的核心竞争力。

任务 2　认知客户分析关键指标

客户数据分析必须有数据基础，而这一基础往往是由客户关系管理系统提供的。当今市场竞争越演越烈，在外部环境变化的影响下，企业之间、企业与客户间的关系也发生了微妙的变化。所以，更多企业将客户关系管理提上议程。因为如果没有集成的客户信息，企业将无法进行客户分析，如客户的消费倾向、消费偏好，客户流失分析，市场细分以及对目标客户的营销等。实施集成化 CRM 最行之有效的方法就是建立客户数据仓库（Customer Data Warehouse，CDW）。CDW 就是整合从每一个客户接触点收集到的数据，形成对每个客户的"统视野"，它能为有效的客户分析提供必要的信息。而只有通过有效的客户分析，企业才能真正做到在正确的时间，为正确的客户以正确的价格和客户渠道，提供正确的产品或服务。

通过各种渠道收集客户信息仅仅是客户分析的第一步，也是至关重要的一步，因为接下来需要使用某种能洞悉客户消费习惯的分析方法对这些信息进行再加工，综合分析客户的历史数据、趋势、消费心态和地域分布等数据资料，使客户分析的各项结果具有可操作性，进而指导商家在所有客户接触点上的行动。

客户分析指标有利于商家进一步了解客户的得失率和客户的动态信息，它包含以下七个方面的内容，如图5-1所示。

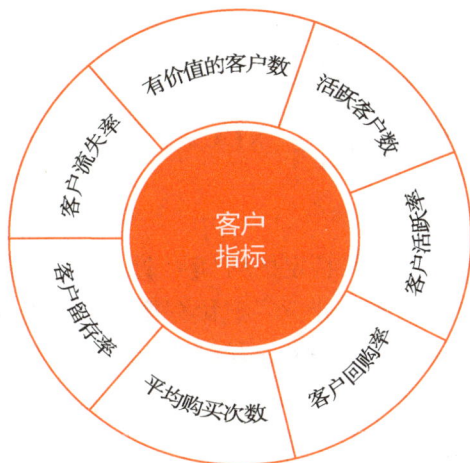

图5-1　客户分析指标

一、客户分类

客户分为新客户和老客户两类，老客户包括回购客户、忠诚客户和流失客户，新客户还可以分为潜在客户和新客户。忠诚客户是最有价值的客户，因为这类客户不仅会常来店铺购买商品，而且会主动给其他人推销店铺商品，为店铺带来增值。一般来说，可将在1年内购买本店商品大于等于3次的客户视为有价值的客户，这些客户的数据经过分析之后可以提供给客户服务管理部门作为重点关注对象。对于那些浏览了店铺商品却没有购买商品的客户，可以通过分析客户行为数据观察其潜在价值。

二、活跃客户

1. 活跃客户数

活跃客户是指那些与店铺互动频繁且常常回购的客户，这些客户为店铺带来比较高的经济价值。客户的活跃度是客户关系维护中非常重要的一个考察指标，一旦客户的活跃度下降，就意味着客户的离开或流失；而活跃客户数是指在一定时期（30天）内，有消费或者登录行为的会员总数。

2. 客户活跃率

店铺通过活跃客户数，可以了解客户的整体活跃率，一般随着时间周期的加长，客户活跃率会出现逐渐下降的现象。如果经过一个长生命周期（3个月或半年），客户的活跃率还能稳定保持在5%~10%，那么将是一个非

笔记：

思考：

常好的客户活跃的表现。客户活跃率的计算公式为：

$$客户活跃率=\frac{活跃客户数}{客户总数}\times100\%$$

三、客户回购率

客户回购率即复购率或重复购买率，是指消费者对该品牌产品或者服务的重复购买次数。重复购买率越高，反映出的消费者对品牌的忠诚度就越高，反之则越低。决定回购率的是回头客。客户回购率是衡量客户忠诚度的一个重要指标，其计算公式为：

$$客户回购率=\frac{老客户下单}{所有下单}\times100\%$$

四、客户留存率

客户留存率是指某一时间节点的全体客户在某特定的时间周期内消费过的客户比率，其中时间周期可以是天、周、月、季、年等。店铺通过分析客户留存率，可以得到店铺的服务效果是否能够留住客户的信息。简单来说，客户留存率是指一段时间内回访客户数占新增客户数的比率，客户留存率的计算公式为：

$$客户留存率=\frac{回访客户数}{新增客户数}\times100\%$$

客户留存率反映的是一种转化率，即由初期的不稳定客户转化为活跃客户、稳定客户、忠诚客户的过程。随着留存率统计过程的不断延展，就能看到不同时期客户的变化情况。

五、平均购买次数

平均购买次数是指在某个时期内每个客户平均购买的次数，其计算公式为：

$$平均购买次数=\frac{订单总数}{购买客户总数}\times100\%$$

六、客户流失率

流失客户是指那些曾经访问过店铺，但由于渐失兴趣后逐渐远离直至彻底脱离的那批客户。客户流失率是客户流失的定量表述，是判断客户流失的主要指标，直接反映了店铺经营与管理的现状，其计算公式为：

$$客户流失率=\frac{一段时间内没有消费的客户数}{客户总数}\times100\%$$

项目二　客户数据分析岗位技能实战

小商完成岗前培训后正式上班，有一天，上司和他说："你刚进公司，需要尽快熟悉公司的业务，先从了解客户开始吧。你就针对咱们公司最近一个月的客户行为轨迹、浏览与收藏行为展开分析，你好好研究分析一下。"那么，让我们和小商一起随着任务工单开始成长之旅吧！

君子之道应包括如下方面：贫穷时表现出廉洁，富足时表现出恩义，对生者表示出慈爱，对死者表示出哀痛。

任务1　制定客户行为数据分析方案

【任务工单 5-2】

制定客户行为数据分析方案任务工单

任务名称	制定客户行为数据分析方案
任务情景	某电子商务企业为了优化企业运营策略并提升营收，决定对客户行为进行分析，为此，该企业运营部门经理安排小商对企业客户行为轨迹、浏览与收藏行为展开分析
任务目标	1. 掌握制定客户行为数据分析方案的方法。 2. 熟知客户行为数据分析方案的结构内容
任务要求	能合作完成客户行为数据分析方案
任务思考	利用哪些数据可以分析客户进入企业店铺到离开企业店铺整个过程中的行为？分析客户行为时涉及的指标主要有哪些
子任务1： 明确分析需求	1. 客户行为数据分析需求的确定，需要听取哪些部门的意见？ 2. 通过归类、整理、梳理出相关数据需求，确定分析目标是什么
子任务2： 明确分析框架	1. 明确客户行为数据分析方法有哪些。 2. 分析客户行为数据的基本思路是什么？如何确定
任务总结	小组派代表上台汇报发言，总结归纳掌握的知识和技能
扫描二维码 下载资料	文档：分析用户行为，就该这么做！　　商务数据分析流程

　　小商接到任务，认认真真地观看了上司以前做过的数据分析，还在网上查阅了相关资料才开始工作。我们看看小商做了些什么工作。

　　Step 1：明确客户行为数据分析需求。

　　客户行为数据分析是对客户选择、购买、使用、评价、处理产品或服务过程中产生的数据进行分析。企业可以根据客户行为分析的结果预测客户需求、监测客户流向等，进而有针对性地提供满足客户需求的产品或服务，有针对性地引领客户转化到最优环节或企业期望客户抵达的环节，最终达到提升企业营收的目的。

三人行，必有我师焉。择其善者而从之，其不善者而改之。——《论语·述而》

在本任务中，客户行为数据分析需求的确定需要征求客户管理部门、销售部门、推广部门以及相关管理领导的意见和建议，尤其是前两个部门需要进行深度访谈采集相关需求。从项目的背景资料来看，这次客户行为数据分析的最基本的业务需求有：客户行为轨迹的数据分析、客户浏览行为数据分析以及客户的收藏行为数据分析。

Step 2：确定客户行为数据分析框架。

要明确利用哪些分析方法可以更恰当地分析出客户行为数据，以及确定分析的基本思路。

（1）使用交叉分析法来分析地域和客户行为偏好数据。

（2）使用漏斗图分析模型来分析客户行为轨迹数据，界定浏览、收藏、成交、评价等转化情况。

（3）使用对比分析法对新、老客户的行为数据进行比较。

（4）使用平均分析法对新、老客户的用户行为转化效果等进行比较。

任务 2　采集与预处理客户行为数据

【任务工单 5-3】

采集与预处理客户行为数据任务工单

任务名称	采集与预处理客户行为数据
任务情景	分析客户行为轨迹，是分析客户进入企业店铺到离开企业店铺整个过程中的行为数据，分别从客户入口页面、客户来源路径、客户去向路径展开分析；客户浏览与收藏行为分析，是分析单位时间内客户在企业店铺的浏览量与收藏量变化趋势。采集最近一个月的客户从不同页面进入的浏览量与收藏量数据，并进行数据预处理
任务目标	能熟练使用商家后台渠道采集客户行为数据，能对错误数据进行清洗
任务要求	能独立采集和预处理客户行为数据
任务思考	客户行为数据采集时要注意什么
子任务 1：制定数据采集与处理方案	请填写客户行为数据采集与处理方案表。 	背景介绍	
分析目标	
数据分析指标	
数据采集渠道及工具		
子任务 2：确定数据采集关键节点	1. 确定数据采集的时间范围。 2. 请在 Excel 中创建数据采集表，至少包括以下字段名： 客户行为数据采集表 | 订单创建时间	商品标题	客户行为
---	---	---

多个人同行，其中必定有人可以做我的老师。我选择他好的方面向他学习，看到他不善的方面，就以此为鉴，改正自己的缺点。

续表

任务名称	采集与预处理客户行为数据
子任务3：预处理数据	针对格式异常、重复采集、单元格缺失或逻辑错误的数据进行预处理
任务总结	小组派代表上台汇报发言，总结归纳掌握的知识和技能
扫描二维码下载资料	数据源：分析客户　　　　微课：商务数据 数据练习用表　　　　　　采集渠道及工具

笔记：

小商从店铺的商家数据后台下载了近一个月的客户行为数据，操作如下：

Step 1：下载数据。从店铺后台下载的客户行为数据表如图5-2、图5-3所示。

思考：

	A	B	C
1	统计时间	浏览量	收藏量
2	14/09/2019	2333	182
3	02/09/2019	1623	301
4	01/09/2019	2014	321
5	04/09/2019	2765	284
6	09/09/2019	2056	201
7	11/09/2019	2541	196
8	07/09/2019	1865	232
9	05/09/2019	2354	241
10	06/09/2019	1965	265
11	10/09/2019	2213	198
12	08/09/2019	1835	221
13	12/09/2019	2632	165
14	18/09/2019	2019	231
15	22/09/2019	2593	245
16	16/09/2019	1965	192
17	25/09/2019	2322	186
18	17/09/2019	1865	201
19	20/09/2019	2036	241
20	19/09/2019	1501	225
21	24/09/2019	2674	196
22	21/09/2019	2202	286
23	26/09/2019	2100	158
24	23/09/2019	2638	223
25	13/09/2019	2501	143
26	28/09/2019	1654	201
27	29/09/2019	1556	225
28	27/09/2019	1983	169
29	03/09/2019	2654	256
30	15/09/2019	2015	196
31	30/09/2019	1895	200

图5-2　客户行为轨迹数据表

	A	B	C
1	客户入口页面	访客数/人	下单买家数/人
2	导购页面	2634	1002
3	内容页面	1380	436
4	首页	1590	365
5	商品详情页	6325	2316
6	其他页面	3205	1032

图 5-3　客户浏览数据

Step 2：清洗数据。

在 Excel 中将图 5-2 中的数据进行格式整理，再进行数据清洗与预处理。

（1）删除空白值。筛选出原始数据表中 2019 年 9 月以外的数据，筛选空白值，进行删除，操作方式如图 5-4 所示。

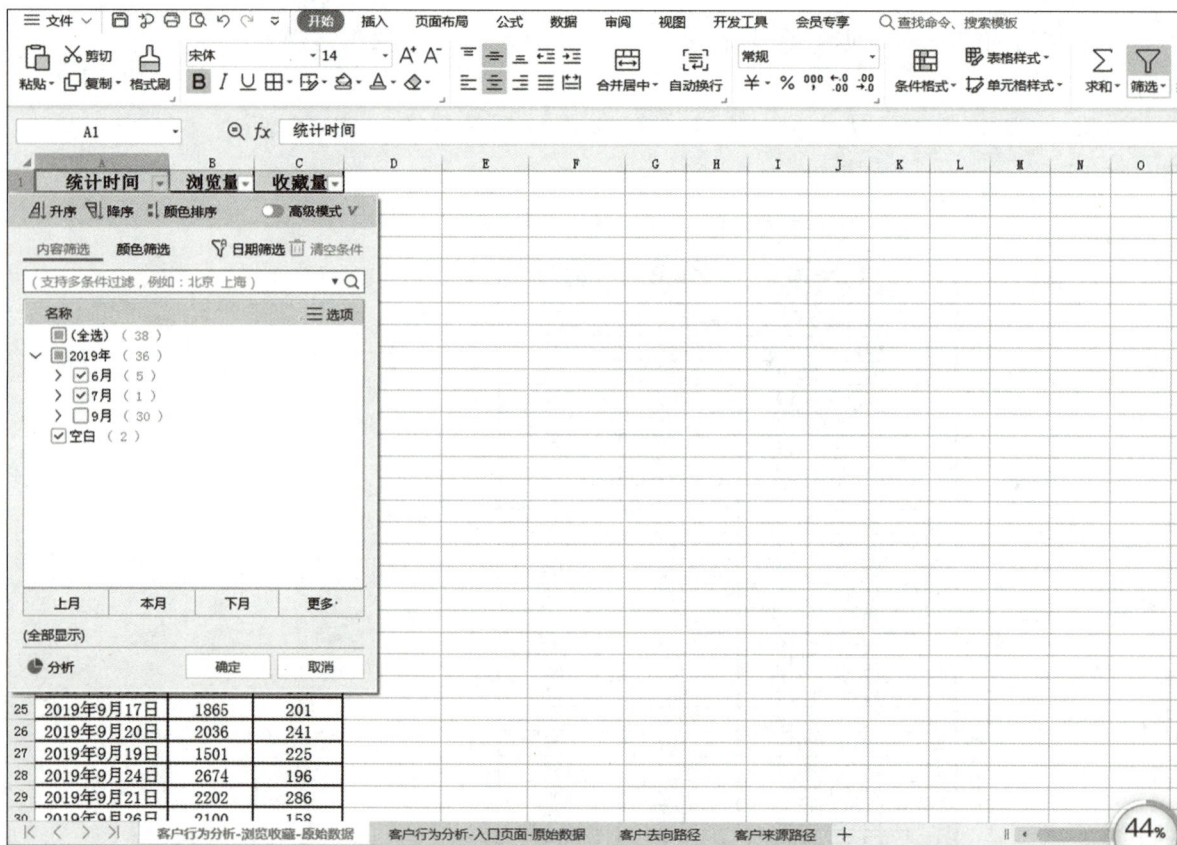

图 5-4　原始数据删除操作方式展示图

（2）查找重复值。全选所有数据，单击"开始"|"条件格式"|"突出显示单元格规则"|"重复值"，使用默认格式进行重复值填充。操作如图 5-5 所示。结果如图 5-6 所示。

从图 5-6 中看出，有些文本显示的重复数据是浏览量和收藏量的具体值，这些数据是有效的，不需要删除；如果统计时间、浏览量和收藏量三个值完全重复，则需要删除。

凡是有利的地方，即使是极高的山，也没有不可以上去的；即使有极深的水，也没有不可以下去的。

（3）清洗无价值数据。和客户行为轨迹无关的数据，属于客户轨迹数据无效值，需要删除，原始数据中未发现无价值数据。

Step 3：预处理数据。

客户浏览和收藏数据经过清洗之后，需要对数据进行排序等预处理。按"统计时间"列进行升序排序。操作结果如图5-7所示。

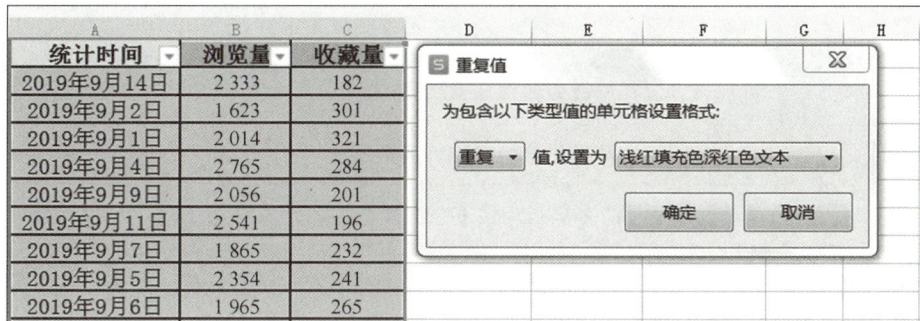

笔记：

图5-5 原始数据重复值操作方式展示图

思考：

图5-6 原始数据重复值处理结果

统计时间	浏览量	收藏量
01/09/2019	2014	321
02/09/2019	1623	301
03/09/2019	2654	256
04/09/2019	2765	284
05/09/2019	2354	241
06/09/2019	1965	265
07/09/2019	1865	232
08/09/2019	1835	221
09/09/2019	2056	201
10/09/2019	2213	198
11/09/2019	2541	196
12/09/2019	2632	165
13/09/2019	2501	143
14/09/2019	2333	182
15/09/2019	2015	196
16/09/2019	1965	192
17/09/2019	1865	201
18/09/2019	2019	231
19/09/2019	1501	225
20/09/2019	2036	241
21/09/2019	2202	286
22/09/2019	2593	245
23/09/2019	2638	223
24/09/2019	2674	196
25/09/2019	2322	186
26/09/2019	2100	158
27/09/2019	1983	169
28/09/2019	1654	201
29/09/2019	1556	225
30/09/2019	1895	200

图5-7 客户行为数据排序

颜回问子路曰："力猛于德，而得其死者，鲜矣。盍慎诸焉？" ——《孔子家语·颜回》

客户浏览数据总量小，完全可以通过目测来验证数据并无问题，无须清洗和预处理。

到此为止，客户行为数据采集与预处理工作完成。上司对小商在客户行为数据报表中的处理表示很满意。同时，也给小商提出了新的任务，要求小商对企业客户行为做出分析。

任务3　可视化分析客户行为数据

【任务工单5-4】

可视化分析客户行为数据任务工单

任务名称	可视化分析客户行为数据
任务情景	上司要小商对公司最近一个月的客户行为轨迹、浏览与收藏行为展开分析
任务目标	能根据工作内容选用客户行为数据关键指标，并能进行可视化图表分析。对客户轨迹的收藏量、浏览量等几个指标做着重分析，可自选其他指标进行分析
任务要求	能独立制作客户行为数据可视化图表，能合作进行分析
任务思考	结合浏览量与收藏量，对客户行为进行分析，思考并回答提升客户浏览量与收藏量的方法。在工作要求的指标之外，有无其他指标分析能实现的
子任务1：分析浏览量、收藏量数据	制作组合图；分别设置主、次坐标轴；用文字描述指标间的数据差距
子任务2：分析客户入口页面数据	使用数据透视表准备数据；并制作合适的可视化图表类型，对图表进行美化，突出显示重点数据；再用文字描述指标间的数据差距
子任务3：分析客户店内路径数据	使用数据透视表准备的数据；对图表进行美化，突出显示重点数据；并制作合适的可视化图表，用文字描述指标间的数据差距
任务总结	小组派代表上台汇报发言，总结归纳掌握的知识和技能
扫描二维码下载资料	 微课：客户数据可视化分析

小商按照工单开始做任务：分析客户浏览与收藏行为；然后分析客户行为轨迹，了解客户在企业店铺页面的跳转情况，以此预测客户需求与客户流向。下面截取了小商做的部分维度的

颜渊对子路说："勇力比德行还厉害的人，能正常死亡的很少，（所以）为什么不谨慎些呢？"

指标数据图表，请你学习小商的制图方法，并在小商的工作基础上对指标数据进行图表的增补完善，以便能从更全面、更完整的角度对客户行为数据进行分析。

一、选择并设置组合图形

选中数据表中的数值区域，插入组合图形，将浏览量设置为簇状柱形图，将收藏量设置为折线图和次坐标轴，如图5-8所示。

笔记：

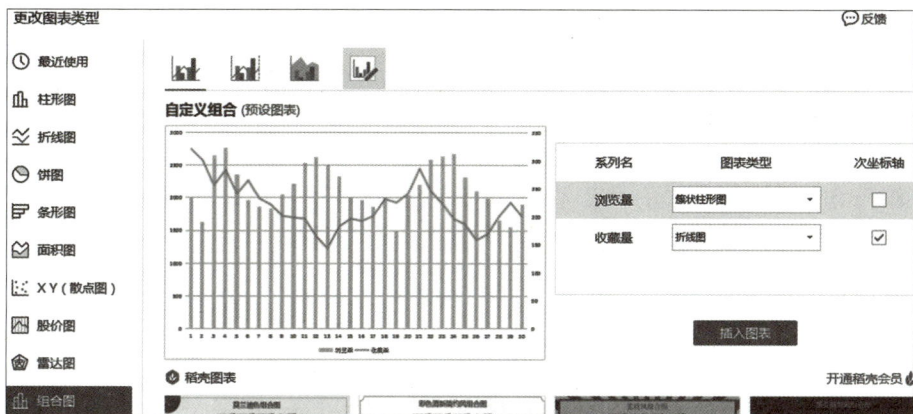

图5-8 设置浏览量、收藏量组合图形

二、组合图形处理与分析

初步制作好的浏览量、收藏量组合图形如图5-9所示，对组合图形进行处理，包括添加标题、数据标签等，完成后进行客户浏览量与收藏量分析。

思考：

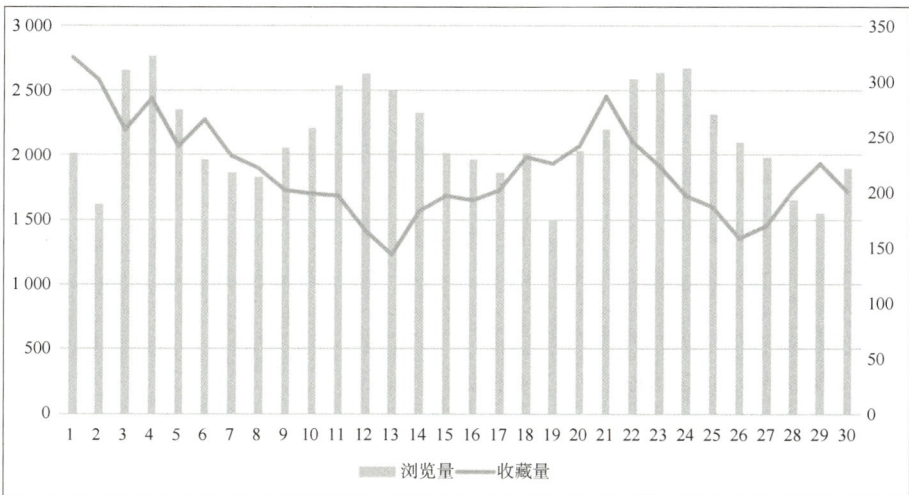

图5-9 初步制作好的浏览量、收藏量组合图形

三、客户入口页面分析

选中所有数据区域并插入数据透视表，制作客户入口页面数据透视图表。制作后的效果如图 5-10 所示。

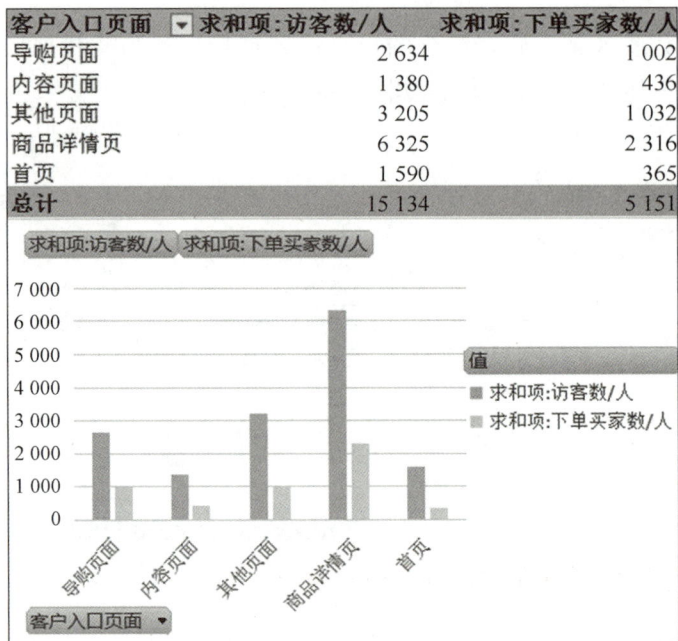

图 5-10　客户入口页面数据透视图表

为了优化显示效果，需要选中数据透视图，将其图表类型重新设置为：堆积条形图。完成后的效果如图 5-11 所示。

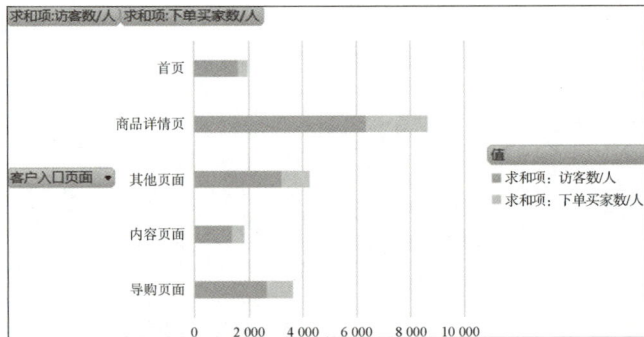

图 5-11　调整后的客户入口页面数据透视图

完成上述操作后，根据图表分析客户入口页面。

四、客户店内路径分析

通过制作的数据透视图，能够看出客户最主要的入口页面是商品详情页，因此小商选择针对商品详情页对客户店内路径展开分析。

1. 详情页客户来源路径分析

详情页客户来源路径如图 5-12 所示。

2. 详情页客户去向分析

图 5-13 所示是该企业详情页的客户去向路径表，据此分析详情页客户去向路径。

店内路径					
店铺导购页面	店铺内容页面	首页	商品详情页	店铺详情页	店铺其他页
访客数/人1 804	访客数/人232	访客数/人1 523	访客数/人6 352	访客数/人365	访客数/人63
占比17.45%	占比2.24%	占比14.73%	占比61.44%	占比3.53%	占比0.61%

来源	访客数/人	访客数占比
店铺导购页面	1 727	19.66%
店铺内容页面	211	2.40%
首页	932	10.61%
商品详情页	3 021	34.40%
店铺详情页	261	2.97%
店铺其他来源	2 631	29.96%

图 5-12　企业详情页客户来源路径

去向	访客数/人	访客数占比	支付金额/元	支付金额占比
导购页面	1 321	15.04%	21 023	26.45%
内容页面	100	1.14%	1 103	1.39%
首页	831	9.46%	9 512	11.97%
商品详情页	3 315	37.74%	43 654	54.92%
详情页	227	2.58%	4 201	5.28%
离开店铺	2 989	34.03%	0	0%

图 5-13　企业详情页客户去向路径

任务 4　预警客户行为数据异常值

【任务工单 5-5】

预警客户行为数据异常值任务工单

任务名称	预警客户行为数据异常值
任务情景	异常数据跟踪监控与处理是客户行为数据分析的常规工作。可以采用合法合规的监控方式，根据业务目的选用需要重点监控的数据指标，明确指标数据异常波动的范围，及时分析异常原因并进行优化
任务目标	能按照异常数据鉴别的流程分析客户浏览与收藏行为是否存在异常，并找出数据量偏高（低）的时间段，鉴别异常数据，完成监控报表制作与分析，对相关数据及时预警
任务要求	能独立制作异常值预警图表，能合作完成预警分析

任务名称	预警客户行为数据异常值
任务思考	通过客户行为数据监控发现异常数据之后如何预警？导致异常数据的原因可能有哪些？可以从哪些方面改进
子任务 1：制作数据监控方案	请填写下列监控方案表
子任务 2：制作异常数据图表	使用数据图表展示异常值
子任务 3：分析并预警异常数据	1. 制作异常数据分析图表。 2. 向汇报对象和业务部门发出预警信息
任务总结	小组派代表上台汇报发言，总结归纳掌握的知识和技能

其中子任务1的监控方案表：

客户行为数据监控目标	
客户行为数据监控指标	
监控方式与周期	
数据异常波动范围	

小商在可视化图表制作完成之后，发现客户行为数据还需要进行突出呈现，尤其是在日后的数据分析岗位工作中还需要后续跟进。请你和小商一起来理顺客户行为数据中需要重点跟踪关注的数据指标，以及目前表现异常的数据，做重点预警提示。

Step 1：确定监控方案。

小商的数据分析工作主要围绕着分析客户浏览与收藏行为是否存在异常，找出数据量偏高（低）的时间段，下单情况异常数据，那么监控指标为浏览量、收藏量、下单数等。

Step 2：制作异常数据图表。

根据工作任务目标，使用数据图表展示浏览量和收藏量的最高/低值。操作如下：

（1）在浏览量和收藏量后面，分别新增两列"最大值""最小值"，最大值输入 = IF(B2 = MAX(\$ B \$ 2：\$ B \$ 31),B2,NA( ))，最小值输入 = IF(B2 = MIN(\$ B \$ 2：\$ B \$ 31),B2,NA( ))，计算收藏量的最大值和最小值公式中将 B 替换成 E 即可。得出结果如图 5-14 所示。

（2）选择图表类型，操作如图 5-15 所示。

注意：最大值、最小值都要选择"带数据标记的折线图"，只有这样才会标记出最大值、最小值，如图 5-16 所示。

（3）分别选择最大值、最小值图标，右键选择"数据标签格式"，勾选系列名称，如图 5-17、图 5-18 所示。

（4）针对最大值、最小值再进行颜色、字体大小的调整，结果如图 5-19 所示。

由图 5-19 可知：

该企业 2019 年 9 月浏览量与收藏量整体波动较大，其中浏览量的最大值和最小值分别是2765、1501，差额较大；收藏量的最大值和最小值分别是 321、142，差额较大。

眼神是内心的浮现，言论是行动的表示，内心有活动在外就有表现。

笔记：

	A	B	C	D	E	F	G
1	统计时间	浏览量	最大值	最小值	收藏量	最大值	最小值
2	01/09/2019	2014	#N/A	#N/A	321	321	#N/A
3	02/09/2019	1623	#N/A	#N/A	301	#N/A	#N/A
4	03/09/2019	2654	#N/A	#N/A	256	#N/A	#N/A
5	04/09/2019	2765	2765	#N/A	284	#N/A	#N/A
6	05/09/2019	2354	#N/A	#N/A	241	#N/A	#N/A
7	06/09/2019	1965	#N/A	#N/A	265	#N/A	#N/A
8	07/09/2019	1865	#N/A	#N/A	232	#N/A	#N/A
9	08/09/2019	1835	#N/A	#N/A	221	#N/A	#N/A
10	09/09/2019	2056	#N/A	#N/A	201	#N/A	#N/A
11	10/09/2019	2213	#N/A	#N/A	198	#N/A	#N/A
12	11/09/2019	2541	#N/A	#N/A	196	#N/A	#N/A
13	12/09/2019	2632	#N/A	#N/A	165	#N/A	#N/A
14	13/09/2019	2501	#N/A	#N/A	143	#N/A	143
15	14/09/2019	2333	#N/A	#N/A	182	#N/A	#N/A
16	15/09/2019	2015	#N/A	#N/A	196	#N/A	#N/A
17	16/09/2019	1965	#N/A	#N/A	192	#N/A	#N/A
18	17/09/2019	1865	#N/A	#N/A	201	#N/A	#N/A
19	18/09/2019	2019	#N/A	#N/A	231	#N/A	#N/A
20	19/09/2019	1501	#N/A	1501	225	#N/A	#N/A
21	20/09/2019	2036	#N/A	#N/A	241	#N/A	#N/A
22	21/09/2019	2202	#N/A	#N/A	286	#N/A	#N/A
23	22/09/2019	2593	#N/A	#N/A	245	#N/A	#N/A
24	23/09/2019	2638	#N/A	#N/A	223	#N/A	#N/A
25	24/09/2019	2674	#N/A	#N/A	196	#N/A	#N/A
26	25/09/2019	2322	#N/A	#N/A	186	#N/A	#N/A
27	26/09/2019	2100	#N/A	#N/A	158	#N/A	#N/A
28	27/09/2019	1983	#N/A	#N/A	169	#N/A	#N/A
29	28/09/2019	1654	#N/A	#N/A	201	#N/A	#N/A
30	29/09/2019	1556	#N/A	#N/A	225	#N/A	#N/A
31	30/09/2019	1895	#N/A	#N/A	200	#N/A	#N/A

图 5-14　浏览量、收藏量最大值和最小值

思考：

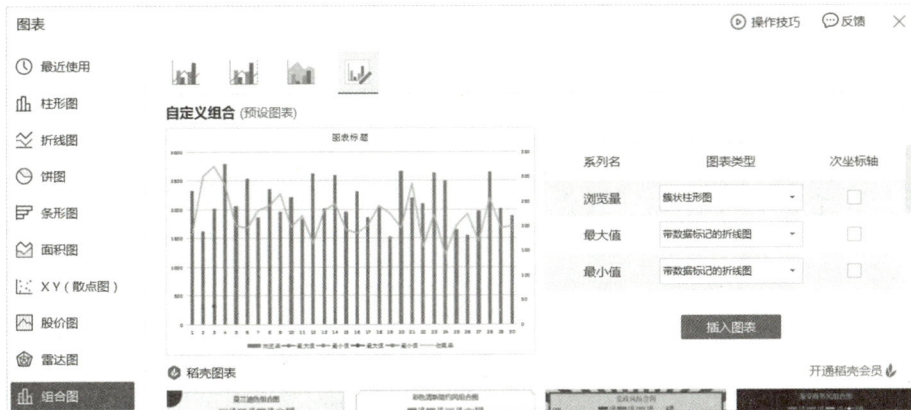

图 5-15　组合图的选择

从月份时间阶段来看，浏览量较高的日期是 3—5 日、11—13 日、22—24 日，但是在这三个时间段中，收藏量较高的日期只有 3—5 日，可见企业 2019 年 9 月收藏转化较好的日期是 3—5 日，相反，在 11—13 日、22—24 日这两个时间段，收藏量偏低，企业需要结合该结果分析这两个时间段收藏转化低的原因。

木受绳则直，金就砺则利，君子博学而日参省乎己，则知明而行无过矣。——《荀子·劝学》

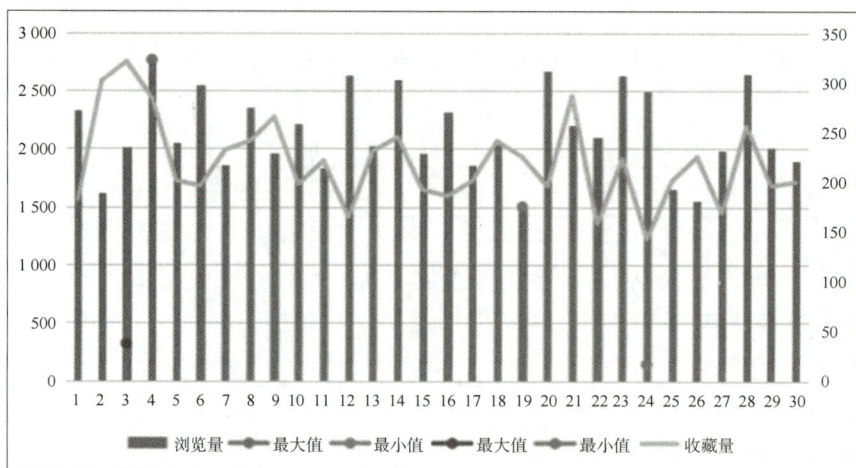

图 5-16　浏览量、收藏量数据显示图

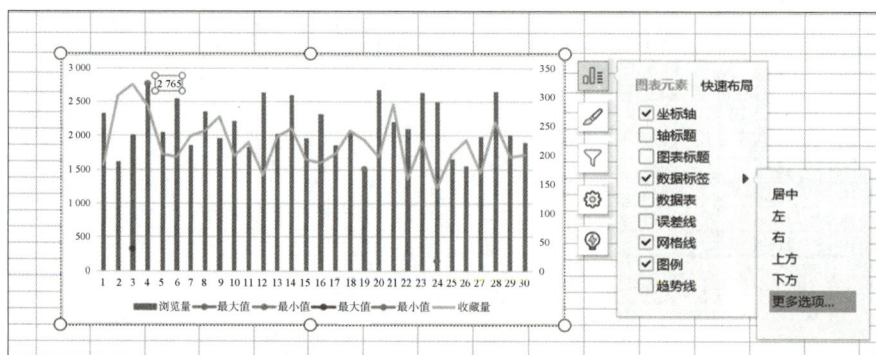

图 5-17　数据标签格式操作图

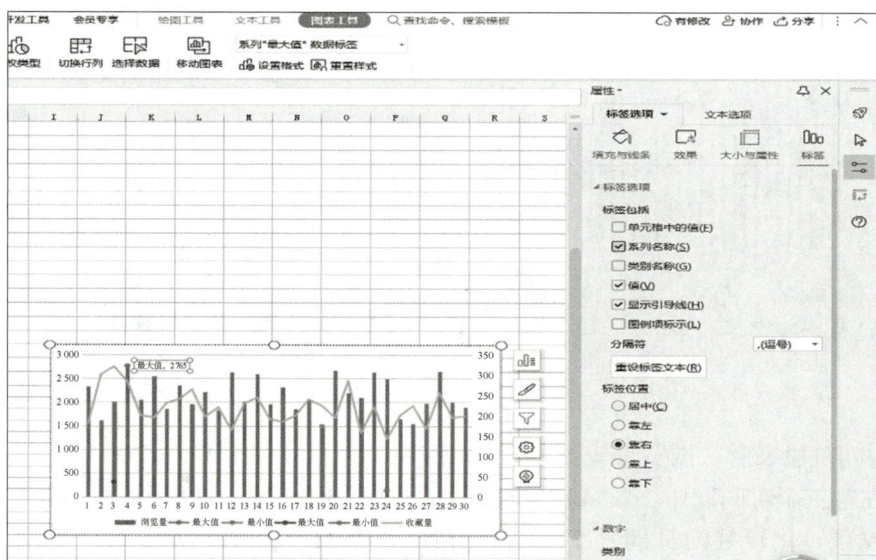

图 5-18　数据标签格式显示图

　　所以，木材经过墨线量过就能笔直，刀剑等金属制品在磨刀石上磨过就能变得锋利，君子广博地学习，而且每天检查反省自己，那么他就会聪明多智，而行为就不会有过错了。

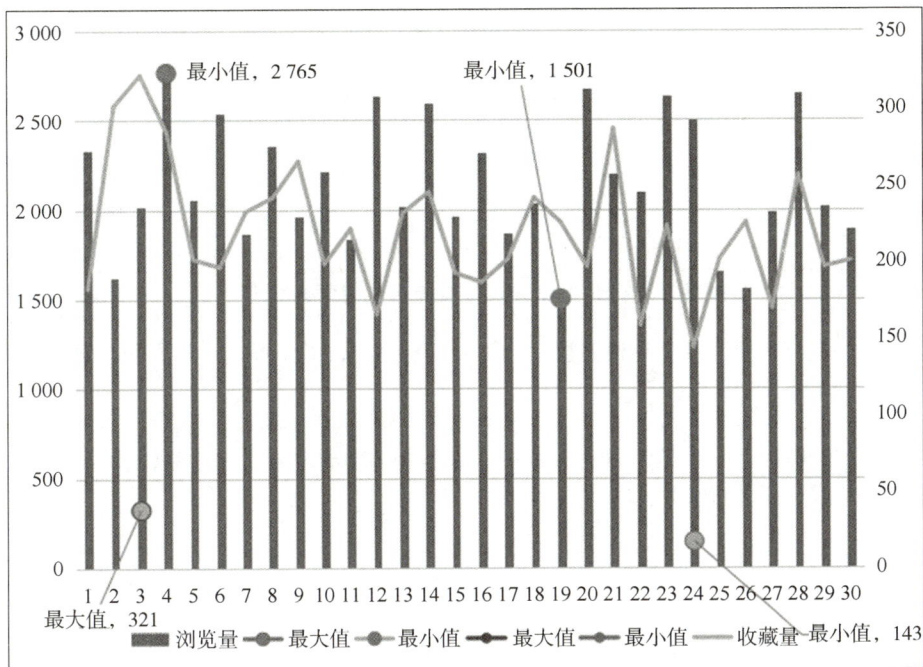

图 5-19 浏览量、收藏量数据显示图

（5）对客户入口做分析，如图 5-20 所示。

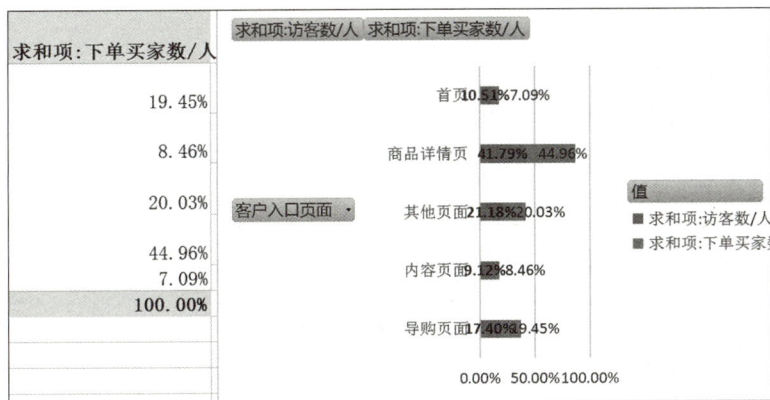

图 5-20 客户入口页面分析图

　　从制作的图中，我们能够看到客户入口分布及相应的比例，很明显，客户选择从详情页进入的比例最大，其中访客数占总访客数比例为 41.79%，下单买家数占总下单买家数比例为 44.96%。可见客户选择该企业的产品详情页作为主要入口。反观从内容页面和首页进入详情页的访客的数量和下单买家数都很少。

　　该企业商品详情页的访客情况：详情页访客主要来源于店铺导购页面、商品详情页和店外其他来源（店铺导购页面访客占比 19.66%；店外其他来

人非人不济，马非马不走，土非土不高，水非水不流。——《大戴礼记·曾子制言上》

源中访客占比29.96%；商品详情页中访客占比34.40%）。此外，从店铺内容页面和店铺详情页到商品详情页的客户很少。

任务5　撰写客户行为数据分析报告与优化商业行为

【任务工单5-6】

客户行为数据分析报告与优化运营方案任务工单

任务名称	撰写客户行为数据分析报告与优化运营方案
任务情景	对客户行为进行了关键指标和相关指标的图表分析之后，需要形成一份主题型分析报告，继而向相关人员做出汇报
任务目标	掌握客户行为数据分析报告的标题、结构、正文等内容的确定方法；能根据分析报告的阅读对象确定报告内容和侧重点
任务要求	能合作完成一份数据分析报告。
任务思考	分析报告中不同的阅读对象，偏向有什么不一样？报告的标题如何体现报告的重点和主要内容？报告主送对象、抄送对象分别考虑哪些人？
子任务1：设计报告结构	1. 按"总—分—总"的形式设计这份报告，怎么安排内容？ 2. 设计分析报告的结构
子任务2：撰写分析报告	1. 撰写报告的标题页、目录页和前言页。 2. 撰写正文，展现关键指标与异常指标的数据图表，表述规范。 3. 撰写结尾，有总体分析结论，能针对关键指标和异常指标数据提出优化方案，对经营中的商业行为提出优化建议
任务总结	通过完成以上任务，学会的知识和技能有哪些
扫描二维码下载资料	PPT：数据分析报告通用模版　　微课：撰写数据分析报告

商务数据分析的目的是优化业务运营效果，分析要紧密结合业务情况来开展。小商在完成上述几项工作之后，需要将相关图表和分析进行整合，制作成报告汇报给主管。请和小商一起，完成客户数据分析的专题报告，报告中需要对业务运营方案提出优化建议。完成这个任务后，小商准备将报告主送主管，抄送给相关业务部门。把你做的分析报告上传到在线开放班级，和大家一起交流提高吧！

一个人没有别人的帮助，就不可能成功；一匹马没有别的马竞争，就不会快跑；筑土成台而没有土，土台便高不起来；一泓池水，没有别的水相激荡，便成死水而流不起来。

项目三　客户数据分析 1+X 技能考证训练

以下任务涉及的数据及背景来自电商数据分析 1+X 技能考证培训题库。跟着任务工单要求进行练习，不仅有助于 1+X 取证，还能提升职业岗位工作能力！完成以下任务所需的数据源、参考答案等内容请通过相关二维码下载。

任务1　分析客户分类

【任务工单5-7】

分析客户分类任务工单

任务名称	分析客户分类
任务情景	进行客户分类除了能够帮助企业实现客户的识别和分类管理外，也能够指导企业优化资源配置和营销策略，使企业实现以客户为中心的个性化、精准化营销。某企业近日将迎来店庆活动，为感谢老客户多年的信任与支持，企业负责人计划举办一场回馈老客户的活动，在回馈老客户的同时增强客户黏性。运营部门经理安排小李对客户进行分类，从中筛选出老客户并制定匹配的回馈策略
任务目标	能从客户分类中筛选出老客户；能将符合条件的客户划归到老客户类型中，并明确对应的回馈策略
任务要求	能独立完成客户分类，能合作完成一份数据分析报告
任务思考	老客户的基本含义是什么？老客户的维护和新客户的开发，哪个处于优先级别？
子任务1： 分析客户交易数据	1. 使用数据透视表对客户交易金额进行计算； 2. 使用数据透视表对客户交易次数进行计算
子任务2： 筛选老客户数据	1. 将交易次数大于1次的客户数据重新建表； 2. 老客户统计表中包含的字段要有名称、成交次数和成交金额
子任务3： 制定老客户回馈策略	1. 哪些措施是对老客户的优待？ 2. 如何让老客户成为忠诚客户
任务总结	通过完成以上任务，学会的知识和技能有哪些
扫描二维码 下载资料	数据源：客户分类分析练习用表　　客户分类分析操作参考

天下有道，则礼乐征伐自天子出；天下无道，则礼乐征伐自诸侯出。——《论语·季氏》

任务 2　分析消费者画像

【任务工单 5-8】

分析消费者画像任务工单

任务名称	分析消费者画像
任务情景	洞察企业消费者画像，能够帮助企业实现精准营销，使企业可以针对不同人群制定差异化的运营策略。某电子商务企业打算在近期举办一场营销活动以推出新品。为顺利推出新产品并取得优质的营销效果，该企业负责人安排员工小宁对企业客户的特征进行整体分析并绘制客户画像，为企业精准营销提供基础
任务目标	掌握消费者画像涉及的分析维度
任务要求	能独立完成子任务，能合作完成一份数据分析报告
任务思考	消费者画像包括哪些特征和属性
子任务 1： 分析消费者特征	1. 计算出消费者所在地域数据和性别数据； 2. 对客户地域和性别数据使用饼图可视化分析； 3. 分析客户特征数据
子任务 2： 分析产品和价格偏好	1. 使用数据透视表定义产品名称； 2. 使用数据透视表中的求平均值来计算产品价格； 3. 插入组合图形，将产品价格设置为折线图，设为次坐标轴
子任务 3： 分析消费者年龄	1. 对消费者年龄按 1~18 岁、18~25 岁、25~30 岁、30~35 岁、35~40 岁、40~45 岁、50 岁及以上进行分组； 2. 使用 vlookup 函数进行分组； 3. 使用柱状图对数据进行可视化分析
子任务 3： 分析消费者客户端	1. 使用数据透视表求和，计算客户端数据； 2. 使用饼图对数据进行可视化
子任务 4： 分析消费者职业	1. 使用数据透视表对客户职业类别进行计算； 2. 使用柱状图对数据进行可视化分析
子任务 5： 绘制消费者画像	1. 新建数据表，列字段包括标签、客户画像、标签类型；行字段包括地域、性别、年龄、价格偏好、产品偏好、客户端、职业； 2. 处理表格数据

　　天下有道的时候，制作礼乐和出兵打仗都由天子做主决定；天下无道的时候，制作礼乐和出兵打仗，由诸侯做主决定。

续表

任务名称	分析消费者画像
子任务6： 提出消费者营销策略	1. 分析消费者画像； 2. 根据消费者偏好提出精准营销活动策略
任务总结	通过完成以上任务，学会的知识和技能有哪些
扫描二维码 下载资料	 微课：消费者画像分析 　　　　　 数据源：消费者画像　　　消费者画像 分析练习用表　　　　　　分析操作参考

任务3　分析客户价值

【任务工单5-9】

分析客户价值任务工单

任务名称	分析客户价值
任务情景	客户忠诚度是客户在企业长期重复购买的程度。客户忠诚度分析的目的是检验企业客户忠诚度管理的成果，并及时优化客户忠诚度管理办法。电子商务企业通过提高客户忠诚度，能够在一定程度上减少客户流失，取得更高的销量和利润。某电子商务企业发现近三个月的客户忠诚度有所下降，首要的表现是客户的重复购买率呈下降趋势，为了核实客户忠诚度下降的程度并及时优化客户忠诚度管理办法，部门经理安排数据分析师小商对企业客户忠诚度进行分析，了解目前企业的客户忠诚度情况并进行优化
任务目标	能计算客户购买频次和客户重复购买率；掌握购买频次、重复购买率和忠诚度的关系，能根据忠诚度情况提出相应的管理优化策略

君子耻不修，不耻见污；耻不信，不耻不见信；耻不能，不耻不见用。——《荀子·非十二子》

续表

任务名称	分析客户价值
任务要求	能独立完成子任务；能合作完成一份数据分析报告
任务思考	企业通过什么方式能够提升客户忠诚度
子任务 1：分析客户购买频次	1. 使用数据透视表定义用户名； 2. 插入数据透视图； 3. 新建客户购买频次表，列字段为客户总数量、详情，行字段分别为排名第一到第四的客户及频次
子任务 2：分析客户重复购买率	1. 通过数据透视表筛选购买频数大于或等于 2 的数据，整理成新表； 2. 将新表数据整理成行字段为客户总数量、重复购买客户数、客户重复购买率的数据
子任务 3：分析客户忠诚度数据	对以上数据进行分析，客户购买频次高的、重复购买率高的即为忠诚度客户，用文字描述分析结果
任务总结	通过完成以上任务，学会的知识和技能有哪些
扫描二维码下载资料	数据源：客户价值分析练习用表　　　客户价值分析操作参考 微课：客户价值分析

【职业素养园地】

1. 正面思维修养

正面思维能让我们看事物更积极，有利于保持良好情绪和健康心态。正面思维是指人在处理事情时以积极、主动、乐观的态度去思考和行动，并促使事物朝着有利的方向转化。正面思维能使人在逆境中更加坚强，在顺境中脱颖而出，将形势变得更有利，实现从优秀到卓越。

要养成正面思维，我们可以从三个方面来做。一是在任何情况下都要看到自己的正面优势和潜力，哪怕遭遇挫折失败也能充满必胜的信念；二是看到别人的正面优势，见贤而思齐，多

君子以不修德行为耻辱，不以发现不足为耻；以缺乏诚信为耻，而不以不被信任为耻；以缺乏才干为耻，而不以不被重用为耻。

赞扬别人的正面也能赢得好感和尊重，有利于拓宽自己的成长道路；三是看到外部环境的正面，当上帝关上一扇门时可能是为了更好地开启一扇窗，不管处于什么样的环境中都要看到光明的一面，保持乐观的心态。

《学会正面思维》认为成功有顺序，首先是思维的成功，然后是做法的奏效，最后才是功劳簿的记载，而正面思维就是成功的源头。数据分析工作者接触的业务部门多，也要向不同的人汇报，并提出意见和建议，与形形色色的人物打交道，遇到"恶"人该怎么办？如何在恶劣的环境中用生存和发展来证明自己的能力？实际上，职场中的"恶"人能让拥有正面思维的你变得更加充满希望与自信，如果职场中处理糟糕的事情都可以用积极乐观的态度去思考和行动，那么你一定能促使事物朝着有利的方向转化。

2. 劳动素质修养

从事数据分析工作，尤其是涉及客户信息的数据分析，一定要有"三心"：细心、耐心和静心。数据分析是一个循环迭代的过程，所以一定要有耐心，不怕麻烦。同时，大量的客户信息数据，需要辨别、分类、总结和归纳等，需要足够细心。在耐心和细心中，能静下心来不断去改进自己的分析思路。整个过程都需要融入"三心"，才能将数据分析结果尽可能地表达准确。

3. 道德修养

大数据时代，对于普通客户来讲，他们对所谓隐私安全、信息安全的忧虑其实已经很难自行缓解了。在对客户数据分析运用的过程中，企业和分析者都应该明确数据属性和数据用途。对于企业不经常用但涉及客户会员隐私的信息要严格保密，如姓名、身份证号、手机、邮箱、工作单位、家庭住址、车牌号码等基础信息。这些信息对于企业研究消费者的消费习惯、社交网络、市场偏好、产品研发、服务运营等来讲，意义并不直接，但对于客户来说，它们却是最为重要的，需严格加密。

企业努力去获取并分析客户的消费习惯、交易行为、社会网络、产品偏好等数据，用以改善自己的运营服务、产品供给、定价策略，这也是企业市场竞争力的表现。然而生活在互联网时代的人们已经被各种营销短信、欺诈电话困扰很长时间了。这种困局的出现，不管是企业自主还是被不法分子盗用，都是在随意、滥用客户的隐私信息，是对客户人身、财产、安全的一种不道德的践踏行为。所以，作为数据分析人员，我们要自觉地保护客户的联系方式，在征得客户同意的情况下才能将客户感兴趣的活动资讯进行推送。

【模块检测】

一、单选题

1. 随着企业经营理念的转变，（　　　）的经营理念越来越受到商家的推崇，客户个性化的需求分析越来越受到商家的关注。

A. 个性定制　　　　　　　　　　　B. 以客户为中心

笔记：

思考：

　　C. 关注有价值的客户　　　　　　　　D. 客户分类

　　2. （　　）有利于商家进一步了解客户的得失率和客户的动态信息。

　　A. 客户分析指标　　B. 客户活跃指标　　C. 客户流失指标　　D. 客户留存指标

　　3. （　　）是指某一时间节点的全体客户在某特定的时间周期内消费过的客户比率，其中时间周期可以是天、周、月、季、年等。

　　A. 客户回购率　　　B. 有价值的客户数　C. 客户留存率　　　D. 活跃客户数

　　4. （　　）回访客户数/新增客户数×100%

　　A. 客户回购率　　　B. 有价值的客户数　C. 客户留存率　　　D. 客户流失率

　　5. 活跃客户是相对于（　　）的一个概念，是指那些会时不时地光顾店铺，并为店铺带来一定价值的客户。

　　A. 潜在客户　　　　B. 流失客户　　　　C. 忠诚客户　　　　D. 回头客户

二、判断题

　　1. 对于那些浏览了店铺商品却没有购买商品的客户，虽然他们给店铺带来的价值小，但是对于客户分析也很重要。　　　　　　　　　　　　　　　　　　　　　　　　　　　（　　）

　　2. 利用客户数据信息，商家可以了解到每一个客户的购买行为，通过对这些客户行为的分析可以了解客户的真正需求。　　　　　　　　　　　　　　　　　　　　　　　　（　　）

　　3. 商家进行客户分析后，可以通过主观判断和经验来进行决策。　　　　　　　（　　）

　　4. 对商家有重要贡献度的客户。也就是商家最想保持的客户。这些客户的清单应该发放到企业的各个分支机构，以便这些客户能享受到企业的优惠产品和服务。　　　　　　（　　）

　　5. 对客户的购买行为特征进行分析，目的是了解客户购买行为、购买喜好。　　（　　）

三、案例解析题

　　在电子商务运营过程中，当买家在访问过程中产生疑问时，会通过通信工具（如阿里旺旺）与客服交流。如果客服解决了买家的相关问题，有一部分买家就会选择购买商品。在此过程中，客服的响应速度、咨询转化率会影响整个电商平台的销售额。

　　1. 咨询转化率除了影响电商平台销售额外，还在哪些方面对电商平台有影响？

　　2. 请根据表5-1的数据，完成该店铺各时期的旺旺咨询转化率的计算。

　　注：旺旺咨询转化率是指通过阿里旺旺咨询客服成交的人数与咨询总人数的比值。

$$旺旺咨询率 = （旺旺咨询人数÷访客数）×100\%$$

$$旺旺咨询转化率 = （旺旺咨询成交人数÷旺旺咨询总人数）×100\%$$

表 5-1　店铺的旺旺咨询情况

日期	浏览量/次	访客数/人	访问深度	旺旺咨询成交人数/人	旺旺咨询率/%
2019.09.25	2 399	610	2.34	35	36.22
2019.09.24	1 999	553	1.89	21	29.13
2019.09.18	2 039	400	1.62	13	25.75
周日均值	2 142	571	1.75	22	29.56

　　3. 结合以上数据，总结一下访问深度和咨询率、咨询转化率之间的关系。

　　所以，凡事能从难处做起，就一定能够实现自己的愿望，没听说过想实现自己的愿望，而回避困难的。

【学习任务评价】

1. 本模块学习情况自查

序号	学习情况	自查			
1	本模块主题是否已明确	（　）是		（　）否	
2	本模块中的单元视频是否观看完成	（　）是		（　）否	
3	模块检测是否完成	（　）是		（　）否	
4	模块检测完成后，是否核对过参考答案？错误之处是否更正	（　）是		（　）否	
5	1+X 技能考证训练是否能顺利完成	（　）是		（　）否	
6	1+X 技能考证训练完成后，是否核对过参考答案？错误之处是否更正	（　）是		（　）否	
7	职业素养中，你的答案是否符合社会主义核心价值观？是否符合社会公序良俗	（　）是		（　）否	
8	如果你理想中完美的学习状态是 100 分，你对在本模块的学习状态打多少分	（　　　）分			
9	如果改进某些行为能让自己获得理想的 100 分，那么是哪些学习行为需要改进呢				

说明：

1. 如果在上述问题的回答中，第 1、2、3、4 项为"是"，那么本模块学习达到"合格"状态；
2. 如果在上述问题的回答中，第 1、2、3、4、5、6 项为"是"，那么本模块学习达到"良好"状态；
3. 如果在上述问题的回答中，第 1、2、3、4、5、6、7 项为"是"，那么本模块学习达到"优秀"状态；
4. 如果在上述问题的回答中，第 1、2、3、4、5、6、7 项为"是"，并且对第 8、9 项做出思考之后有明确的答案，那么，你是一个"具有潜力的优秀学生"

2. 本模块学习情况复盘

序号	复盘问题
1	模块主题是什么？与店铺运营有什么关系
2	在本模块中，你学会了什么
3	通过模块检测，发现哪些知识点掌握得好、哪些掌握得不够好
4	你的答案与参考答案的差异有哪些？你认为哪个更好？理由是什么
5	1+X 考证题来自 1+X 电商技能题库，你是否能顺利完成这些题目？遇到的困难是什么？如何解决的
6	针对 1+X 技能考证训练，你是否核对过参考答案？你认为哪个更好？理由是什么
7	职业素质修养永远在路上，你是否得到启发？你找到那个提高修养的答案了吗
发现差距后，有思考、有行动，就有进步。祝愿你距离心中更好的自己越来越近	

君子不镜于水，而镜于人。镜于水，见面之容；镜于人，则知吉与凶。——《墨子·公输》

3. 本模块学习任务评价

评价内容	评价方式			评价等级
	自评	小组评议	教师评议	
素养目标				
能力目标				
知识目标				
学习重点				
学习难点				
说明：评价等级分为三级，A 级表示充分掌握，B 级表示一般掌握，C 级表示基本不会				

【学习总结】

请把对本模块的学习总结记录如下：

君子不以水为镜子，而以别人为镜子对照检查自己；以水为镜，只能看到自己的美与丑，以人为镜，才能知道心灵的善与恶。

模块六
商品数据分析与商业行为优化

【学习目标】

素质目标：具有数据敏感性，善于用数据思考和分析问题；能够在商品数据分析过程中坚持正确的道德观；具备法律意识，遵守商家数据保密、知识产权、反不正当竞争等相关法律法规，养成责任意识和服务意识。

知识目标：了解商品数据及其分析的基本含义、关键指标；掌握商品数据分析的维度和分析方法。

能力目标：能制定商品数据分析方案；能正确采集与预处理商品数据；能创建合适的可视化图表并预警异常值；能合作完成商品数据分析报告并提出商业行为优化建议。

【学习重点与难点】

学习重点：商品数据分析岗位技能实战。

学习难点：撰写商品数据分析报告。

模块导图

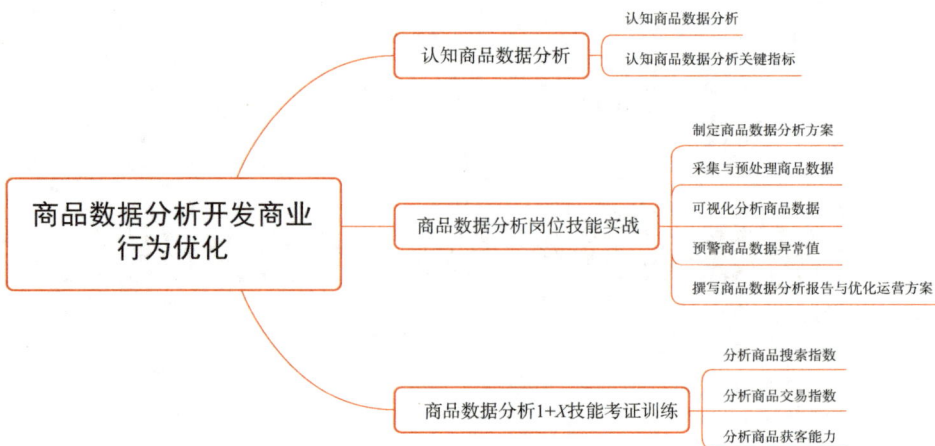

导入案例

沃尔玛的数据生态系统

沃尔玛是世界上最大的零售商，它在大数据还未在行业流行时就开始利用大数据进行数据分析，通过 Hadoop 集群迁移把 10 个不同的网站整合到一个网站上，这样所有生成的非结构化数据被收集到一个新的 Hadoop 集群里。沃尔玛有一个庞大的大数据生态系统。沃尔玛的大数据生态系统每天处理多个 TB 级的新数据和 PB 级的历史数据，其分析涵盖了数以百万计的商品数据和不同来源的数亿客户。沃尔玛的分析系统每天分析接近 1 亿个关键词，从而优化每个关键词的对应搜索结果。

沃尔玛的地图应用程序利用 Hadoop 来维护全球 1 000 多家沃尔玛商店的最新地图，这些地图能够给出沃尔玛商店里一小块肥皂的精确位置。沃尔玛还利用 adoop 数据进行价格捕捉——只要周边竞争对手降低了客户已经购买的商品的价格，应用程序就会提醒客户并向客户发送一个礼券以补偿差价。

沃尔玛使用数据挖掘技术来向用户提供商品推荐。通过数据挖掘技术，沃尔玛可以掌握哪些商品捆绑销售更受欢迎的信息，进而把这些商品信息推荐给用户。有效的数据挖掘大大提高了沃尔玛的客户转化率。

大数据在以下这些方面帮助沃尔玛提高了销售量。

（1）帮助推出新商品。沃尔玛利用社交媒体数据发现热门商品，这些热门商品会被引进到世界各地的沃尔玛商店。例如，当沃尔玛通过分析社交媒体数据发现了热搜词"蛋糕棒棒糖"时，便会迅速做出反应——蛋糕、棒棒糖很快就在各个沃尔玛商店上架。

（2）利用预测分析技术，优化商品送货政策。沃尔玛利用预测分析，提高了在线订单免费送货的最低金额。最新的沃尔玛送货政策将免运费的最低金额从 45 美元调高到 50 美元，同时还增加了几个新商品，以提升顾客的购物体验。

（3）提供个性化定制建议。该行为与谷歌相似，只是谷歌通过跟踪用户浏览行为来量身定制广告，而沃尔玛基于用户购买历史，通过大数据算法分析用户信用卡购买行为，从而向其提供专业建议。

但凡治理国家的方法，必须首先使百姓富裕起来。百姓富裕就容易治理，百姓贫穷就难以治理。

案例思考：

1. 沃尔玛是如何利用大数据进行商品优化的？
2. 大数据对沃尔玛增加销售量起到了哪些作用？

项目一　认知商品数据分析

小商在完成了数据分析前期准备工作之后，公司安排他进行商品业务板块的数据分析工作。请你随着小商的任务工单一起开始成长之旅吧！

【任务工单 6-1】

认知商品数据分析任务工单

任务名称	认知商品数据分析
任务情景	公司安排小商完成商品数据分析岗位基础技能认知任务
任务目标	了解商品数据分析相关知识，理解商品数据分析的重点，掌握商品数据分析关键指标
项目要求	能根据具体情况选择合适的指标对商品进行分析
任务思考	为什么电商企业要进行商品数据分析
任务 1：认知商品数据分析	1. 商品数据分析的基本含义是什么？ 2. 商品数据分析的内容有哪些
任务 2：认知商品数据分析关键指标	1. 商品新客点击量的含义是什么？ 2. 商品复购率指标计算公式是什么？ 3. 客单件指标计算公式是什么？ 4. 毛利率指标计算公式是什么？ 5. 动销率指标计算公式是什么
拓展任务：提升商品运营效果	提高商品获客能力的方法有哪些
任务总结	小组派代表上台汇报发言，总结归纳掌握的知识和技能
扫描二维码下载资料	微课：认知商品数据分析 拓展资源： 微课：商品 SKU 分析　　微课：商品竞争能力分析

笔记：

思考：

任务1 认知商品数据分析

一、商品数据分析的基本含义

商品数据是围绕企业商品产生的相关数据，包括商品行业数据和商品能力数据两部分内容。具体来看，商品行业数据是指商品在整个市场环境下的相关数据，如行业商品搜索指数、行业商品交易指数等。商品能力主要包括商品获客能力、商品盈利能力两大类，它是企业制定商品组合决策的基础。

商品数据分析是指通过对商品在流通运作中各项指标的统计与分析，来判断商品在其生命周期中所处阶段，指导商品的结构调整、价格升降，决定各类商品的库存系数以及引进和淘汰，并对后期商品的演进进行合理的规划。通常在商品探索阶段可以通过数据分析指导商品的定位；在商品需求阶段可以通过数据分析对用户的需求去伪存真；在商品运营阶段可以通过数据分析验证商品的功能价值，并寻求商品的迭代方向。商品数据分析直接影响到店铺的经营效益，关系到采购、物流和运营等多个部门的有效运作。

二、商品数据分析的内容

对商品数据进行有针对性的分析，有助于及时调整商品在各环节的运作，改善店铺的营运状况，而不是为分析而分析。商品数据分析的内容主要有以下几个方面。

1. 商品搜索指数分析

商品搜索指数是用户搜索相关商品关键词热度的数据化体现，从侧面反映了用户对商品的关注度和兴趣度。

在进行商品搜索指数分析时，可通过百度指数、360指数或各种电商平台（如生意参谋、京东商智等工具）获取相关搜索指数。指数的数据来源主要依托各自平台的用户搜索行为，同一关键词在不同平台（网站）得到的结果不同，具体操作时需要结合目标定位、广告投放位置等因素。

生意参谋是基于阿里巴巴全域数据，专为淘宝和天猫商家打造的数据分析平台。借助生意参谋，淘宝商家可以在商品上架运营一段时间后，对市场动向做出预判，随时调整策略。在生意参谋"市场"板块中，搜索指数分析主要是从搜索趋势分析和搜索人群分析两个方面入手。搜索趋势分析是从搜索词的搜索人气、搜索热度等方面进行分析。搜索人群分析主要是从搜索人群的属性画像、购买偏好、支付偏好等维度对商品搜索词进行分析。

2. 商品交易指数分析

商品交易指数是商品的总体支付金额进行指数化后的指数类指标。交易指数越高，代表支付金额越高。指数之间的差值不代表实际支付金额的差值，仅代表高低。商品交易指数是商品在平台交易热度的体现，其分析维度主要包括店铺、商品和品牌三大类。

商品交易指数分析主要包括市场排行分析和交易趋势分析两个方面。市场排行分析以日、周或月为时间单位，对店铺、商品对交易指数进行对比分析，对制定店铺运营策略和打造单品爆款有一定参考价值。交易趋势分析主要是查看店铺、商品或品牌在过去一段时间内的交易变化，分析成交量是下滑还是上升，又或者稳定不变的原因。

3. 商品获客能力分析

商品获客能力是对商品为店铺或平台获取新客户的能力的衡量。商品获客能力是电子商务经营活动的关键能力之一，如何付出最小的成本获取最多的新客户，是提升商品获客能力的核心目标。商品获客能力分析主要从商品新客点击量、商品重复购买率两方面分析。

电子商务环境下，流量为王。流量越大，获客机会就越多。提升商品获客能力需从三个关键点切入：千人千面，通过升级个性化用户体验提升获客能力；优化并拓展营销渠道，确保商品接触到更多潜在用户；提升自身价值，打造商品亮点。

4. 商品盈利能力分析

商品盈利能力是指商品为店铺或企业获取利润的能力，研究的是利润与收入和成本之间的比率关系。一般而言，利润相对于收入和资源投入的比例越高，盈利能力越强；比率越低，盈利能力越弱。

在实际分析商品盈利能力时，由于利润额的高低不仅取决于商品的运营，还受到各个时期生产规模和商品结构变化的影响，因此商品盈利能力分析的指标依据企业性质的不同而略有变化。

一般情况下，商品盈利能力分析主要是从商品结构、SKU、客单件和毛利率等方面进行分析。

（1）商品结构分析。

商品结构指一个企业或一个店铺的商品中各类商品的比例关系。分析商品结构，可以使其更加完善和合理化，从而有效提升商品销量。

从商品定位角度来讲，主要分析的是商品的定位是否精准、关系是否明确、与目标客群是否存在差异。根据商品定位，可以把店铺商品结构分为：形象商品、利润商品、常规商品、人气商品、体验商品。

从商品类目角度来讲，主要分析的是同一个商品或者同一家店铺的商品，在不同类目下流量的差异、转化率的差异、销售总体效果的差异等指标，通过对这些指标进行比较分析，从而选择较为有利的类目。根据商品类目，可以将商品结构划分为服装服饰、美妆洗护、母婴玩具、数码家电、生活用品、家居家纺、家装建材等。在电商运营中，各平台略有不同，同时还会继续细分，分设出二级类目甚至三级类目。

对商品结构进行分析通常从两个角度切入：一种是将所有目标商品按常规商品上线销售，一段时间后采集其运营数据，然后通过分析进行结构划分；另一种是商品结构已预先定位完成并已投入运营，一段时间后采集其运营数据，然后通过分析发现异常，调整优化。

商品结构分析应基于真实的运营数据，然后根据不同定位商品的特点，确定合适的分析指标。通常可以从浏览量、人均停留时长、跳出率、支付转化率和收藏量这五个指标进行综合考量。

笔记：

思考：

179

（2）SKU 分析。

SKU 分析是基于单品进行的，通过商品 SKU 分析，可以判断消费者更倾向于哪个颜色、款式、价格等，以帮助企业快速定位商品、了解目标消费人群，有利于挖掘商品的潜力爆款，提升整个店铺的单品转化率。

SKU 分析内容通常包括定价是否合理、商品颜色用户是否喜欢、结构是否合理、营销是否有效，访客行为分析和销售趋势分析等。SKU 分析的维度众多，分析方法也并不唯一，通常情况下，以收藏转化率、加购转化率、支付转化率、支付金额为分析指标。

（3）客单件分析。

店铺的销售额由客单价和客流量共同决定，而客单件则是影响客单价的重要指标。在流量相同的前提下，客单件越多，客单价越高，销售额也就越高。提升客单件的主要途径在于尽可能地唤起顾客的购买欲望，包括商品组合多元化、关联推荐、促销活动和推销技巧等。

（4）毛利率分析。

影响商品毛利率的因素本质上有商品的销售成本和商品的销售收入。因此，对商品毛利率的分析应从商品销售成本和商品销售收入这两个方面展开。

销售成本包括商品的生产成本、运输成本、仓储成本、包装成本、推广成本和人力成本等。成本越高，利润越低。企业在公平竞争条件下，应尽量控制成本。成本分析是基于各类成本相加基础上的分析。在电商领域，除去采购成本外，考虑如何有效摊薄仓储物流方面的费用，是节约成本开支的重要途径。

影响商品销售收入的因素主要包括商品销售单价和销售数量。商品销售数量的变化对毛利率有直接影响，在商品进销价格不变的情况下，销售数量越大，毛利率越高，成正比关系。同理，销售单价与毛利率也成正比关系，但销售单价并不是越高越好，因此不能简单地追求单价最大化。

5. 商品价格分析

商品价格分析是指根据营销目标、商品定位和商品成本分析影响商品定价的内部因素，并根据消费人群、市场需求和竞争对手定价的调查结果分析影响商品定价的外部因素，恰当地运用各种定价策略实现商品价格的确定。

6. 商品库存分析

商品库存分析是指对各类商品的库存量、存销比、周转率、毛利率、交叉率、动销率等进行分析，使经营者全面了解商品的库存动态情况，及时调整各类商品的库存系数，均衡商品库存比例，及时制定相应的经营政策。

7. 商品生命周期分析

商品生命周期（Product Life Cycle，PLC），是指商品从进入市场开始，直到最终退出市场为止所经历的市场生命循环过程。一种商品进入市场，它的销售量和利润都会随着时间的推移而改变，呈现一个由少到多，再由多到少的过程，如同人的生命一样，由诞生、成长到成熟，最终走向衰亡，这就是商品的生命周期现象。

所谓商品生命周期，商品只有经过研究开发、试销，然后进入市场，它的市场生命周期才算开始。商品退出市场，则标志着生命周期的结束。商品生命周期是受消费者需求偏好所支配的需求转移的过程。它和企业制定营销策略有着直接的联系。

典型的商品生命周期各阶段的划分以销售量和利润作为一定衡量依据，可分为导入期（投入期）、成长期、成熟期（饱和期）和衰退期四个阶段。每个时期都反映出顾客、竞争者、经销商、利润状况等方面的不同特征。

商品生命周期分析主要是根据商品销量和利润等分析商品进入市场所呈现出来的特征，并根据不同特征判断其所处的阶段，以商品各阶段的特征为基点来制定和实施企业的营销策略，以满足需求，赢得长期利润。

了解商品的生命周期，可以从生意参谋市场行情的行业大盘入手，因为行业大盘走势可以反映某个行业最近一年的访客数量变化，从访客数量变化趋势中可以推断出相关商品何时会进入热卖成熟期、何时又会进入衰退期。

8. 商品关联数据分析

关联商品是指同主力商品或辅助商品共同销售的商品。关联商品可以是属性相同或属性相融的商品，也可以是不同属性的商品，只需把这些商品展示在主推商品详情页中进行关联的销售即可。关联订单就是购买这些关联商品所产生的订单。做好店铺的关联销售，简单来说就是通过人气商品带动店铺其他商品的人气、流量、销量，能降低店铺的跳出率，有效把握进入店铺的每个客户，使店铺利益最大化。

店铺商品数据分析，以商品流转的科学性和高效化为目的，追求最合理的商品组合及最大的商品贡献，决定商品和价格策略的变动，这关系到采购、储运和店铺各部门的运作成效，并直接影响到店铺的经营业绩。随着电商行业以资金为核心竞争力的"跑马圈地"时代的结束，商品的分析和管理能力已逐渐成为店铺新的核心竞争力之一，并将直接影响各行业的竞争格局。

三、商品分析的重点

进行有效的商品分析，首先必须确定重点商品。一家店铺经营的商品品类数千甚至上万，以有限的人力很难兼顾，因此，应选择那些直接影响到店铺经管绩效的商品进行重点分析。通常作为重点分析的商品有以下三种。

（1）商品 ABC 分类的 A 类商品。此类商品通常只占店铺经营品类的20%，然而却为公司贡献80%左右的销售额及利润。对此类商品，应加强其在营运各阶段的综合销售及流转信息的收集、分析和评估。

（2）价格敏感商品。此类商品的价格高低直接影响店铺在消费者心中的价格形象，应对此类商品进行重点关注，定期进行价格调整，以免在不知不觉中流失客户。

（3）代理或独家销售的高毛利商品。这类商品由于进价较低，毛利率

笔记：

思考：

相对较高，应定期检核其销售毛利贡献情况，积极促销，使此类商品的毛利在总毛利额中保持较高的比例。

任务2　认知商品分析关键指标

商品数据分析的关键指标有很多，这里重点介绍商品新客点击量、商品复购率、SKU、SPU、客单件、毛利率、动销率，而商品搜索指数、商品交易指数、商品访客数、浏览量、加购件数、收藏次数、跳出率这些指标在前面的章节中已经介绍过，这里不再重复。

一、商品新客点击量

新客点击量是针对首次访问网站或者首次使用网站服务的客户进行的点击量统计，新客点击量越大，说明该商品的获客能力越强，新客户运营效果越好。

新客户的点击量比例大于整体客户流失率，则商品处于发展成长阶段；新客户的点击量比例与整体客户流失率持平，则商品处于成熟稳定阶段；新客户的点击量比例小于整体客户流失率，则商品处于下滑衰退阶段。

二、商品复购率

商品复购率又称商品重复购买率，是针对某时期内产生两次及两次以上购买行为的客户进行的比例统计。任何企业都希望通过降低获客成本来提升商品获客能力，因此该指标的分析越来越引起企业的重视。

计算商品复购率的方法有两种，一是按客户数量计算，计算公式为：

商品复购率＝一定时间内重复购买的客户数量/总客户数×100%

二是按交易次数计算，计算公式为：

商品复购率＝一定时间内客户重复购买的总次数/总客户数×100%

重复购买率越大，客户的忠诚度就越高，该商品的获客能力就越强，反之则越低。一个商品没有重复购买的企业是非常危险的，这意味着所有交易都是一锤子买卖，而所有的客户都是新客户，需要付出更多的获客成本。

三、SKU

SKU（Stock Keeping Unit）即库存量单位，是指商品的销售属性集合，每款商品均对应有唯一的SKU，一款商品多色，则有多个SKU。SKU是库存进出计量的基本单位，可以是以件、盒、条等为单位。比如服装行业，同款、不同尺码、不同色都是独立的SKU，需要有独立的条形码、独立的库存管理等。

四、SPU

SPU（Standard Product Unit）即标准化商品单元，是商品信息聚合的最小单位，是一组可复用、易检索的标准化信息的集合，该集合描述了一个商品的特性。通俗点讲，属性值、特性相同的商品就可以称为一个SPU。例如，华为P40就是一个SPU，Mate40也是一个SPU，这个与商家无关，与颜色、款式、套餐也无关。

五、客单件

客单件是指统计时间内，每一位成交客户平均购买商品的数量，即平均交易量。其计算公式是：

$$客单件 = 交易总件数 / 交易笔数$$

六、毛利率

毛利率是毛利占销售收入（或营业收入）的百分比，其中毛利是销售收入和与销售成本的差额。其计算公式是：

$$毛利率 = 毛利 / 销售收入 \times 100\%$$

$$= （销售收入 - 销售成本） / 销售收入 \times 100\%$$

毛利率反映了成本控制和商品定价有关的问题。影响毛利率大小的因素有销售数量、单价、成本的变动、市场供求变动、成本管理水平、商品结构、行业差别等。

七、动销率

动销率也称动销比，店铺的动销率指店铺有销售的商品的数量与全店铺的商品数量之比。计算公式为：

$$店铺动销率 = 动销品种数 / 仓库总品种数 \times 100\%$$

其中，动销品种数指店铺中所有商品种类中有销售的商品种类总数。动销率反映了进货品种的有效性。动销率越高，有效的进货品种数就越多；反之，则无效的进货品种数相对较多。对动销率的考核一般按照月度进行，主要用来评价店铺经营商品的销售情况，是评价店铺经营结构的贡献效率的指标。

在实际操作中，出于供应链管理的目的，需要了解某一单品的动销情况。在商品销售过程中，特别是在促销的筹备过程中，商家都会对当次促销进行量化的估算，为销售做好充分的准备。但是，并非每一次估算都是准确的，有可能超卖，也有可能低卖，因此就衍生了商品动销率的概念。商品的动销率指的是该商品实际销售的数量与准备的库存之间的比例。

某一商品的动销率的计算公式为：

$$商品动销率 = 该商品实际销售量 / 该商品库存准备量 \times 100\%$$

为了达到分析的商业价值，可以将分析结果进行排序，比如按照动销率从高至低排序。由此，可以非常直观地分辨出来，超卖的商品有哪些，超卖了多少；低卖的商品有哪些，低卖了多少。这样可以让我们了解到未来销售的趋势，以及未来可能需要清理的缓流库存指向。

项目二 商品数据分析岗位技能实战

某店铺要对其商品进行商品结构分析，以打造商品竞争优势、制定有针对性的推广策略，提升数据化运营效果。这项工作交给电商数据分析部门的商品数据分析工作人员小商来完成。主管给他布置了五个任务，让我们随着小商的任务工单开始成长之旅吧！

笔记：

思考：

任务 1 制定商品数据分析方案

【任务工单 6-2】

制定商品数据分析方案任务工单

任务名称	制定商品数据分析方案
任务情景	主管要求小商采集店铺最近一个月的商品数据，分析商品结构，挑选一款最有潜质的商品作为人气商品进行主推，从而提升该商品的推广投入，并指导店铺运营策略调整与优化
任务目标	挑选人气商品，并提出推广和运营策略
任务要求	能合作完成商品数据分析方案的制定
任务思考	需要采集商品哪些数据？什么样的商品可以作为人气商品
子任务 1：明确分析需求	1. 确定商品数据分析的业务需求点。 2. 归类、整理、梳理出可执行的数据需求，确定数据分析目标
子任务 2：明确分析框架	1. 用哪些商品数据分析方法？ 2. 分析思路是什么？如何确定
任务总结	小组派代表上台汇报发言，总结归纳掌握的知识和技能
扫描二维码下载资料	 商务数据分析流程

小商思考之后，开始进行数据分析方案制定工作，步骤如下：

Step 1：明确商品数据分析需求。

分析商品结构，可以帮助企业及时厘清经营思路、监控市场风向、合理安排库存、打造商品竞争优势、制定有针对性的推广策略，从而有效提升商品销量。

在本任务中，商品数据分析主要是针对商品结构进行分析，以此确定人气商品，从而对其进行大力推广，争取打造爆款商品。分析需求的确定需要征求产品开发部门、销售部门、客户管理部门的意见建议，尤其是对前两个部门，要进行深度访谈。从项目的背景资料来看，这次商品数据分析最基本的业务需求有：商品类目数据分析、商品热度数据分析、商品盈利能力等数据分析。

Step 2：确定商品数据分析框架。

要明确哪些分析方法可以更恰当地分析商品数据，以及确定分析的基本思路。

（1）使用矩阵分析法来分析商品热度和盈利能力的数据。

（2）使用结构分析法来分析商品类目数据。

（3）使用对比分析法对商品销售数据进行比较。

（4）使用平均分析法对商品热度数据等进行比较分析。

对于以上方法，可以根据数据情况以及业务熟练程度，选择性地使用在数据具体分析过程中。

任务2 采集与预处理商品数据

【任务工单6-3】

采集与预处理商品数据任务工单

任务名称	采集与预处理商品数据
任务情景	通过采集生意参谋及店铺后台数据，对店铺商品名称及其销售数据进行采集，计算出加购转化率、支付转化率
任务目标	能熟练使用生意参谋或商家后台渠道采集商品数据，能正确计算转化率，能对错误数据进行清洗。采集所有商品的名称及相关数据，计算出加购转化率、支付转化率
任务要求	能独立采集和预处理商品数据
任务思考	店铺商品数据采集时要注意什么
子任务1：制定销售数据采集与处理方案	请填写商品数据采集与处理方案表：<table><tr><td>背景介绍</td><td></td></tr><tr><td>分析目标</td><td></td></tr><tr><td>数据分析指标</td><td></td></tr><tr><td>数据采集渠道及工具</td><td></td></tr></table>
子任务2：确定数据采集关键节点	1. 确定数据采集的时间范围。 2. 请在Excel中创建数据采集表
子任务3：预处理销售数据	更正格式异常的数据、删除重复采集的数据、处理单元格缺失的数据、纠正逻辑错误的数据
任务总结	小组派代表上台汇报发言，总结归纳掌握的知识和技能
扫描二维码下载资料	数据源：商品数据分析练习用表　　　微课：商务数据采集渠道及工具

笔记：

思考：

是故天地不昭昭，大水不潦潦，大火不燎燎，王德不尧尧者，乃千人之长也。——《墨子·亲士》

数据采集和预处理工作是分析数据的前期准备工作，通过采集完整准确的数据和预处理，能让数据分析结果更有效。任务完成的关键操作步骤如下：

Step 1：下载数据表。

小商从店铺的商家数据后台导出了所需数据，如表6-1所示。为便于后期复核，在处理数据前，需将原始数据表备份——可以复制原始数据表，后面的数据处理工作在复制的工作表里进行。

表6-1　店铺商品指标数据原始表

商品名称	访客数/人次	平均停留时长/秒	详情页跳出率/%	商品加购人数/人	支付人数/人
婴儿料理机多功能家用搅拌小型迷你绞肉榨汁研磨器	12 188	226.19	20.40	587	379
迷你小风扇静音办公室宿舍床上便携式USB充电电扇	11 467	114.79	30.46	1 083	310
迷你静音加湿器卧室办公室小容量	8 879	146.62	25.33	475	218
除螨虫神器家用床上吸尘紫外线杀菌机	2 592	94.79	43.46	244	31
家用迷你蒸蛋器小型早餐鸡蛋羹自动断电	17 747	273.30	23.51	1 164	264
家用玻璃电热水壶烧水壶自动断电大容量	11 299	132.33	29.35	591	283
小型迷你宝宝婴儿辅食机升级双头两档可调	11 206	247.80	58.20	1 067	161
烫衣服神器两档可调小型便携式手持电熨	6 143	54.97	47.37	165	133
小型迷你电饼铛家用双面加热煎饼机烙饼锅	4 794	70.93	58.29	442	109
多色不锈钢蒸煮电饭盒便携热饭神器	3 713	214.60	30.20	272	120
电风扇循环扇家用涡轮空气对流扇立体摇头	2 693	47.94	27.39	138	71
家用玻璃电热水壶烧水壶自动断电大容量	11 299	132.33	29.35	591	283
手持挂烫机家用小型电熨斗便携式	2 092	163.29	28.46	186	32
三层可插电蒸煮保温加热饭盒不锈钢电饭盒	1 751	237.48	42.23	149	20
办公室宿舍床上便携式USB充电台灯	0	0	0.00	0	0
养生壶全自动加厚玻璃多功能保温电热烧水壶	1 280	37.34	73.27	29	12
可爱迷你加湿器车载创意大雾量床头便携喷雾器	10 805	248.29	39.47	332	174
电炖锅宝宝煮粥熬粥迷你婴儿辅食机	2 617	184.71	47.62	213	88
邮费补差价	2 520	80.23	19.00	946	590

所以，天地不夸耀自己的明亮，大水不夸耀自己的清澈，大火不夸耀自己的炎烈，有德之君不夸耀自己德行的高远，这样才能做众人的领袖。

Step 2：清洗数据。

（1）删除无效值。点击"数据"｜"筛选"，再点击"访客数"的下拉键，选择"数字筛选"｜"小于或等于"，筛选出原始数据表中为 0 的数据，删除无效数据行。操作如图 6-1 所示。

笔记：

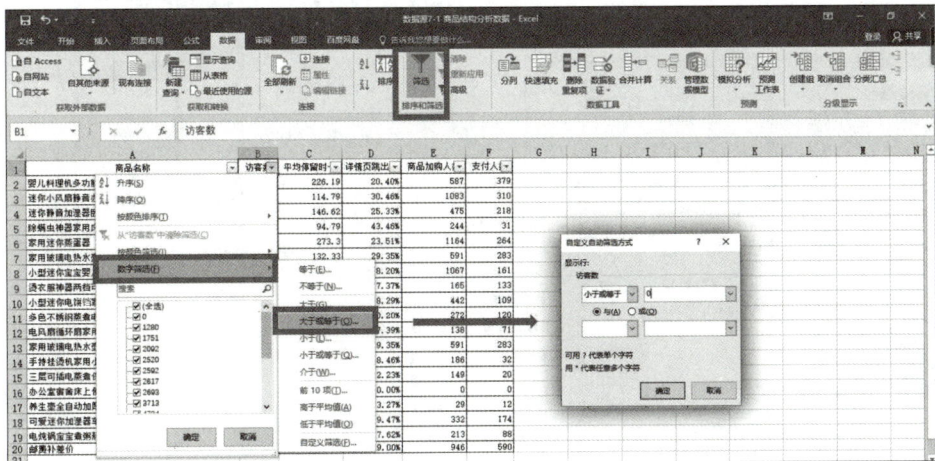

图 6-1　删除无效值

（2）删除重复值。点击"数据"｜"重复项"｜"删除重复项"，在弹出的对话框里点击"删除重复项"即可。操作如图 6-2 所示。

思考：

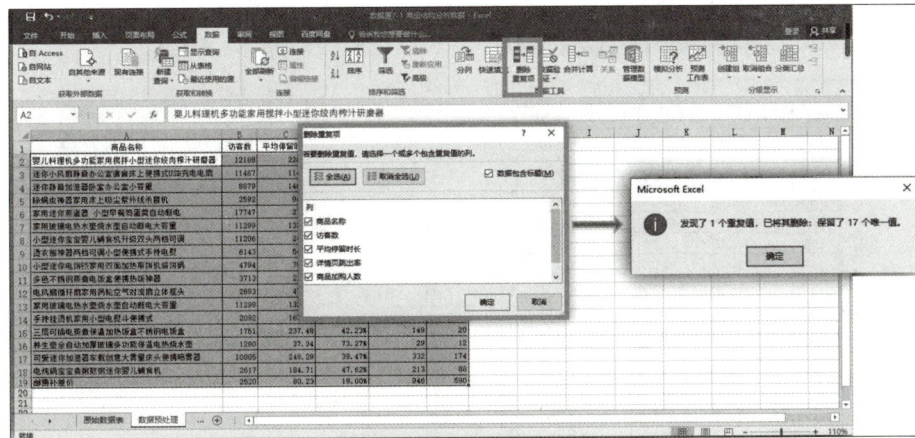

图 6-2　删除重复值

（3）处理空白值。选定所有数据区，点击"开始"｜"查找与选择"｜"定位条件"　"定位"｜"空值"，未发现表格中有空白值。操作如图 6-3 所示。

（4）清洗无价值数据。对于电子商务中的"邮费补差价"不计入商品范畴的数据，属于商品数据无效值，必须进行删除处理。点击"数据"｜"筛选"｜"商品名称"的下拉键，只选择不在范围的"邮费补差价"，筛选出无价值数据。选中"筛选"出的"邮费"数据行，然后单击右键"删除"。操作如图 6-4 所示。

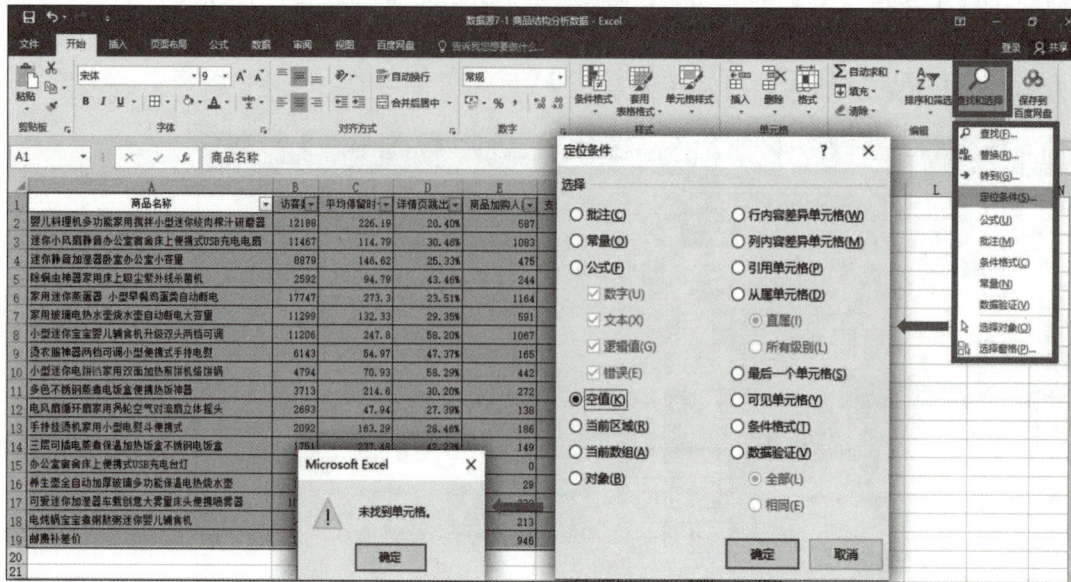

图 6-3　处理空白值

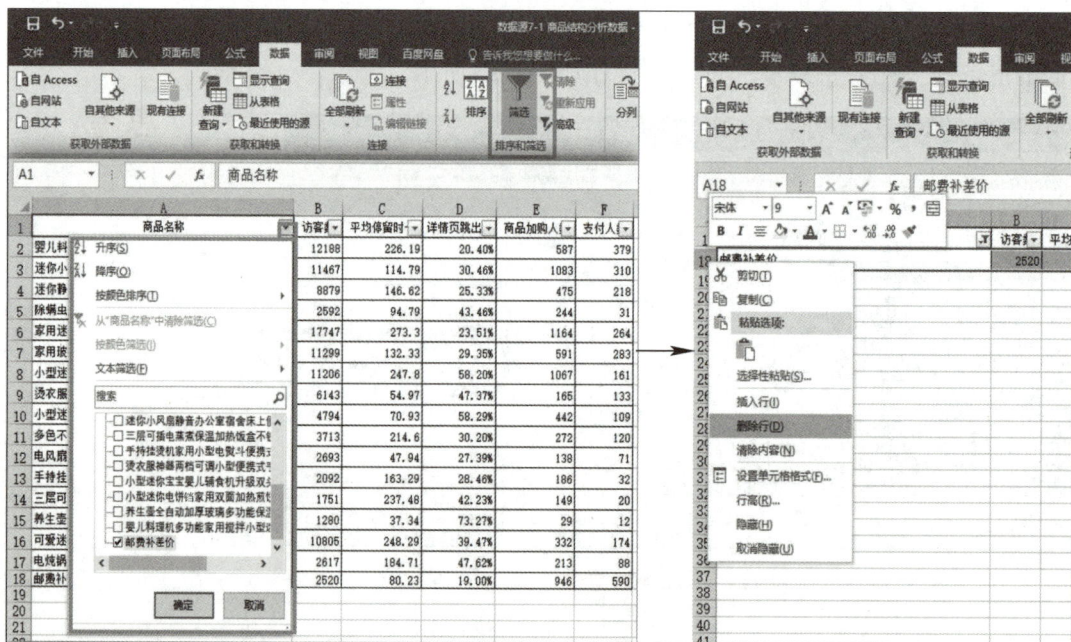

图 6-4　清洗无价值数据

到此步骤为止，数据清洗工作初步完成了。

Step 3：预处理数据。

通过计算转化率进行数据的预处理。计算得出如表 6-2 所示数据。

计算公式如下所示：

加购转化率＝加购人数/访客数×100%

支付转化率＝支付人数/访客数×100%

表6-2 某店铺商品的转化率指标数据

商品名称	访客数/人次	平均停留时长/秒	详情页跳出率/%	商品加购人数/人	支付人数/人	加购转化率/%	支付转化率/%
婴儿料理机多功能家用搅拌小型迷你绞肉榨汁研磨器	12 188	226.19	20.40	587	379	4.82	3.11
迷你小风扇静音办公室宿舍床上便携式USB充电电扇	11 467	114.79	30.46	1 083	310	9.44	2.70
迷你静音加湿器卧室办公室小容量	8 879	146.62	25.33	475	218	5.35	2.46
除螨虫神器家用床上吸尘紫外线杀菌机	2 592	94.79	43.46	244	31	9.41	1.20
家用迷你蒸蛋器小型早餐鸡蛋羹自动断电	17 747	273.30	23.51	1164	264	6.56	1.49
家用玻璃电热水壶烧水壶自动断电大容量	11 299	132.33	29.35	591	283	5.23	2.50
小型迷你宝宝婴儿辅食机升级双头两挡可调	11 206	247.80	58.20	1 067	161	9.52	1.44
烫衣服神器两挡可调小型便携式手持电熨	6 143	54.97	47.37	165	133	2.69	2.17
小型迷你电饼铛家用双面加热煎饼机烙饼锅	4 794	70.93	58.29	442	109	9.22	2.27
多色不锈钢蒸煮电饭盒便携热饭神器	3 713	214.60	30.20	272	120	7.33	3.23
电风扇循环扇家用涡轮空气对流扇立体摇头	2 693	47.94	27.39	138	71	5.12	2.64
手持挂烫机家用小型电熨斗便携式	2 092	163.29	28.46	186	32	8.89	1.53
三层可插电蒸煮保温加热饭盒不锈钢电饭盒	1 751	237.48	42.23	149	20	8.51	1.14

君子己善，亦乐人之善也；己能，亦乐人之能也；
己虽不能，亦不以援人。——《曾子·子思子》

商品名称	访客数/人次	平均停留时长/秒	详情页跳出率/%	商品加购人数/人	支付人数/人	加购转化率/%	支付转化率/%
养生壶全自动加厚玻璃多功能保温电热烧水壶	1 280	37.34	73.27	29	12	2.27	0.94
可爱迷你加湿器车载创意大雾量床头便携喷雾器	10 805	248.29	39.47	332	174	3.07	1.61
电炖锅宝宝煮粥熬粥迷你婴儿辅食机	2 617	184.71	47.62	213	88	8.14	3.36

任务3 可视化分析商品数据

【任务工单6-4】

可视化分析商品数据任务工单

任务名称	可视化分析商品数据
任务情景	对店铺商品多维度分析
任务目标	能根据工作内容熟练选用商品数据关键指标，并能进行可视化图表与分析。对商品的访客数、人均停留时长、跳出率、支付转化率和加购人数几个指标做着重分析
任务要求	能独立制作商品数据可视化图表，能合作进行分析
任务思考	人均停留时长、详情页跳出率、加购人数对商品销售有何影响？是否可以将下列分项子任务变成综合任务进行
子任务1：分析人均停留时长	找出人均停留时长大于60秒的优质数据，并做分析
子任务2：分析详情页跳出率	找出详情页跳出率小于50%的优质数据，并做分析
子任务3：分析支付转化率	找出支付转化率大于1.5%的优质数据，并做分析
子任务4：分析加购人数	找出加购人数大于平均水平的优质数据，并做分析；对图表进行美化，突出显示重点数据
子任务5：分析访客量	利用"排序"功能分析访客量
子任务6：转化率比较分析	制作合适的可视化图表类型，再用文字描述指标间的数据差距，选出人气商品
任务总结	小组派代表上台汇报发言，总结归纳掌握的知识和技能
扫描二维码下载资料	微课：商品数据可视化分析

君子自己善良，也喜欢别人善良；自己能干，也喜欢别人能干；自己虽不能干，也不要攀求别人援助。

在数据可视化的过程中，需要对核心指标和重要指标进行可视化图表分析。以人均停留时长分析，任务完成的关键操作步骤如下：

Step 1：人均停留时长分析。

人均停留时长越长，说明页面对用户的吸引力越强，输出的有用信息越多，访客的转化概率也就越大。选取人均停留时长大于 60 秒的数据为优质数据，利用 Excel 的"筛选"功能将符合条件的商品筛选出来。点击"数据"|"筛选"，再点击"平均停留时长"的下拉键，选择"数字筛选"|"大于"。筛选过程如图 6-5 所示，筛选结果如图 6-6 所示。

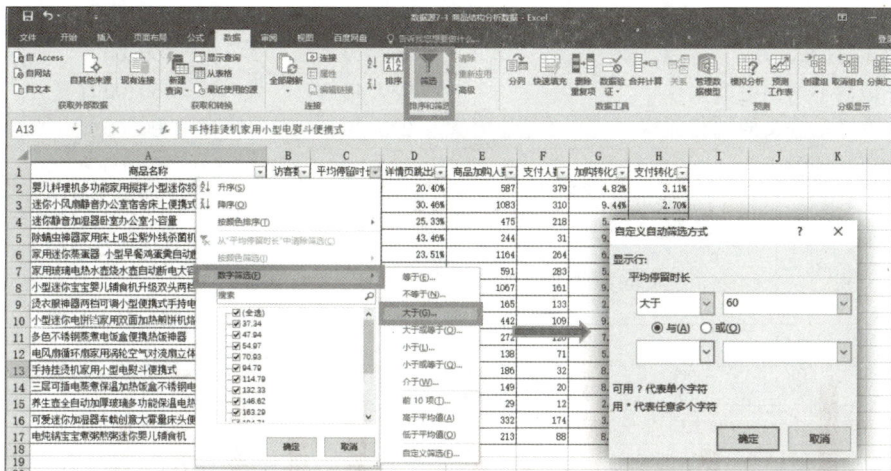

笔记：

图 6-5　优质数据筛选步骤

思考：

图 6-6　人均停留时间筛选结果

Step2：完善表格信息，增加人均停留时长标准值数据，如图 6-7 所示。

Step3：将数据信息表制作成柱状折线组合，如图 6-8 所示。

凡事豫则立，不豫则废；言前定，则不 ；事前定，则不困；
行前定，则不疚；道前定，则不穷。——《礼记·中庸》

商品名称	人均停留时长/秒	停留标准值
婴儿料理机多功能家用搅拌小型迷你绞肉榨汁研磨器	226.19	60.00
迷你小风扇静音办公室宿舍床上便携式 USB 充电电扇	114.79	60.00
迷你静音加湿器卧室办公室小容量	146.62	60.00
除螨虫神器家用床上吸尘紫外线杀菌机	94.79	60.00
家用迷你蒸蛋器小型早餐鸡蛋羹自动断电	273.3	60.00
家用玻璃电热水壶烧水壶自动断电大容量	132.33	60.00
小型迷你宝宝婴儿辅食机升级双头两挡可调	247.8	60.00
小型迷你电饼铛家用双面加热煎饼机烙饼锅	70.93	60.00
多色不锈钢蒸煮电饭盒便携热饭神器	214.6	60.00
手持挂烫机家用小型电熨斗便携式	163.29	60.00
三层可插电蒸煮保温加热饭盒不锈钢电饭盒	237.48	60.00
可爱迷你加湿器车载创意大雾量床头便携喷雾器	248.29	60.00
电炖锅宝宝煮粥熬粥迷你婴儿辅食机	184.71	60.00

图6-7　人均停留时间筛选结果

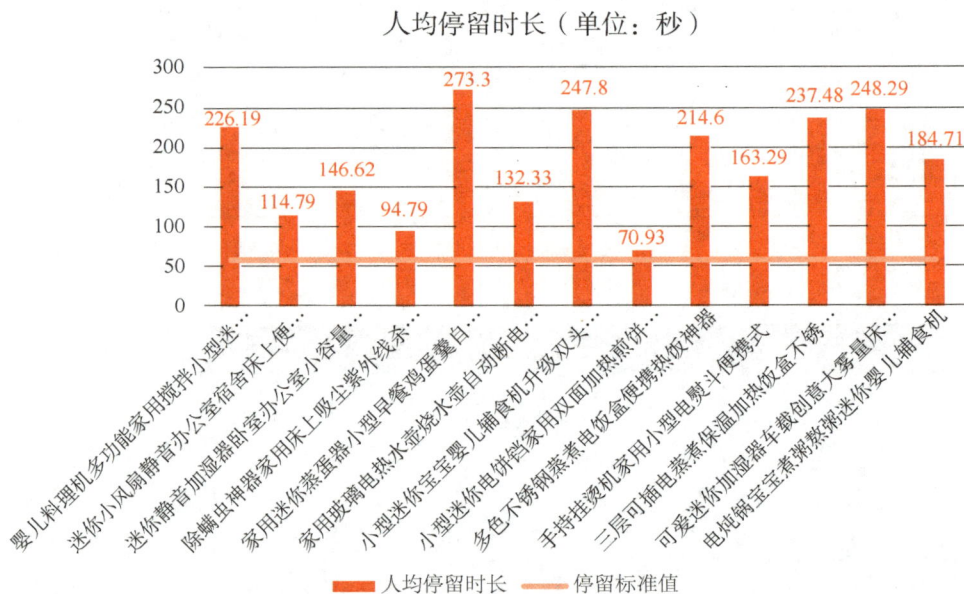

图6-8　人均停留时长可视化图表

从图6-8中可以看出来超过人均停留时长的商品以及商品之间停留时长的对比。其他数据指标如详情页跳出率分析、加购人数分析等皆可如上操作分析。

Step 4：制作访客数与转化率簇状柱形图。

因为商品名称太长，为了分析方便，在表格最前面加一列商品简称。为了清晰地观察访客数与转化率之间的关系，可将表中的数据转化为簇状柱形图。首先按住"Ctrl"键再选中"商品简称""访客数""加购转化率""支付转化率"这四列，依次点击"插入"|"二维折线图"|"组合图"|"创建自定义组合图"，过程如图6-9所示。在弹出的对话框里按图6-10进行设置，可得到访客数与转化率的簇状柱形图。对图形进行结构完善和文字、图的配色美化。操作结果如图6-11所示。

任何事情，事先有准备就会成功，没有准备就会失败；说话先有准备，就不会中断；做事先有准备，就不会受挫；行为先有准备，就不会后悔；道路预先选定，就不会走投无路。

商务数据分析与应用

笔记：

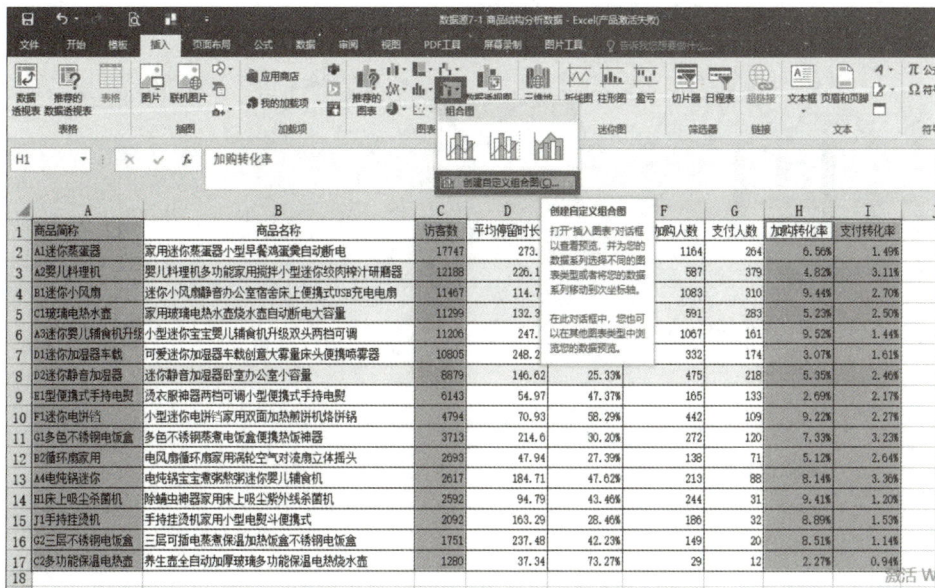

图 6-9　制作访客数与转化率簇状柱形图步骤一

思考：

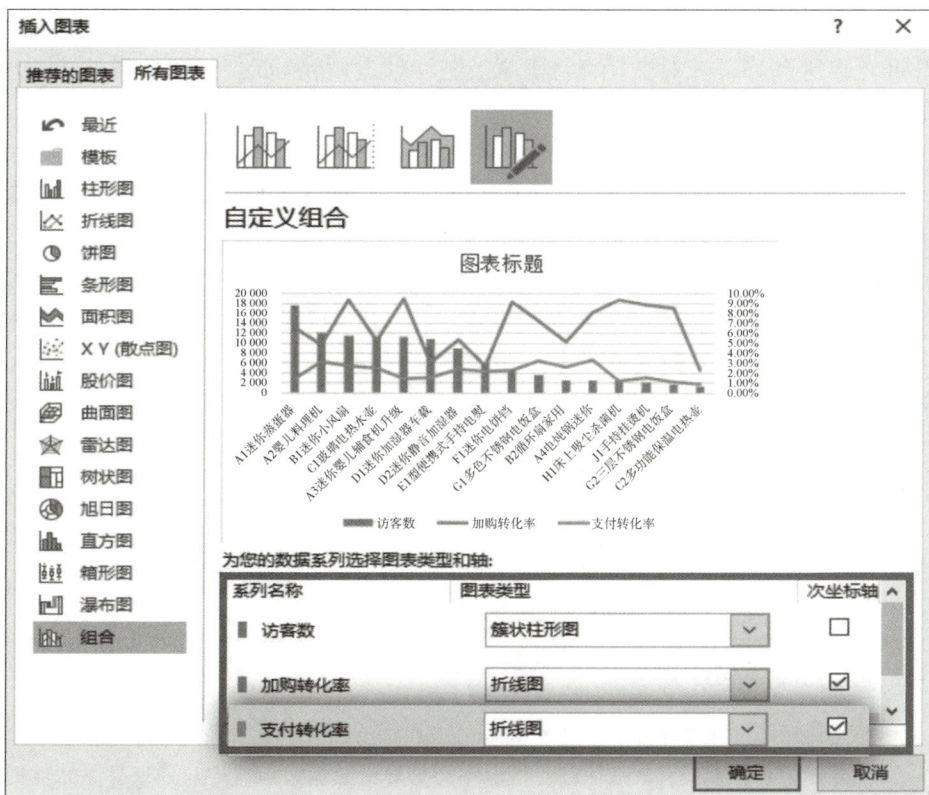

图 6-10　制作访客数与转化率簇状柱形图步骤二

193

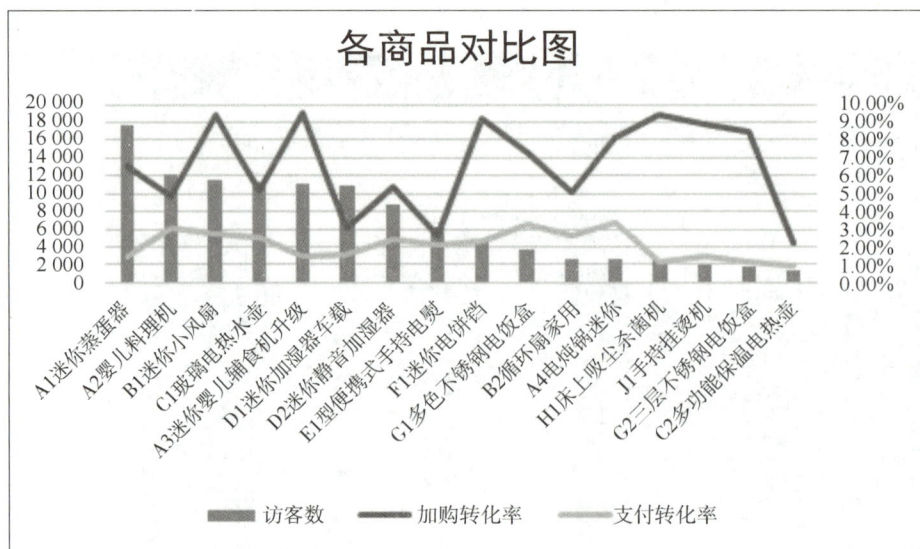

图 6-11　访客数与转化率簇状柱形图

通过对比分析可知，A2"婴儿料理机"、B1"迷你小风扇"和 C1"玻璃电热水壶"三款商品在访客数、人均停留时长、跳出率、支付转化率和收藏量这五个维度上都表现得比较好，适合打造人气商品，但由于商品 B1"迷你小风扇"有很强的季节性，因此需要再考虑选择的时机。对于备选的 A2、C1 两款商品，商家可根据自身的实际情况，继续选取其他指标进一步筛选，如商品的生命周期、毛利率等。针对这两款优质商品，可以进行首页、详情页装修位置的调整，以提升优质商品的曝光效果，增加它们的销售量。

针对访客数多、加购转化率较高但支付转化率较低的商品，如 A1"迷你蒸蛋器"、A3"迷你婴儿辅食机升级"，可以调整商品在大促时的投放方案——基于加购高的商品，补充流量渠道投放预算，提高商品转化效果。

针对访客数较低但支付转化率较高的商品，如 F1"迷你电饼铛"、G1"多色不锈钢电饭盒"、B2"循环扇家用"、A4"电炖锅迷你"，可以考虑其展示度不够或者主图有待优化——优化商品详情页的美化和突出商品卖点的宣传工作，优化客服接待效果，争取访客数更多地转化成浏览量，提高成交转化率。

任务 4　预警商品数据异常值

【任务工单 6-5】

预警商品数据异常值任务工单

任务名称	预警商品数据异常值
任务情景	主管布置给小商的工作任务，是找到转化率低于相应转化率平均值 50% 的商品。 对商品支付转化率低、流量下跌、跳出率高等异常数据跟踪监控与处理是商品数据分析的常规工作。可以采用合法合规的监控方式，根据业务目标选用需要重点监控的数据指标，明确指标数据异常波动的范围，及时分析异常原因并进行优化

急于求通达而不讲操守，爱好虚名而无实体，愤怒而作恶。十足的恭顺，口诵圣人之言而没有恒常之德，这些是君子所不赞成的。

笔记：

续表

任务名称	预警商品数据异常值
任务目标	能按照异常数据鉴别的流程，根据除了"详情页跳出率"的预警值为"超过50%"，其他预警值均为不足店铺"平均值的50%"的目标设置监控指标，鉴别异常数据，完成监控报表制作与分析，对相关数据及时预警
任务要求	能独立制作异常值预警图表，能合作完成预警分析
任务思考	通过商品数据监控发现异常数据之后，如何预警？导致异常数据的原因可能有哪些？可以从哪些方面改进
子任务1：制作数据监控方案	请填写下列监控方案表： 商品数据监控目标 商品数据监控指标 监控方式与周期 数据异常波动范围
子任务2：制作异常数据图表	1. 使用"条件格式"菜单对数据报表中的数据进行突出显示。 2. 使用数据图表展示异常值
子任务3：分析并预警异常数据	1. 制作异常数据分析图表。 2. 向汇报对象和业务部门发出预警信息
任务总结	小组派代表上台汇报发言，总结归纳掌握的知识和技能

思考：

　　小商在可视化图表制作完成之后，发现重点数据还需要进行突出呈现，尤其是在日后的数据分析岗位工作中还需要后续跟进。请你和小商一起来理顺商品数据中需要重点跟踪关注的数据指标，以及目前表现异常的数据，做重点预警提示。

　　任务完成的关键操作步骤如下：

　　Step 1：确定监控方案。

　　小商的数据分析工作主要围绕着工作任务中的商品各指标不足店铺"平均数的50%"（除了"详情页跳出率"的预警值为"超过50%"）的监控目标。因为监控量小，可以通过人工数据采集的方式进行监控。将指标低于店铺均量（"详情页跳出率"超过其平均值）的定为关注值，低于均量50%（"详情页跳出率"超过50%）的定为异常值。

　　Step 2：制作异常数据图表。

　　根据工作任务目标，将异常值进行突出显示。操作如下：

　　1. 计算预警值

　　在表格最下面加一行计算出商品各指标的平均值，再加一行计算出预警值，除了"详情页跳出率"的预警值设为50%，其他预警值均设为"平均值的50%"，如表6-3所示。

夫爱人者，人必从而爱之；利人者，人必从而利之；恶人者，人必从而恶之；
害人者，人必从而害之。——《墨子·公输》

表 6-3 预警值数据表

商品名称	访客数/人次	平均停留时长/秒	详情页跳出率/%	商品加购人数/人	支付人数/人	加购转化率/%	支付转化率/%
婴儿料理机多功能家用搅拌小型迷你绞肉榨汁研磨器	12 188	226.19	20.40	587	379	4.82	3.11
迷你小风扇静音办公室宿舍床上便携式 USB 充电电扇	11 467	114.79	30.46	1 083	310	9.44	2.70
迷你静音加湿器卧室办公室小容量	8 879	146.62	25.33	475	218	5.35	2.46
除螨虫神器家用床上吸尘紫外线杀菌机	2 592	94.79	43.46	244	31	9.41	1.20
家用迷你蒸蛋器 小型早餐鸡蛋羹自动断电	17 747	273.30	23.51	1 164	264	6.56	1.49
家用玻璃电热水壶烧水壶自动断电大容量	11 299	132.33	29.35	591	283	5.23	2.50
小型迷你宝宝婴儿辅食机升级双头两挡可调	11 206	247.80	58.20	1 067	161	9.52	1.44
烫衣服神器两挡可调小型便携式手持电熨	6 143	54.97	47.37	165	133	2.69	2.17
小型迷你电饼铛家用双面加热煎饼机烙饼锅	4 794	70.93	58.29	442	109	9.22	2.27
多色不锈钢蒸煮电饭盒便携热饭神器	3 713	214.60	30.20	272	120	7.33	3.23
电风扇循环扇家用涡轮空气对流扇立体摇头	2 693	47.94	27.39	138	71	5.12	2.64
手持挂烫机家用小型电熨斗便携式	2 092	163.29	28.46	186	32	8.89	1.53
三层可插电蒸煮保温加热饭盒不锈钢电饭盒	1 751	237.48	42.23	149	20	8.51	1.14
养生壶全自动加厚玻璃多功能保温电热烧水壶	1 280	37.34	73.27	29	12	2.27	0.94
可爱迷你加湿器车载创意大雾量床头便携喷雾器	10 805	248.29	39.47	332	174	3.07	1.61
电炖锅宝宝煮粥熬粥迷你婴儿辅食机	2 617	184.71	47.62	213	88	8.14	3.36
平均值	6 954	155.96	39.06	446	157	6.41	2.25
预警值	3 477	77.98	50	223	78	3.21	1.13

爱别人的，别人也必然爱他；利于别人的，别人也必然利于他；
憎恶别人的，别人也必然憎恶他；残害别人的，别人也必然残害他。

2. 突出显示预警数据

依次选择各列数据区域，点击"开始"|"条件格式"|"突出显示单元格规则"|"小于"，在弹出的对话框里选择各列对应的预警值，即可标识出各列小于对应预警值的数据。注意"详情页跳出率"的预警条件应是"大于50%"。操作步骤如图6-12所示，显示结果如图6-13所示。

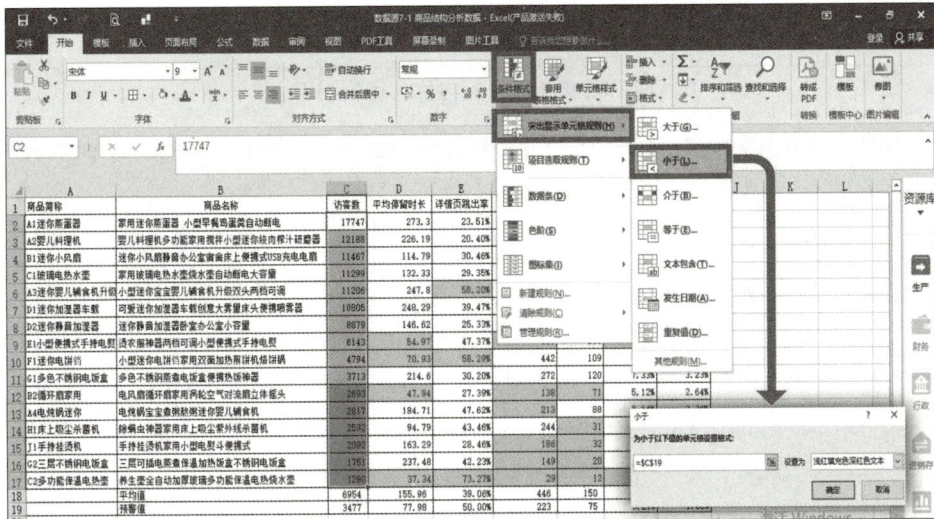

图6-12　突出显示预警数据操作

商品简称	商品名称	访客数	平均停留时长	详情页跳出率	商品加购人数	支付人数	加购转化率	支付转化率
A1迷你蒸蛋器	家用迷你蒸蛋器 小型早餐鸡蛋羹自动断电	17747	273.3	23.51%	1164	264	6.56%	1.49%
A2婴儿料理机	婴儿料理机多功能家用搅拌小型迷你绞肉榨汁研磨器	12188	226.19	20.40%	587	379	4.82%	3.11%
B1迷你小风扇	迷你小风扇静音办公室窗台床上便携式USB充电电扇	11467	114.79	30.46%	1083	310	9.44%	2.70%
C1玻璃电热水壶	家用玻璃电热水壶烧水壶自动断电大容量	11299	132.33	29.35%	591	283	5.23%	2.50%
A3迷你婴儿食机升级	小型迷你宝宝婴儿辅食机升级双头两档可调	11206	247.8	58.20%	1067	161	9.52%	1.44%
D1迷你加湿器车载	可爱迷你加湿器车载创意大雾量床头便携喷雾器	10805	248.29	39.47%	332	174	3.07%	1.61%
D2迷你静音加湿器	迷你静音加湿器器室办公室小容量	8879	146.62	25.33%	475	218	5.35%	2.46%
E1小型便携式手持电熨	透衣服神器两档可调小型便携式手持电熨	6143	54.97	47.37%	165	133	2.69%	2.17%
F1迷你电饼铛	小型迷你电饼铛家用双面加热煎饼机烙饼锅	4794	70.93	58.29%	442	109	9.22%	2.27%
G1多色不锈钢电饭盒	多色不锈钢蒸盒电饭盒保温饭神器	3713	214.6	30.20%	272	120	7.33%	3.23%
B2循环扇家用	电风扇循环扇家用两轮空气对流颤立体摇头	2693	47.94	27.39%	138	71	5.12%	2.64%
A4电炖锅迷你	电炖锅宝宝粥煲粥煲用家用婴儿食机	2617	184.71	47.62%	213	88	8.14%	3.36%
X1床上吸尘杀菌机	除螨虫神器家用床上吸尘紫外线杀菌机	2592	94.79	43.46%	244	31	9.41%	1.20%
J1手持挂烫机	手持挂烫机家用小型电熨斗便携式	2092	163.29	28.46%	186	32	8.89%	1.53%
G2三层不锈钢电饭盒	三层可插电蒸煮保温盒加热饭盒不锈钢电饭盒	1751	237.48	42.23%	149	20	8.51%	1.14%
C2多功能保温电热壶	养生壶全自动加厚玻璃多功能保温电热烧水壶	1280	37.34	73.27%	29	12	2.27%	0.94%
平均值		6954	155.96	39.06%	446	150	6.41%	2.16%
预警值		3477	77.98	50.00%	223	75	3.21%	1.08%

图6-13　突出显示预警数据操作结果

Step 3：分析并预警异常数据。

从图6-12报表中可以看出，C2"多功能保温电热壶"的所有指标都为异常数据，属于严重拖累整体销量的商品款。它的所有指标都是全店铺最差的，"访客数"是店铺最低的，而且"平均停留时长"也最低。应进一步分析关键词排名、主图制作是否吸引买家及价格设置是否合理。

除此之外，G2"三层不锈钢电饭盒"、J1"手持挂烫机"、B2"循环扇家用"、E1"小型便携式手持电熨"都有超过三个异常数据，也要引起重视。

对于以上异常数据，需要向数据部门主管和业务相关人员汇报，以便进行警示。另外，对于临近基准值的商品数据，也要及时向相关人员做出预警，引起业务部门重视，防患于未然。

任务 5　撰写商品数据分析报告与优化商业行为

【任务工单 6-6】

撰写商品数据分析报告与优化运营方案任务工单

任务名称	撰写商品数据分析报告与优化运营方案
任务情景	对商品进行关键指标和相关指标的可视化分析之后，撰写一份主题型分析报告，向相关人员做出汇报
任务目标	掌握商品数据分析报告的标题、结构、正文等内容的确定方法；能根据分析报告的阅读对象确定报告内容和侧重点
任务要求	能合作完成一份数据分析报告
任务思考	分析报告中不同的阅读对象，偏向有什么不一样？报告的标题如何体现报告的重点和主要内容？报告主送对象、抄送对象分别考虑哪些人
子任务 1： 设计报告结构	1. 按"总—分—总"的形式设计这份报告，怎么安排内容？ 2. 设计分析报告的结构
子任务 2： 撰写分析报告	1. 撰写报告的标题页、目录页和前言页。 2. 撰写正文，展现关键指标与异常指标的数据图表，表述规范。 3. 撰写结尾，有总体分析结论，能针对关键指标和异常指标数据提出优化方案，对经营中的商业行为提出优化建议
任务总结	小组派代表上台汇报发言，总结归纳掌握的知识和技能
扫描二维码 下载资料	PPT：数据分析报告通用模版　　　　　微课：撰写数据分析报告

商务数据分析的目的是优化业务运营效果，分析过程要紧密结合业务情况来开展。小商在完成上述几项工作之后，需要将相关图表和分析进行整合，制作成报告汇报给主管。请和小商一起，完成商品数据分析的专题报告，报告中需要对业务运营方案提出优化建议。完成这个任务后，小商准备将报告主送主管，抄送给相关业务部门。把你做的分析报告上传到在线开放班级，和大家一起交流提高吧！

自己不遵行礼制，却期望别人遵行礼制；自己不加强德行的修为，却期望别人修德。这是修行次序的混乱。

项目三 商品数据分析 1+X 技能考证训练

以下任务涉及的数据及背景来自电商数据分析 1+X 技能考证培训题库，跟着任务工单要求进行练习，不仅有助于 1+X 取证，还能提升职业岗位工作能力。完成以下任务所需的数据源、参考答案等内容请通过相关二维码下载。

任务 1 分析商品搜索指数

【任务工单 6-7】

分析商品搜索指数任务工单

任务名称	分析商品搜索指数	
任务情景	商品搜索指数是用户搜索相关商品关键词热度的数据化体现，从侧面反映了用户对商品的关注度和兴趣度。在商品运营过程中，通常会用到搜索指数来进行热点追踪、用户画像分析、趋势研究、竞品分析等，以帮助卖家及时调整店铺经营的商品类目、宝贝标题优化、调整运营策略以及进行商品的精准推广投放等。 　　某摄影平台推出旅拍商品，并进行重点打造，为了做到精准化运营，部门经理安排数据分析岗位的小商对该商品进行趋势研究和目标人群分析，以洞察市场需求变化，定位消费者特征	
任务目标	能借助百度指数进行商品搜索指数分析，完成商品搜索指数分析报告	
任务要求	能合作完成一份数据分析报告	
任务思考	从哪些方面对商品搜索指数进行分析？需要选用哪些指标数据进行分析？出现搜索指数变化类型的原因有哪些？未来的发展趋势是怎样的	
子任务 1：了解百度指数	请填写好百度指数基础认知表：	
	搜索指数的数据来源是什么	
	资讯指数是什么	
	媒体指数是什么	
	如何进行关键词比较检索	
	如何进行关键词数据累加检索	
	可提供搜索指数的最大时间段是什么	
	支持数据下载吗	
	关键词未收录怎么办	
	媒体指数无数据是什么原因	

恻隐之心，仁之端也；羞恶之心，义之端也；
辞让之心，礼之端也；是非之心，智之端也。——《孟子·公孙丑上》

任务名称	分析商品搜索指数		
子任务 2： 分析搜索关键词	请完成关键词收录情况表：		

关键词	收录情况		
旅拍	□收录　　　　　□未收录		
旅行拍摄	□收录　　　　　□未收录		

	请完成趋势研究结论：		

时间段	需求图谱截图	分析结论
"近 30 天" 时间段	搜索指数截图	
	搜索指数变化类型	□周期性　□突发型　□不定型　□其他
	分析结论	如：出现搜索指数变化类型的原因；未来的发展趋势；……
"近一年" 时间段	搜索指数截图	
	搜索指数变化类型	□周期性　□突发型　□不定型　□其他
	分析结论	
全部 时间段	搜索指数截图	
	搜索指数变化类型	□周期性　□突发型　□不定型　□其他
	分析结论	
咨询关注	资讯指数截图	
	媒体指数截图	
	分析结论	

子任务 3：分析趋势

子任务 4：分析需求图谱

请完成需求图谱分析结论：

时间段	需求图谱截图	分析结论

同情心是仁的发端；羞耻心是义的发端；谦让心是礼的发端；是非心是智的发端。

续表

任务名称	分析商品搜索指数	
子任务5：分析人群画像	请完成人群画像：	

请完成人群画像：

地域分析	截图	
	分析结论	
人群属性	截图	
	分析结论	
兴趣分布	截图	
	分析结论	

任务总结	通过完成以上任务，学会的知识和技能有哪些
扫描二维码下载资料	商品搜索数据分析操作参考

任务2　分析商品交易指数

【任务工单6-8】

分析商品交易指数任务工单

任务名称	分析商品交易指数
任务情景	市场交易额（量）的变化反映了一定时期内某商品的市场销售趋势，但该数据属于企业核心数据，通常难以采集，因此引入了商品交易指数。商品交易指数是商品的总体支付金额进行指数化后的指数类指标，是商品在平台交易热度的体现，交易指数越高，代表支付金额越高。 　　某电商企业在天猫商城开设太阳镜旗舰店，近期部门经理安排小商对类目行业的交易变化趋势进行分析，找到该类目商品的淡旺季变化规律，同时根据市场节奏预估自己的类目在下一年的交易指数范围，为合理制定自身本年度的运营规划提供指导
任务目标	能根据行业交易变化趋势，预估下一年的交易指数范围，提出合理的运营规划建议
任务要求	能独立完成子任务，能合作完成一份数据分析报告

任务名称	分析商品交易指数
任务思考	太阳镜行业的交易数据有哪些变化规律？这些趋势变化的内在原因是什么？对自己店铺的运营有什么指导建议？太阳眼镜类目的发展前景及其影响因素都有哪些
子任务1： 分析行业交易指数	1. 抓取太阳眼镜子类目下相关数据，按月度整理成数据表； 2. 使用折线图可视化分析交易指数数据
子任务2： 分析行业趋势	1. 分析折线图中的数据变化情况； 2. 找到趋势变化的原因，对优化店铺运营提出建议
子任务3： 计算年度交易数据	1. 插入数据透视表； 2. 对2016年、2017年、2018年的月度交易指数进行求和计算
子任务4： 预测分析交易指数	1. 在数据透视表右侧添加一列为"交易指数2"。 2. 以2016年为基本项，使用"值显示方式"的"百分比"菜单，计算以2016年值为基准值的比率。 3. 用2016—2018年的平均比例乘以基数，得到2019年的第一个交易指数预测。 4. 在右侧新建一列"交易指数3"；再以2017年为基本项，重复第2步操作，得到以2017年为基准值的比率。 5. 用2016—2018年的平均比率乘以2018年的交易指数，得到2019年的第二个交易指数预测结果。 6. 这两个数据就是预测的交易指数数据波动范围
子任务5： 分析产品交易指数	1. 分析太阳眼镜类目的发展前景； 2. 分析影响发展前景的因素有哪些； 3. 提出优化运营建议，以降低负面影响，提高正面效果
任务总结	通过完成以上任务，学会的知识和技能有哪些
扫描二维码 下载资料	数据源：商品 交易指数分析练习用表　　　商品交易指数 分析操作参考

海洋不拒绝点滴之水，所以能那么大；山不拒绝些许土石，所以能那么高；圣明的君主不厌恶臣民，所以能统治众民；读书人不厌恶学习，所以能为圣人。

任务3 分析商品获客能力

【任务工单 6-9】

分析商品获客能力任务工单

任务名称	分析商品获客能力
任务情景	如何以最少的成本获取最多的新客户，是每个企业在运营的各个阶段都应思考的问题。商品获客能力作为电子商务经营活动的关键能力之一，能够帮助企业衡量商品为店铺或平台获取客户的能力。 　　"双11"即将到来，某女装品牌线上店铺决定从店铺的卫衣类目中挑选一款打造爆款，作引流之用。为此，部门经理安排小商以最近一个月的运营数据为准，分析卫衣商品的获客能力，作为引流商品选择的一个重要指标
任务目标	通过重复购买率指标分析老客户，通过"新客点击量""重复购买率"分析获客能力
任务要求	能独立完成前3个子任务，能合作完成一份数据分析报告
任务思考	引流能力最强的商品是哪个？回购最多的商品又是哪个？综合得分最高的商品是哪个？可以作为引流商品的是哪个？如何打造引流商品
子任务1：计算数据	1. 添加"新客点击量占比"字段，利用公式"新客点击量占比=新客点击量/点击量"计算出各产品的新客点击量占比； 　　2. 按客户数量计算，利用公式"复购率=重复购买客户数量/客户总数量×100%"计算出各产品的复购率； 　　3. 按指标权重，加权计算出"综合得分"
子任务2：制作可视化图表	1. 插入二维簇状柱形图展示新客点击量占比、复购率、综合得分数据； 　　2. 完成行列数据互换、图表标题修改、坐标轴格式设置等操作
子任务3：分析产品获客能力	1. 对比分析各卫衣产品，从新客点击量、复购率及其综合得分方面完成产品获客能力的分析； 　　2. 从优化运营的角度对引流产品的选择给出建议

续表

任务名称	分析商品获客能力
任务总结	通过完成以上任务，学会的知识和技能有哪些
扫描二维码 下载资料	数据源：商品获客 能力分析练习用表　　　　商品获客能力 　　　　　　　　　　　分析操作参考

【职业素养园地】

1. 法律法规修养

店铺经营者在生产经营活动中，应当遵循自愿、平等、公平、诚信的原则，遵守法律和商业道德。《中华人民共和国反不正当竞争法》第八条规定："经营者不得利用广告或者其他方法，对商品的质量、制作成分、性能、产地等作引人误解的虚假宣传。经营者不得通过组织虚假交易等方式，帮助其他经营者进行虚假或者引人误解的商业宣传。"

因此商品的宣传页、详情页的内容应该符合实际，不能数据造假，比如刷单、刷分、刷好评、搬运原创内容等。

如果店铺未经权利人许可，在宣传页面展示了他人拥有著作权的作品，在排除合理使用和法定许可的情况下，会构成对著作权人信息网络传播权的侵害。对此，店铺经营者要切实树立知识产权保护意识，养成"先授权再使用"的商业习惯和法律意识，规范经营行为，保证售卖商品的合法来源。

2. 责任品质修养

责任意识或者说责任感是道德品质的一种体现，强烈的责任意识能够激发出个人潜能、促进个人成功，也关系到工作事故是否会发生。责任意识可以围绕着对自己、对他人、对集体、对家庭以及对国家负责几个角度来修养。把自己看成本职工作的第一责任人，遇到问题不推脱、不为错误找借口。

商品数据分析结果往往会成为一个公司开发新品的参考依据。你是一位商品数据分析人员，假如公司要推出新品，你会把商品盈利能力数据、搜索热度数据和商品评价数据或者其他数据的哪一项作为分析数据时考虑的第一顺位呢？你会怎么向上级或者相关部门呈现数据分析的隐藏逻辑呢？在对公司和对社会负责的两者之间怎么表达你的价值观？

3. 服务意识修养

服务在当今社会已经成为无形商品，同时存在于组织内部各层级之间。服务意识加上相应能力，再加上必备条件才能使得优质服务得以实现。如今电商市场竞争越来越激烈，大量产品雷同，商家竞争力越来越小，许多企业通过优质服务为客户增值来留住客户。

作为商品数据分析人员，在商品数据分析过程当中，除了要着重分析商品本身的数据之外，一定还要聚焦客户服务质量和客户满意度等相关服务数据的关联分析，同时还要明确数据分析工作是为商品销售业务服务的。只有树立起良好的服务意识，才能助力提升客户忠诚度、提升销售业绩，助推电商企业发展。

笔记：

【模块检测】

一、单选题

1. 商品搜索指数是用户搜索相关商品关键词热度的数据化体现，从侧面反映了用户对商品的（　　　）。

　　A. 忠诚度　　　　　　　　　　B. 购买能力

　　C. 购买频次　　　　　　　　　D. 关注度和兴趣度

2. 商品交易指数越高，代表（　　　）越高。

　　A. 支付人数　　　　　　　　　B. 支付件数

　　C. 支付金额　　　　　　　　　D. 客单价

3. 关于企业的形象商品，下列说法正确的是（　　　）。

　　A. 价位通常处于店内最高层次水平

　　B. 价位通常处于店内平均层次水平

　　C. 价位通常处于店内最低层次水平

　　D. 形象商品只展示不售卖

4. 作为电子商务经营活动的关键能力之一，（　　　）的核心目标是如何付出最小的成本获取最多的客户。

　　A. 商品盈利能力　　　　　　　B. 商品获客能力

　　C. 商品竞争能力　　　　　　　D. 商品交易能力

5. 统计周期内，根据搜索词的搜索次数拟合出的指数类指标是（　　　）。

　　A. 搜索频次　　　　　　　　　B. 搜索人气

　　C. 搜索频率　　　　　　　　　D. 搜索热度

思考：

二、多选题

1. 若要提升商品获客能力，下列方法可行的是（　　　）。

　　A. 通过升级个性化用户体验提升获客能力

　　B. 提升自身价值，打造商品亮点

　　C. 优化并拓展营销渠道，确保商品接触到更多潜在用户

　　D. 通过打击竞争对手获得客户

2. 影响商品毛利率的因素包括（　　　）。

　　A. 商品的销售成本　　　　　　B. 商品的搜索指数

　　C. 商品的交易指数　　　　　　D. 商品的销售收入

3. 通过对（　　　）等的分析，可以判断其所处的阶段是投入期、成长期、饱和期还是衰退期。

　　A. 商品价格　　　　　　　　　B. 商品销量

　　C. 利润　　　　　　　　　　　D. 用户特征

4. 商品需求分析是商品数据分析的内容之一，关于该内容下列说法正确的是（　　）。

A. 根据研究目的，确定典型用户特征的分析内容

B. 根据典型用户特征分析结果，收集用户对商品需求的偏好

C. 通过整理分析需求偏好提出商品开发的价格区间、功能卖点、商品创新、包装等建议

D. 通过商品的不断升级和迭代，树立用户对商品及品牌持久的黏性

5. 关于新客点击量，下列说法正确的是（　　）。

A. 是针对首次访问网站或者首次使用网站服务的客户进行的点击量统计

B. 分析该指标对于抢占市场份额、评估网站的推广效果和发展速度至关重要

C. 新客点击量越高，客户的忠诚度就越高

D. 可用于判断商品所处的阶段

三、判断题

1. 商品搜索指数的数值指的是用户实际的搜索次数。　　　　　　　　　　（　　）

2. 商品交易指数之间的差值不代表实际支付金额的差值，仅代表高低。　　（　　）

3. SKU 是指商品的销售属性集合，假如一款商品有 S、M、L 三个规格，则对应三个 SKU。　　　　　　　　　　　　　　　　　　　　　　　　（　　）

4. 为了避免顾客产生抵触心理，关联推荐只能选择与顾客购买商品功能相似的商品。（　　）

5. 商品结构比例侧面反映了商品的销售比例。通常情况下，商品结构及其比例是固定不变的。　　　　　　　　　　　　　　　　　　　　　　　　　　　（　　）

四、填空题

请根据表 6-4 中的数据，计算销售额和转化率（保留两位小数），并写出分析结论。

商品名称	浏览量/人次	访客数/人	收藏人数/人	成交客户数/人	支付件数/件	商品单价/元	销售额	支付转化率/%	收藏转化率/%
儿童三轮脚踏车	1 430	1 287	831	524	528	258			
遛娃神器手推车轻便折叠简易	1 879	1 597	1 025	748	810	136			
可上飞机儿童婴儿手推车	1 737	1 445	873	446	471	148			
高景观婴儿推车	1 781	1 495	680	425	493	538			
豪华避震新生儿伞车手推车	1 504	1 337	754	332	397	468			
爆款 SKU 是（　　），支付转化率最高的 SKU 是（　　），收藏转化率最高的 SKU 是（　　），销售额最高的是（　　），人气产品是（　　）									

【学习任务评价】

1. 本模块学习情况自查

序号	学习情况	自查
1	本模块主题是否已明确	（　）是　　　（　）否
2	本模块中的单元视频是否观看完成	（　）是　　　（　）否
3	模块检测是否完成	（　）是　　　（　）否
4	模块检测完成后，是否核对过参考答案？错误之处是否更正	（　）是　　　（　）否
5	1+X 技能考证训练是否能顺利完成	（　）是　　　（　）否
6	1+X 技能考证训练完成后，是否核对过参考答案？错误之处是否更正	（　）是　　　（　）否
7	职业素养中，你的答案是否符合社会主义核心价值观？是否符合社会公序良俗	（　）是　　　（　）否
8	如果你理想中完美的学习状态是 100 分，你对在本模块的学习状态打多少分	（　　　）分
9	如果改进某些行为能让自己获得理想的 100 分，那么是哪些学习行为需要改进呢	

说明：

1. 如果在上述问题的回答中，第 1、2、3、4 项为"是"，那么本模块学习达到"合格"状态；
2. 如果在上述问题的回答中，第 1、2、3、4、5、6 项为"是"，那么本模块学习达到"良好"状态；
3. 如果在上述问题的回答中，第 1、2、3、4、5、6、7 项为"是"，那么本模块学习达到"优秀"状态；
4. 如果在上述问题的回答中，第 1、2、3、4、5、6、7 项为"是"，并且对第 8、9 项做出思考之后有明确的答案，那么，你是一个"具有潜力的优秀学生"

2. 本模块学习情况复盘

序号	复盘问题
1	模块主题是什么？与店铺运营有什么关系
2	在本模块中，你学会了什么
3	通过模块检测，发现哪些知识点掌握得好、哪些掌握得不够好
4	你的答案与参考答案的差异有哪些？你认为哪个更好？理由是什么
5	1+X 考证题来自 1+X 电商技能题库，你是否能顺利完成这些题目？遇到的困难是什么？如何解决的
6	针对 1+X 技能考证训练，你是否核对过参考答案？你认为哪个更好？理由是什么
7	职业素质修养永远在路上，你是否得到启发？你找到那个提高修养的答案了吗

发现差距后，有思考、有行动，就有进步。祝愿你距离心中更好的自己越来越近

3. 本模块学习质量评价

评价内容	评价方式			评价等级
	自评	小组评议	教师评议	
素养目标				
能力目标				
知识目标				
学习重点				
学习难点				
说明：评价等级分为三级，A 级表示充分掌握，B 级表示一般掌握，C 级表示基本不会				

【学习总结】

请把对本模块的学习总结记录如下：

模块七
市场数据分析与商业行为优化

【学习目标】

素质目标：有序参与市场竞争、在竞争中合作，注重商务礼仪修养。

知识目标：理解市场和市场行情的基本含义、数据来源；掌握市场数据的关键指标。

能力目标：能制定市场数据分析方案；能正确采集与预处理市场数据；能创建合适的可视化图表并预警异常值；能合作完成市场数据分析报告并提出商业行为优化建议。

【学习重点与难点】

学习重点：市场数据分析岗位技能实战。

学习难点：计算赫芬达尔指数值，撰写市场数据分析报告。

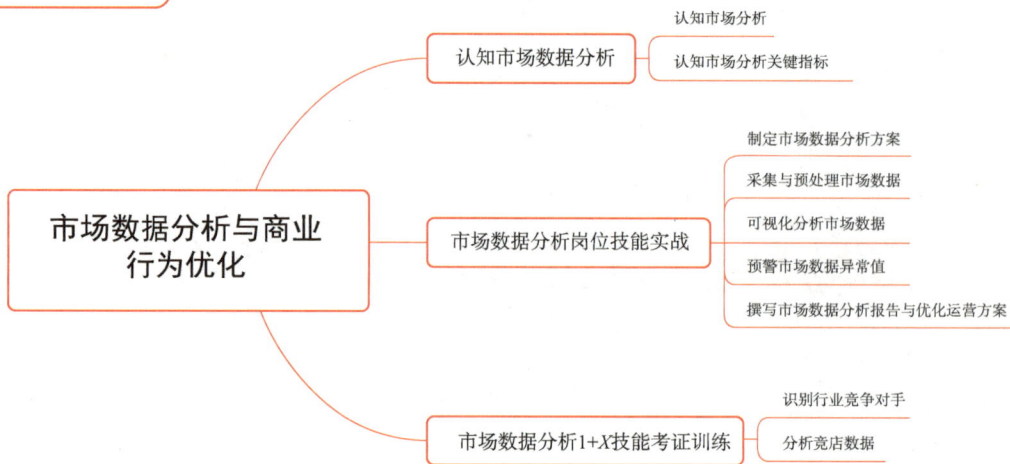

模块导图

导入案例

亚马逊基于数据导向的商业蓝图

全球哪家公司从大数据发掘出了最大价值？截至目前，答案可能非亚马逊莫属。亚马逊也要处理海量数据，这些交易数据的价值非常大。作为一家"信息公司"，亚马逊不仅从每个用户的购买行为中获得信息，还将每个用户在其网站上的所有行为都记录下来：页面停留时间、用户是否查看评论、每个搜索的关键词、浏览的商品，等等。这种对数据价值的高度敏感和重视，以及强大的挖掘能力，使得亚马逊早已远远超出了它的传统运营方式。

亚马逊 CTO Werner Vogels 在 CeBIT 上做关于大数据的演讲时，描述了亚马逊在大数据时代的商业蓝图。长期以来，亚马逊一直通过大数据分析，尝试定位客户和获取客户反馈。"在此过程中，你会发现数据越大，结果越好。为什么有的企业在商业上不断犯错？那是因为它们没有足够的数据对运营和决策提供支持。"Vogels 说，"一旦进入大数据的世界，企业的手中将握有无限可能。"从支撑新兴技术企业的基础设施到消费内容的移动设备，亚马逊的触角已触及更为广阔的领域。

亚马逊推荐：亚马逊的各个业务环节都离不开"数据驱动"的身影。在亚马逊上买过东西的朋友可能对它的推荐功能都很熟悉，"买过 X 商品的人，也同时买过 Y 商品"的推荐功能看上去很简单，却非常有效，同时这些精准推荐结果的得出过程也非常复杂。

亚马逊预测：用户需求预测是通过历史数据来预测用户未来的需求。对于书、手机、家电这些东西——亚马逊内部叫硬需求的产品，你可以认为是"标品"——预测是比较准的，甚至可以预测到相关产品属性的需求。但是对于服装这种软需求产品，亚马逊干了十多年都没有办法预测得很好，因为这类东西受到的干扰因素太多了，比如用户对颜色款式的喜好，穿上去合不合身，爱人、朋友喜不喜欢……这类东西太易变，买的人多反而会卖不好，所以需要更为复杂的预测模型。

亚马逊测试：你会认为亚马逊网站上的某段页面文字只是碰巧出现的吗？其实，亚马逊会在网站上持续不断地测试新的设计方案，从而找出转化率最高的方案。整个网站的布局、字体大小、颜色、按钮以及其他所有的设计，其实都是在多次审慎测试后的最优结果。

亚马逊记录：亚马逊的移动应用不仅让自己了解到用户拥有了一个流畅的无处不在的体验环境

前面的车子已经倾覆，后面的车子不知更改（方向、道路），什么时候才能觉晓？比喻先前的失败，可以作为以后的教训。

时，也让自己通过收集手机上的数据深入地了解了每个用户的喜好信息；更值得一提的是 Kindle Fire，内嵌的 Silk 浏览器可以将用户的行为数据一一记录下来。

以数据为导向的方法并不仅限于以上领域，亚马逊的企业文化就是冷冰冰的数据导向型文化。对于亚马逊来说，大数据意味着大销售量。数据显示出什么是有效的、什么是无效的，新的商业投资项目必须有数据的支撑。对数据的长期专注让亚马逊能够以更低的售价提供更好的服务。

案例思考：

1. 亚马逊的数据导向体现在哪些方面？
2. 请谈谈亚马逊的数据导向文化助推公司发展的作用。

项目一　认知市场数据分析

小商在完成了数据分析前期准备工作之后，公司安排小商进行市场业务板块的数据分析工作。请你随着小商的任务工单一起开始成长之旅吧！

【任务工单 7-1】

认知市场数据分析任务工单

任务名称	认知市场数据分析
任务情景	公司安排小商完成市场数据分析岗位基础技能认知任务
任务目标	了解市场业务相关知识，掌握市场数据分析关键指标，理解市场预测分析方法及应用
项目要求	能独立完成子任务
任务思考	对于企业管理者来说，什么情况下更重视市场容量大小？什么情况下更重视行业发展趋势？什么情况下更重视市场潜力利润
任务 1：认知市场分析	1. 市场分析的基本含义是什么？ 2. 市场相关业务场景有哪些？ 3. 市场分析常用的分析方法有哪些
任务 2：认知市场分析关键指标	1. 市场容量指标公式是什么？ 2. 市场行业发展指标公式是什么？ 3. 市场潜力指标公式是什么
任务总结	小组派代表上台汇报发言，总结归纳掌握的知识和技能
扫描二维码下载资料	微课：认知竞争数据分析　　　　微课：分析竞争对手

笔记：

思考：

任务 1　认知市场分析

一、市场分析的基本含义

狭义的市场是买卖双方进行商品交换的场所。广义的市场是指为了买卖某些商品而与其他厂商和个人相联系的一群厂商和个人组成的生意场。市场规模即市场大小，是市场总容量的一部分。

市场是商品交换顺利进行的条件，是商品流通领域一切商品交换活动的总和。市场体系是由各类专业市场，如商品服务市场、金融市场、劳务市场、技术市场、信息市场、房地产市场、文化市场、旅游市场等组成的完整体系。同时，在市场体系中的各专业市场均有其特殊功能，它们相互依存、相互制约，共同作用于社会经济。随着社会交往的网络虚拟化，市场不一定是真实的场所和地点，当今许多买卖都是通过计算机网络来实现的。

二、市场行情分析

市场行情分析是指分析市场上商品流通和商业往来中有关商品供给、商品需求、流通渠道、商品购销和价格的实际状况、特征以及变动的情况、趋势和相关条件的信息。形成市场行情的信息来源是广泛的、多方面的。它不仅涉及整个流通领域，而且涉及整个社会再生产各方面。对许多个别的、片面的市场行情的信息进行综合分析，再对市场行情进行预测，能够形成对某类商品的供求状况和某个市场供求形势做出特征性判断的市场行情报告。

三、市场数据分析

市场数据分析是对市场容量大小、市场价格、市场趋势等相关数据所进行的分析。通过综合分析，使得众多分散的市场信息形成一个整体，能够对市场上某类商品的供求状况和供求形势做出判断，为后期市场的开拓提供参考依据。

在市场数据分析中，一般从行业数据分析、竞争数据分析两方面入手。行业数据分析主要是分析行业集中度、行业市场规模等，用于了解市场发展空间有多大，行业天花板在哪里以及行业下属类目下子行业的发展潜力。竞争数据分析主要是用于识别和分析竞争对手，找到自身与竞争对手的差距，积极改进日常运营。

任务 2　认知市场分析关键指标

对于刚进入某个行业的公司而言，必须了解市场行情，才能确定自己选择的商品行业是否可行。如果不先去了解市场，仅凭主观想法去行动，就可能无法获得经济回报。对电子商务公司而言，市场容量大小、行业发展趋势和市场潜力是最基本的分析内容。

一、市场占有率

市场占有率又称市场份额，指某企业某一产品或品类的销售量或销售额在市场同类产品或品类中所占比重。它反映企业在市场上的地位，通常市场份额越高，竞争力越强。它在很大程度上反映了企业的竞争地位和盈利能力，是企业非常重视的一个指标。有三种基本测算方法。

（1）总体市场份额，指某企业销售量或销售额在整个行业中所占比重。计算公式为：

企业市场占有率=企业销售量（额）÷行业销售量（额）×100%

（2）目标市场份额，指某企业销售量（额）在其目标市场，即其所服务的市场中所占比重。

（3）相对市场份额，指某企业销售量与市场上最大竞争者销售量之比，若高于1，表明其为这一市场的领导者。

市场占有率数据常常用来分析行业集中度，行业集中度可以反映某个行业的饱和度和垄断程度，需要计算赫芬达尔指数。在进行该指数的计算前，首先需要取得行业潜在竞争对手的市场占有率，并将较小的竞争对手忽略，然后计算出行业竞争对手市场占有率的平方值，最后计算出平方值之和。赫芬达尔指数的数值越小，说明行业的集中度就越小，趋于自由竞争，可以选择进入该行业。

二、市场增长率

市场增长率（Market Growth Rate）是指市场销售量或销售额相对于基准期内的增长率。计算公式为：

市场增长率=（本期市场销售量-上期市场销售量）/上期市场销售量×100%

例：[（今年8月份的市场销售额800件）-（同年7月份的市场销售额655件）]/（同年7月份的市场销售额655件）×100%＝8月份的环比市场增长率。

市场增长率指标是判断产品生命周期的基本指标，产品在不同的生命周期阶段其市场增长率表现出不同特点：

（1）成长阶段，产品具有巨大的增长潜力，市场增长率保持较高水平。这一阶段是企业争取新顾客、扩大市场占有率的时期，可以为下一阶段取得稳定利润创造条件。企业可以通过提高销售增长率和扩大市场占有率、增加产品销售量、降低成本等实现规模效益。

（2）成熟阶段，产品市场规模趋于稳定，市场增长率较小，客户比较固定，企业很难再提高市场占有率，但企业必须注意保持其市场份额；为增强竞争能力，企业不仅要努力稳定销售收入，还要致力于降低运营成本。

（3）衰退阶段，市场规模逐渐缩小，市场增长率为负数，产品利润可能会逐步下降到行业平均利润以下，因此企业即便拥有较高的市场占有率，也应做出逐步退出该市场的决策。企业应尽早推出新产品，以争取新产品占领市场高地。

三、竞争对手销售额

竞争对手销售额是指企业竞争对手在单位时间内与所销售产品数量对应的总销售金额。这个数据可以通过公开信息进行汇总统计，一般上市公司的销售额数据和利润数据等都是面向市场公开的，可以直接采集；电商企业的销售数据一般平台会面向同业商家进行打榜公布。

笔记：

思考：

项目二　市场数据分析岗位技能实战

　　小商的部门主管考虑到小商较好地完成了几次数据分析实战，给他布置了一个不同业务阶段的市场数据分析的工作任务，以此来考察小商分析市场数据的工作能力。让我们随着小商的任务工单开始成长之旅吧！

任务 1　制定市场数据分析方案

【任务工单 7-2】

制定市场数据分析方案任务工单

任务名称	制定市场数据分析方案
任务情景	公司想要探索女装行业，从中选择市场容量大、销售前景好的子行业进行分析，并进一步分析子行业的集中度，明确是否还有进驻该行业的机会。为了保险起见，领导安排小商分析行业集中度，明确该行业的饱和度及垄断程度，为企业决策提供数据支持
任务目标	能根据市场容量分析制定出分析方案，通过分析目标行业下子行业的市场容量，选出市场容量大、销售前景好的子行业进入
任务要求	能合作完成市场数据分析方案
任务思考	市场容量是有限的还是无限的？市场容量与行业集中度、饱和度有什么关系
子任务 1：明确分析需求	1. 市场容量分析中的主要分析需求是什么？ 2. 归类、整理、梳理可执行的市场数据分析需求
子任务 2：明确分析框架	1. 市场容量数据分析的方法是什么？ 2. 市场容量数据分析的思路是什么？如何确定
任务总结	小组派代表上台汇报发言，总结归纳掌握的知识和技能
扫描二维码 下载资料	商务数据分析流程

　　小商开始制定市场数据分析方案，操作步骤如下：

　　Step 1：明确市场数据分析需求。

　　电商企业在进入新的行业前，需要全面地了解行业的发展状况，据此来提前规避风险，避免进入红海行业或处于衰退期的行业，要选择有潜力的子行业进入。

　　在本任务中，市场数据分析主要是针对市场容量进行分析。分析需求的确定，需要征求市场调研部门、产品开发部门和营销推广等部门的意见建议，尤其是对前两个部门，要进行深度访

只有坚韧、刚毅、毫不屈服的人，才是义士。

谈。从项目的背景资料来看，这次商品数据分析最基本的业务需求有市场份额、市场销售趋势、市场集中度等几方面的数据分析。

Step 2：确定市场数据分析框架。

要明确哪些分析方法可以更恰当地分析市场数据，以及确定分析的基本思路。

（1）使用结构分析法来分析市场份额数据。

（2）使用赫芬达尔指数来体现市场饱和度和垄断程度，分析市场集中度数据。

（3）使用纵向比较法对市场容量数据进行趋势分析。

（4）使用平均分析法对子行业数据进行比较分析。

对于以上方法，可以根据数据情况以及业务熟练程度，选择性地使用在数据具体分析过程中。

任务2 采集与预处理市场数据

【任务工单7-3】

采集与预处理市场数据任务工单

任务名称	采集与预处理市场数据				
任务情景	考虑到女装行业下各个子行业的季节性因素，小商计划采集一个自然年的市场数据，以便进行市场容量数据的综合比较				
任务目标	通过本任务的实践了解如何进行市场行情数据采集与预处理				
任务要求	能独立采集和预处理市场数据				
任务思考	市场容量数据采集时要注意什么？女装行业有无市场特殊性				
子任务1：制定市场数据采集与处理方案	请填写市场数据采集与处理方案表：				
	背景介绍				
	分析目标				
	数据分析指标				
	数据采集渠道及工具				
子任务2：确定数据采集关键信息	1. 确定数据采集的时间范围。 2. 请在Excel中创建数据采集表，至少包括以下字段名：				
	月份	类目名	交易金额/交易指数	交易增长幅度	支付金额占比	支付订单数占比
子任务3：预处理市场数据	更正格式异常的数据、删除重复采集的数据、处理单元格缺失的数据、纠正逻辑错误的数据、计算指标数值等				

笔记：

思考：

宁昂昂若千里之驹乎，将泛泛若水中之凫，与波上下，偷以全吾躯乎？——《卜居》

续表

任务名称	采集与预处理市场数据
任务总结	小组派代表上台汇报发言，总结归纳掌握的知识和技能
扫描二维码 下载资料	数据源：市场 数据分析练习用表　　　　微课：商务数据 采集渠道及工具

小商对市场数据进行采集和预处理的操作如下：

Step 1：采集数据。

市场行情数据可以通过电商后台提供的市场数据以及百度指数、阿里指数和 360 指数等数据平台进行采集，为了比较全面地了解市场容量情况，考虑女装销售存在季节因素这种特殊性，因此最好是采集完整自然年度的数据。

Step 2：清洗数据。

（1）清洗无效值。使用“筛选”功能查找所有字段中与字段无关或者无意义的数据，未发现无效值。操作如图 7-1 所示。

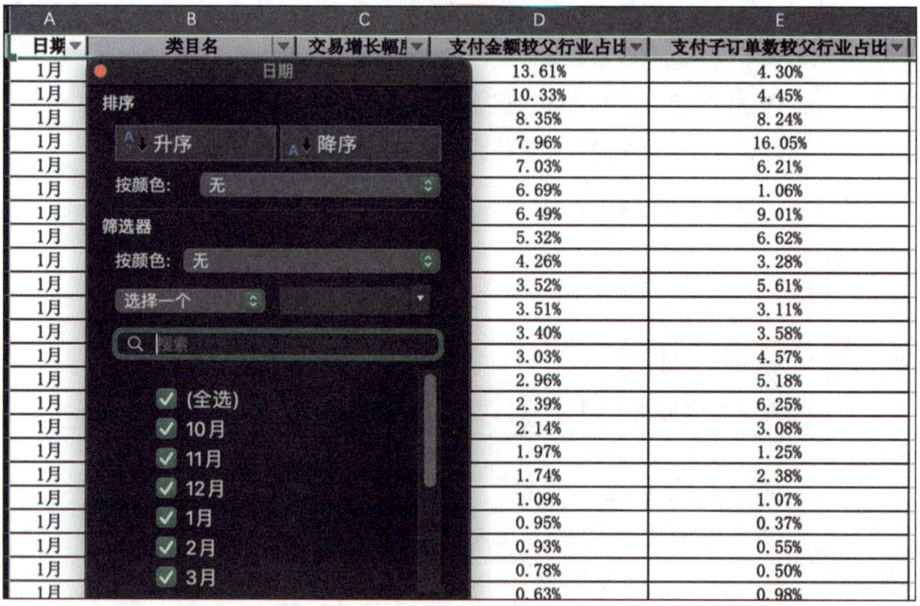

图 7-1　清洗无效值

（2）删除重复值。点击“数据”|“删除重复项”，未发现重复值。操作如图 7-2 所示。

是宁愿昂然（自傲）如同（一匹）千里马呢，还是如同（一只）普普通通的鸭子随波逐流，偷生来保全自己的身躯呢？

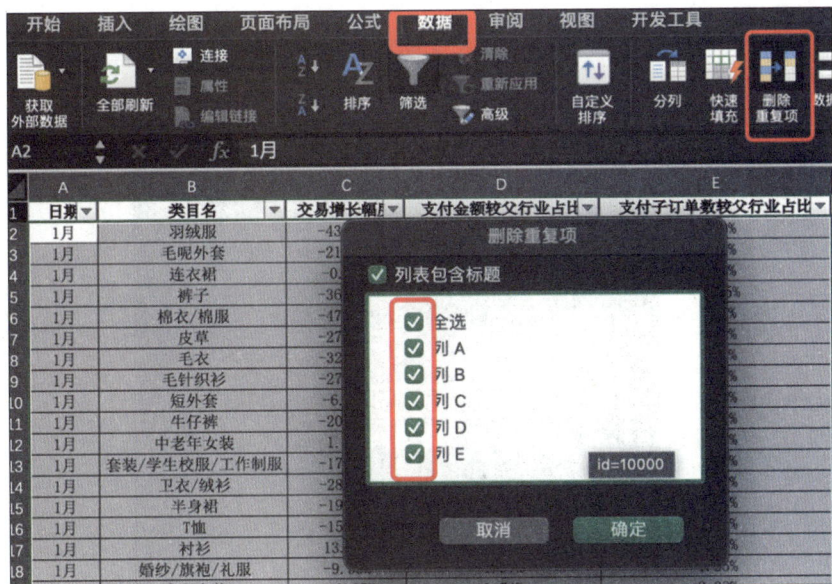

图 7-2　删除重复值

笔记:

（3）处理空白值。选择"开始"｜"查找与替换"｜"定位条件"｜"空值"，点击"确定"后未找到空白单元格。操作如图 7-3 所示。

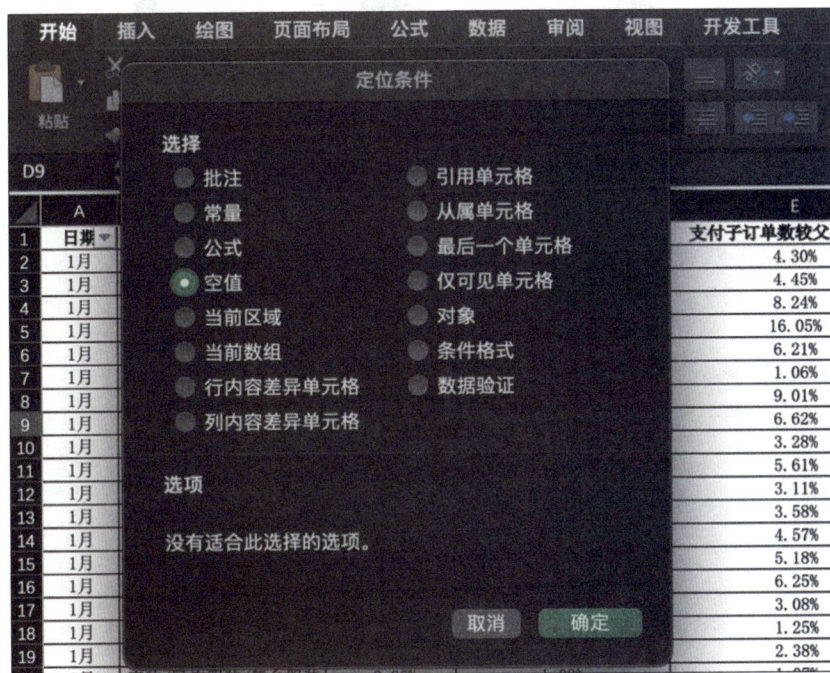

图 7-3　处理空白值

思考:

（4）清洗无价值数据。经过对各字段进行筛选，发现未有无价值数据。

Step 3：预处理数据。

下面进行数据的预处理工作。小商选择使用数据透视表来进行数据的汇总计算和处理。

（1）建立数据透视表。对子行业的支付金额较父行业占比数据进行汇总。操作如图7-4所示。

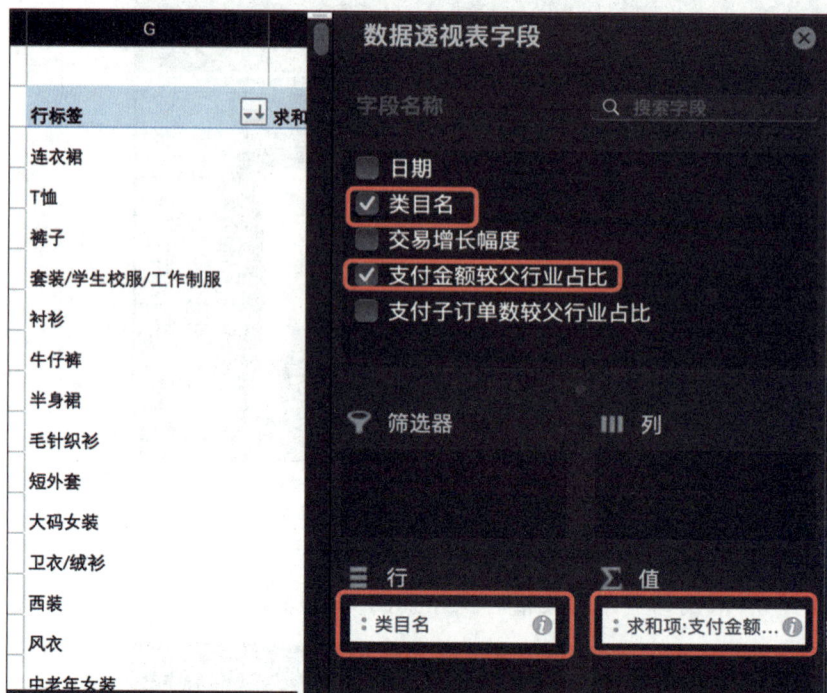

图7-4 建立数据透视表

（2）调整数据透视表格式。此时系统默认格式正确无误，无须调整格式。

（3）插入新的数据透视表。对子行业的支付订单数较父行业占比数据进行汇总，并增选"日期""类目名"字段，拖拽排列各个字段所处区域。操作如图7-5所示。

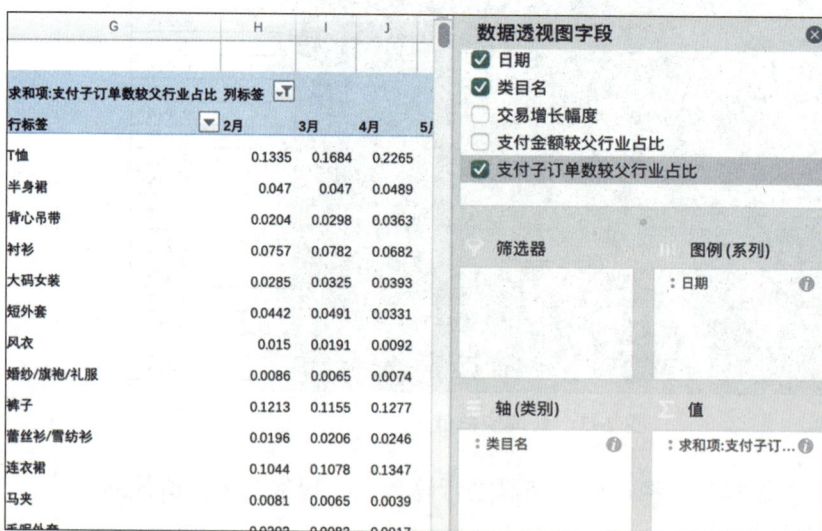

图7-5 新建数据透视表

冰是水凝固而成的，却比水还要寒冷。比喻学生胜过老师。

对数据透视表的数据进行整理之后，数据采集与清洗、预处理工作暂且完成。我们进入本项目的第三个任务。

任务3 可视化分析市场数据

【任务工单7-4】

可视化分析市场数据任务工单

任务名称	可视化分析市场数据
任务情景	对采集到女装子类目的市场容量数据进行可视化分析
任务目标	能选用合适的图表进行可视化分析；能正确插入切片器；能对图表进行适当美化
任务要求	能独立制作市场数据可视化图表，能合作进行分析
任务思考	如何插入切片器实现动态的可视化图表？分析时可以从哪些角度来进行有利于改进业务
子任务1：可视化分析支付金额	1. 使用数据透视表和数据透视图制作图表； 2. 分析指标间的数据差距； 3. 列出支付金额数据量大的市场偏好子类目
子任务2：可视化分析支付订单	1. 使用数据透视表和数据透视图制作图表； 2. 分析指标间的数据差距； 3. 列出支付订单数据量大的子类目
子任务3：可视化分析行业集中度	1. 计算市场份额； 2. 计算市场份额平方值； 3. 计算赫芬达尔指数值
子任务4：美化图表	添加图片背景，使用阴影进行立体造型，突出显示重要数据
任务总结	小组派代表上台汇报发言，总结归纳掌握的知识和技能
扫描二维码 下载资料	 微课：创建数据可视化分析图表

思考：

可视化分析可以让观者直观看到简单明了的数据，能更快看出业务问题所在。小商的操作步骤如下：

一、可视化分析支付金额数据

Step 1：插入数据透视图。

根据数据透视表数据，选择"插入"|"数据透视图"。数据透视表数据如图7-6所示，数据透视图操作如图7-7所示。

然而其持之有故，其言之成理。——《荀子·非十二子》

行标签	求和项:支付金额较父行业占比
T恤	0.959
半身裙	0.4775
背心吊带	0.114
衬衫	0.5919
大码女装	0.3415
短外套	0.4928
风衣	0.2367
婚纱/旗袍/礼服	0.2171
裤子	1.0851
蕾丝衫/雪纺衫	0.1609
连衣裙	1.9692
马夹	0.0761
毛呢外套	0.5585
毛衣	0.3856
毛针织衫	0.5978
棉衣/棉服	0.2977
抹胸	0.0099
牛仔裤	0.6493
皮草	0.3151
皮衣	0.0803
唐装/民族服装/舞台服装	0.1666
套装/学生校服/工作制服	0.7563
卫衣/绒衫	0.3923
西装	0.2278
羽绒服	0.5713
中老年女装	0.2689
总计	11.9992

图7-6 支付金额占比数据透视表

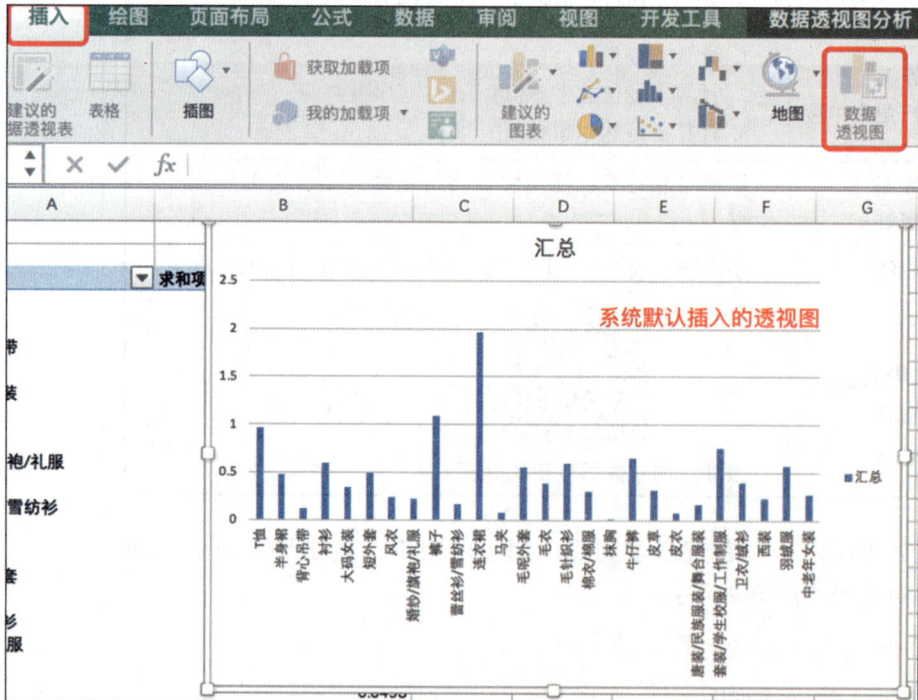

图7-7 插入数据透视图

然而他所持的见解和主张有一定的根据。

Step 2：整理数据透视图。

系统默认的插入图表类型并不符合表达意图，更改图表类型为饼图，如图7-8所示。同时添加数据标签，操作过程如图7-9所示，设置数据标签格式如图7-10所示。

笔记：

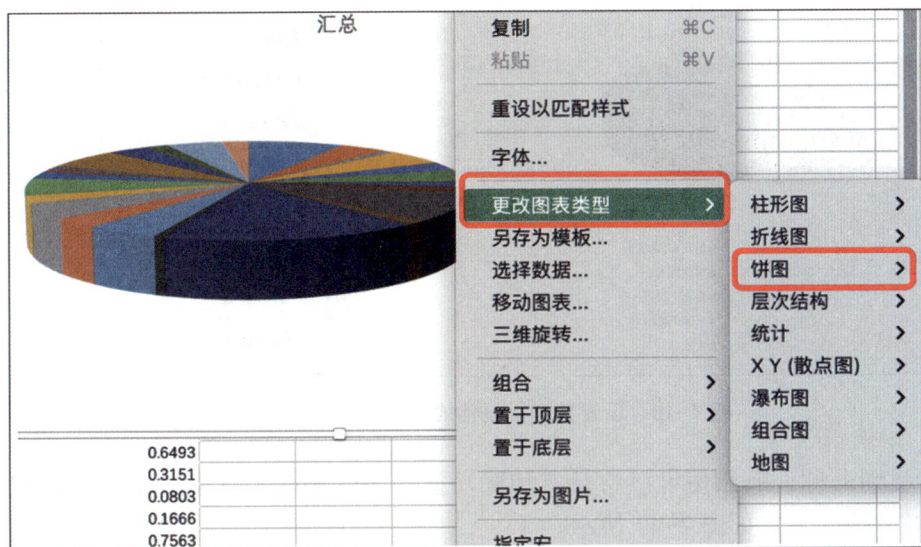

图7-8　更改图表类型

思考：

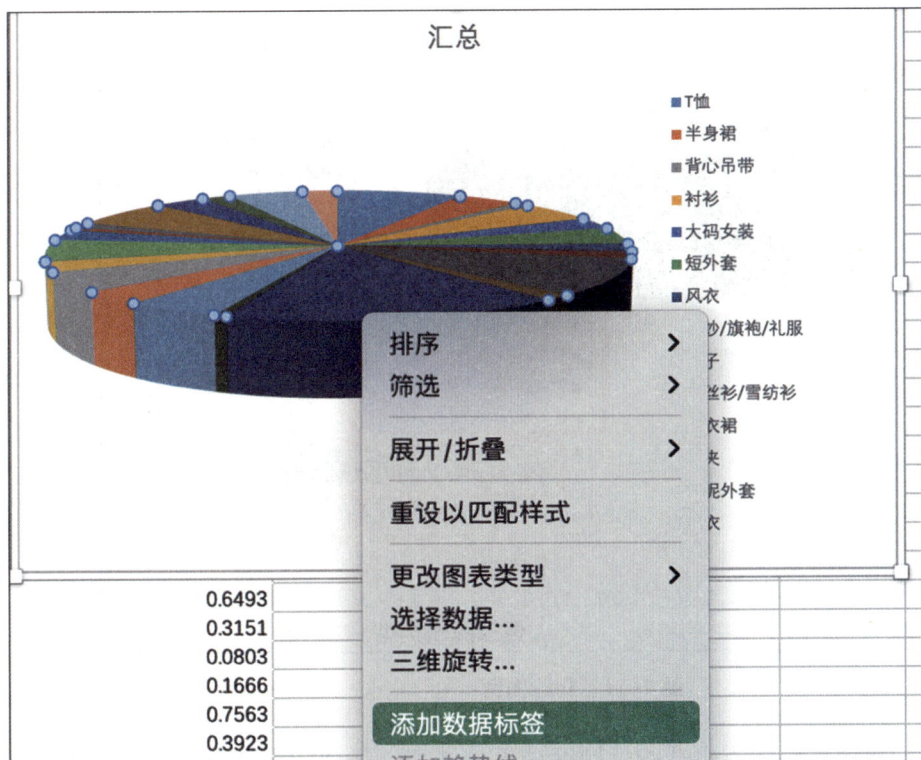

图7-9　添加数据标签

今夫偷生浅知之属，曾比而不知也。——《荀子·荣辱》

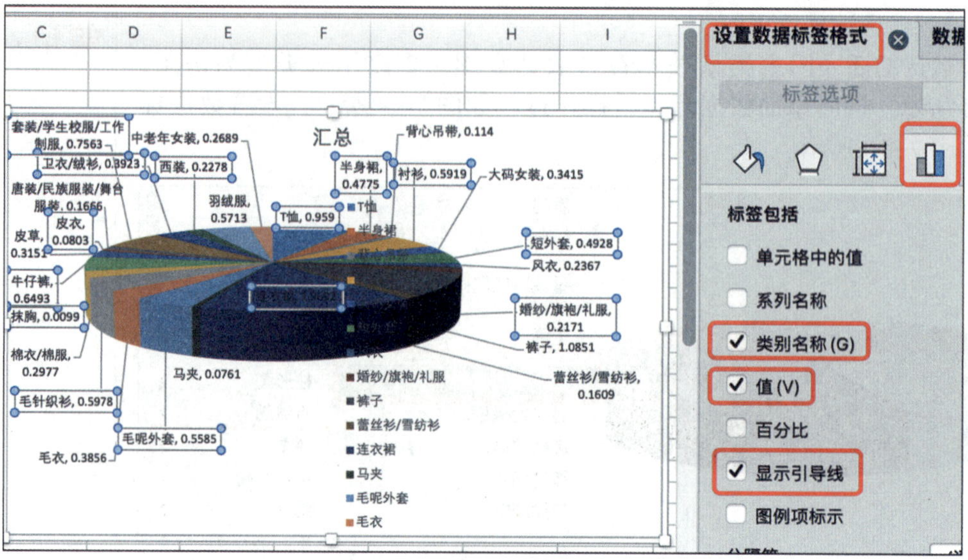

图 7-10　设置数据标签格式

标签格式中带有类别名称，那么便可以将具有相同功能的图例删除，点击选中图例区域，右键点击选择“删除”。操作方式如图 7-11 所示。

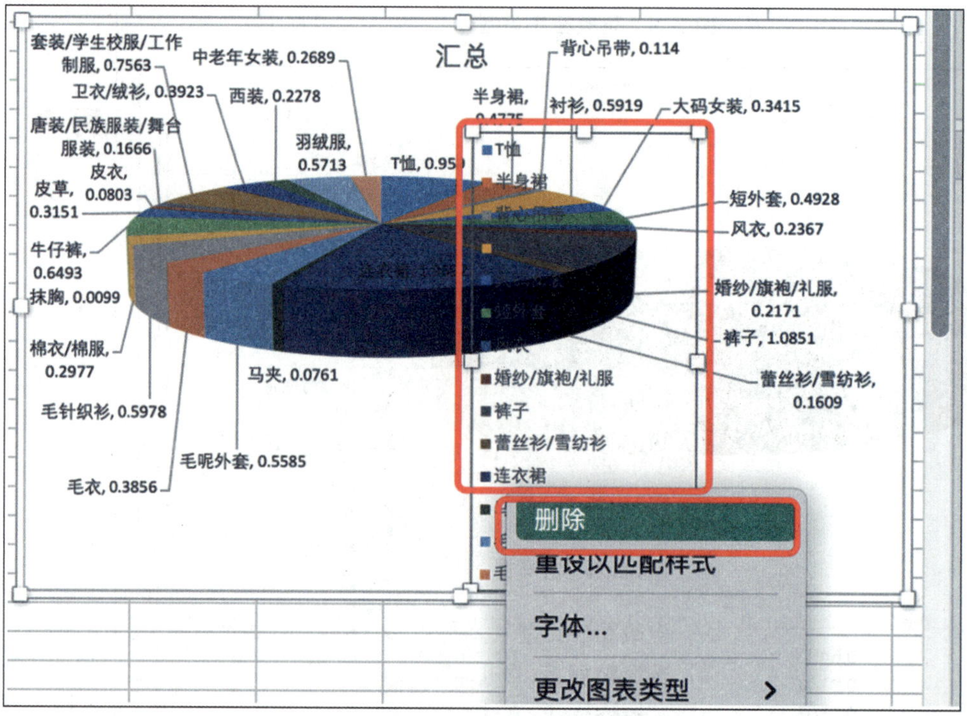

图 7-11　删除图例

更改透视图标题，更改方法为点击选中标题区域更换文字（操作如图 7-12 所示）。然后调整饼图的大小和位置，方式为点击图片旁边空白区，显示选中后便可将鼠标置于选中区域任意一角进行拖拽移动和拖拽放大。操作如图 7-13 所示。

现在那些苟且偷生浅陋无知之辈，曾经亲近浅陋而不知道此乃无知啊。

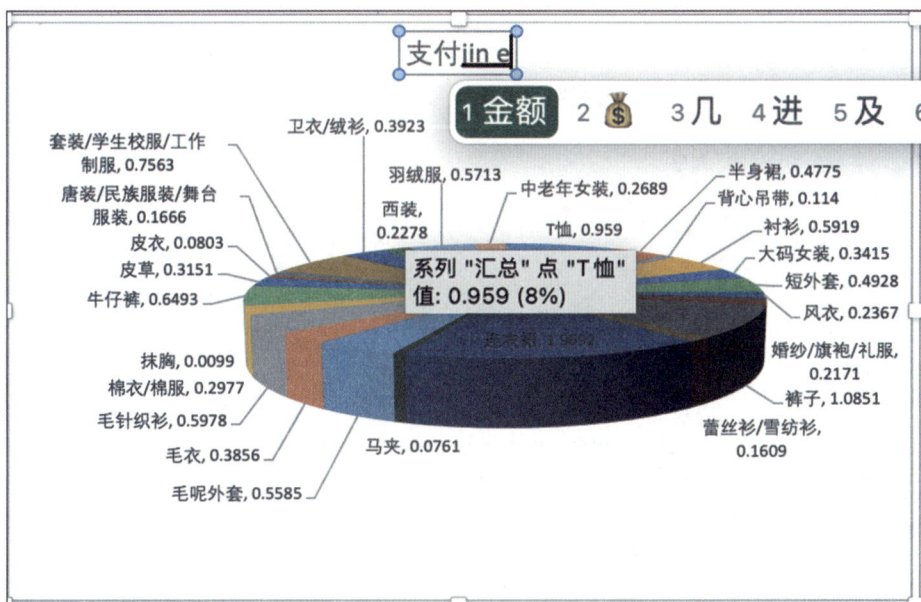

图 7-12　更改标题

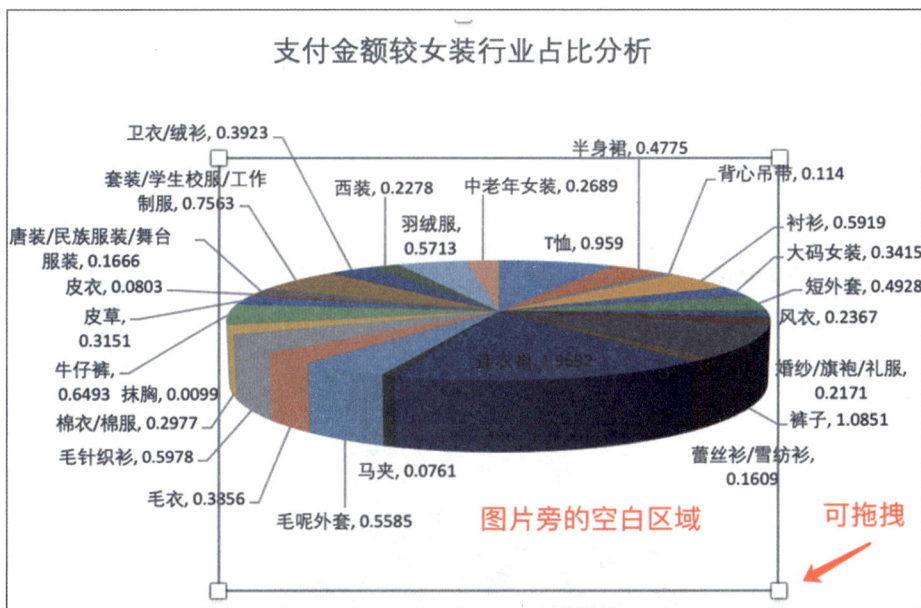

图 7-13　调整饼图位置和大小

Step 3：美化图表。

现在所得的图表能展示出相关数据，为了清晰美观地显示出饼图的系列名称以及子行业的数据关系，我们按照数据从小到大的升序顺序对图表进行调整。要调整数据透视图，只要调整数据透视表即可。调整方法如图 7-14 所示，操作结果如图 7-15 所示。

人也，忧忘其身，内忘其亲，上忘其君，
则是人也，而曾狗彘之不若也。——《荀子·荣辱》

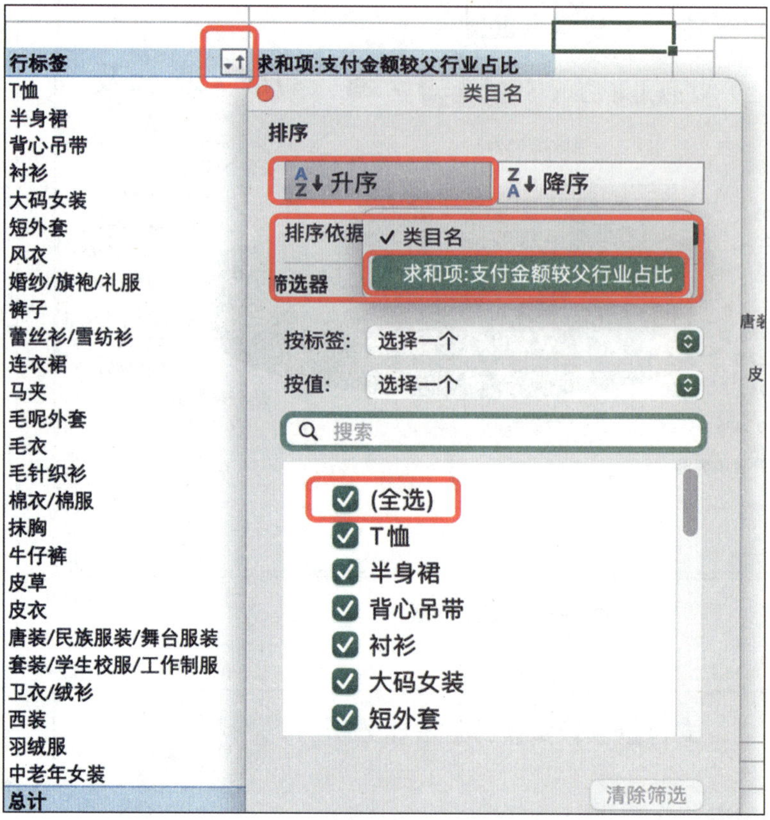

图 7-14　通过对数据透视表排序调整数据透视图

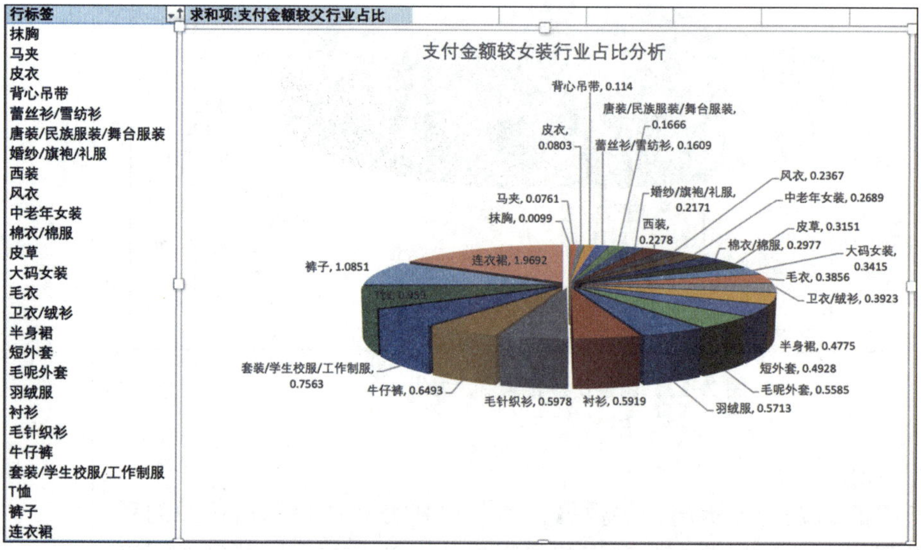

图 7-15　按升序排列的数据透视表和数据透视图

　　作为一个人，就可忧虑的事来说，忘记了自身；从家庭内部来说，忘记了亲人；对上来说，忘记了君主；这种人啊，就连猪狗也不如了。

调整图片中的颜色搭配，点击选中饼块后调整配色，点击"设计"菜单的"更多颜色"选项卡，展示有"彩色"和"单色"等众多配色，可自由选择配色。操作如图 7-16 所示。

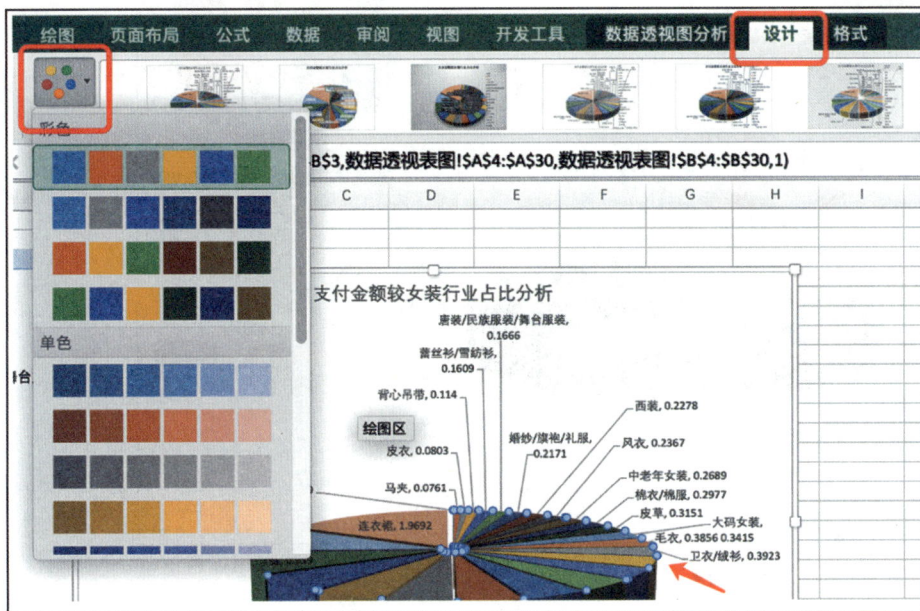

图 7-16　调整饼图配色

将数据标签字体颜色设置和饼图对应颜色一致，选中数据标签，点击"设置数据标签格式"，选择"文本选项"|"文本填充"|"其他颜色"。操作如图 7-17 所示。

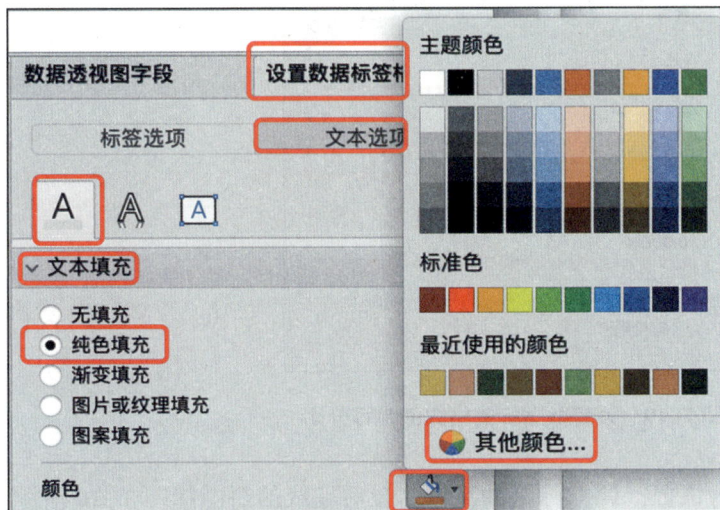

图 7-17　设置数据标签颜色（1）

设置"其他颜色"为饼图所对应的颜色。使用取色笔从饼图上取色进行配色，操作如图 7-18 所示。调整标签中的数据为百分比格式，保留 3 位小数，操作如图 7-19 所示。

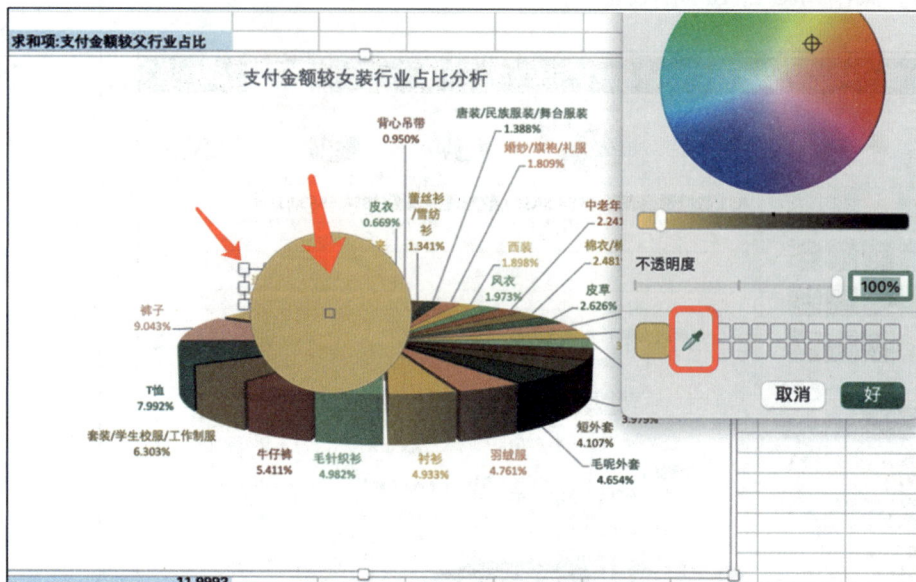

图 7-18　设置数据标签颜色（2）

图 7-19　设置数据标签格式值为百分比

再次拖拽调整图片到合适的位置，调整标题的字体，最后完成的饼图如图 7-20 所示。还可以给图片添加背景，填充纹理、图案或颜色。

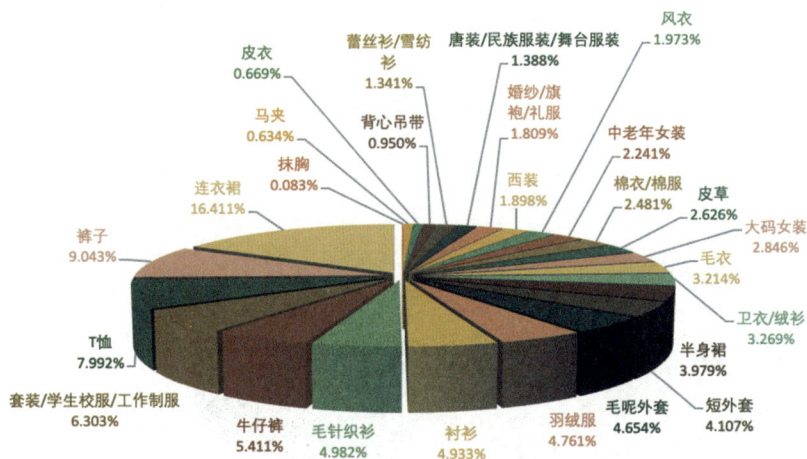

图 7-20　美化后的饼图

图片的美化无止境，还可以添加公司标志图片或者 LOGO 作为图片背景的一部分，此处可以自由发挥。

Step 4：突出显示重要数据。

对重点数据做突出显示，让观者能一目了然地看到重点，这步操作在未排序数据的图表中尤其必要。可以将饼图中的重点数据模块或者数据标签进行拖出或添加发光、阴影等进行突出显示。操作结果如图 7-21 所示。

二、支付子订单数较父行业占比分析

在这个分析中，可视化方法和支付金额分析方法基本一致。这里重点介绍如何利用切片器制作动态图表。

Step 1：准备数据透视图。

首先将支付子订单数较大行业占比数据进行数据透视表设置，并插入数据透视图，调整数据标签等。操作结果如图 7-22 所示。

对插入的图表进行调整，将集中在顶部的数据旋转到下部，操作如图 7-23 所示。操作结果如图 7-24 所示。

Step 2：插入切片器。

在数据透视图中插入切片器，点击数据透视图片，"插入切片器"选"日期"字段，操作如图 7-25 所示。

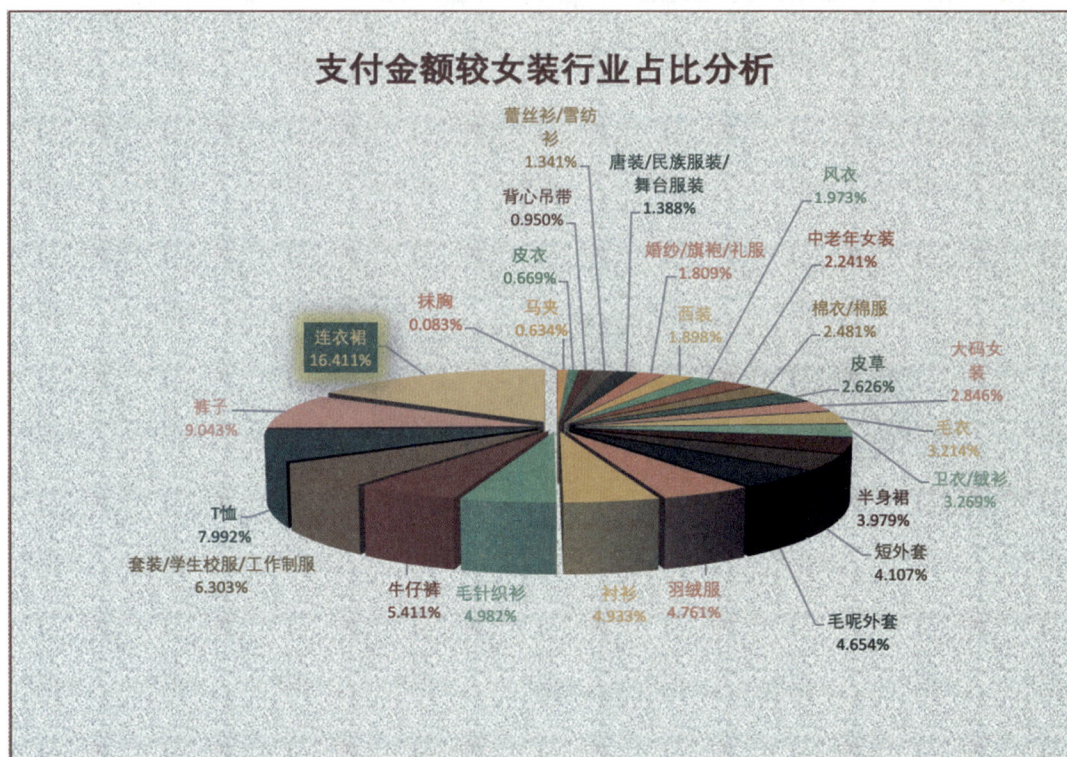

图7-21　添加了背景纹理与突出显示最大占比数据的可视化图表

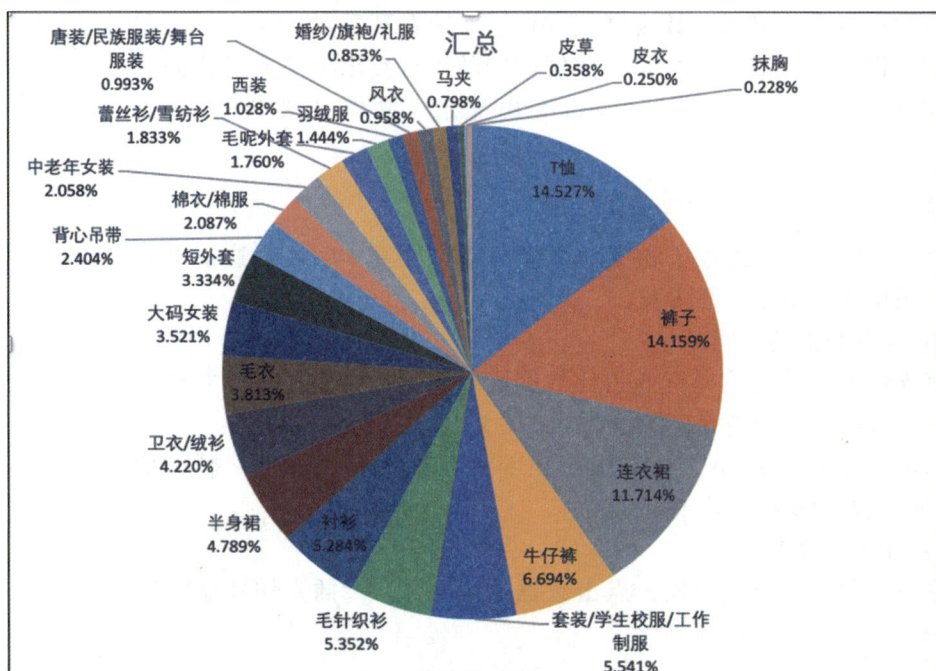

图7-22　插入数据透视图

学了知识，然后按一定的时间复习它，不也是很愉快的吗？

图 7-23　旋转调整数据透视图

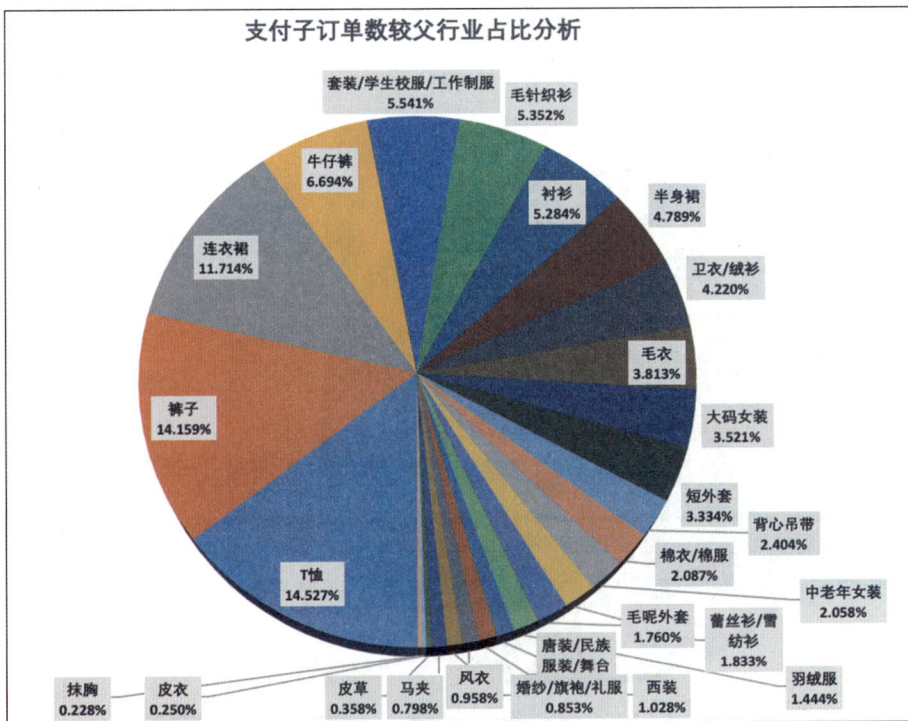

图 7-24　调整后的数据透视图

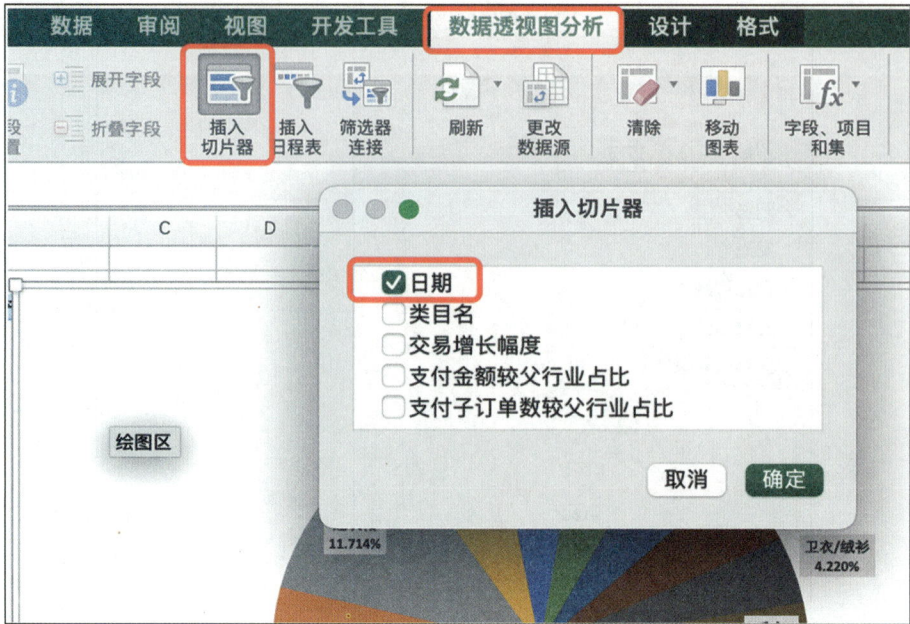

图 7-25　插入切片器

Step 3：调整切片器。

调整切片器的摆放位置和大小，使用拖拽的方式可以完成。在切片器中选择任意日期，数据透视图则即刻显示对应月份的可视化图表，如图 7-26、图 7-27 所示。

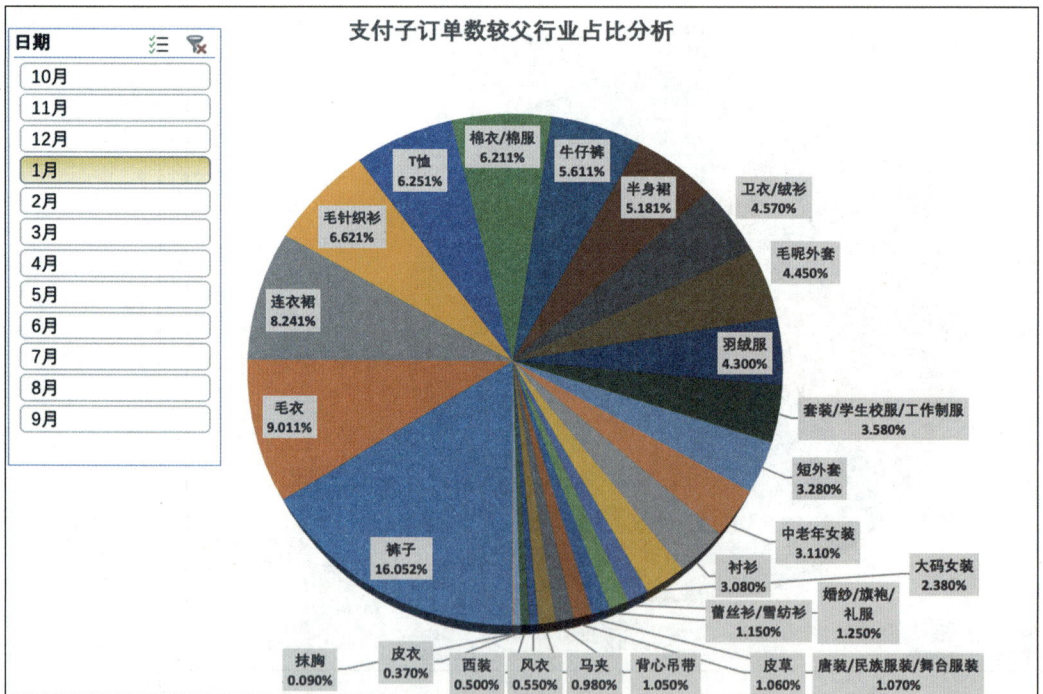

图 7-26　1 月份支付子订单可视化数据图

用兵不急于一时，可以在对手采取行动之后再行动，在对手到达目的之前到达，这是用兵的重要方法。

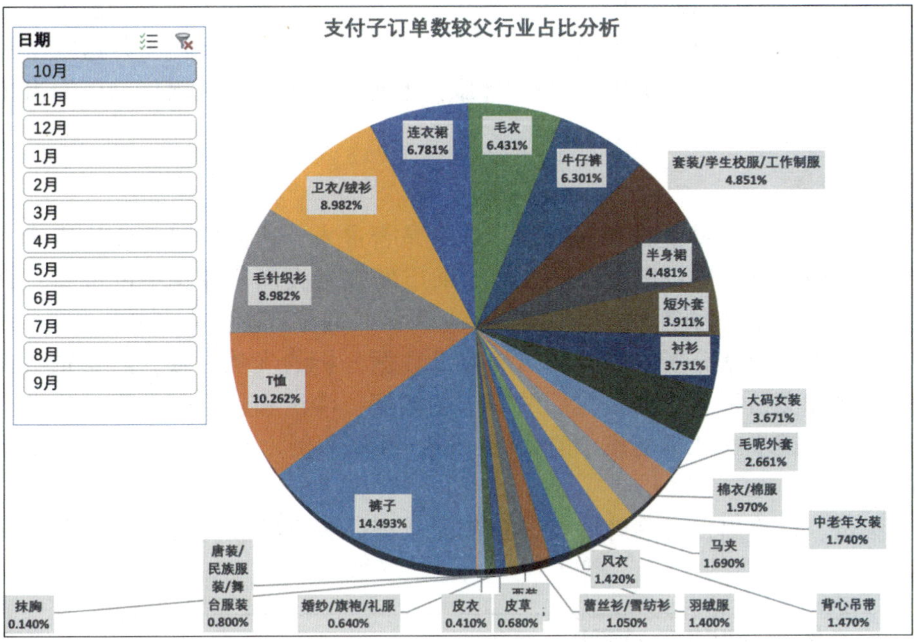

图7-27　10月份支付子订单可视化数据图

Step 4：美化图表。

对图表进行背景设置。

Step 5：突出显示重点数据。

对全年综合数据最大的 5 个项目进行突出显示，选择对其数据标签进行突出显示，设置标签发光，加大标签字体，操作如图 7-28 所示。

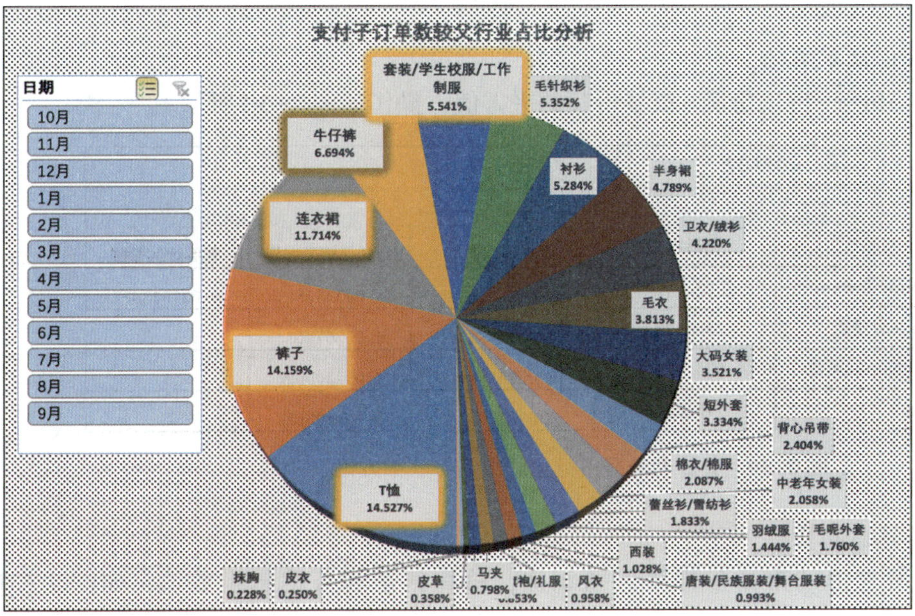

图7-28　添加了背景图案与突出显示重点数据的可视化图表

231

分析结论：从全年范围来看，1—12月中，T恤、裤子、连衣裙、衬衫几个类目是总体占比比较大的子行业，可以做进入的目标行业重点关注。冬季备货期的11月、12月、1月这三个月份，市场容量占比较大的子行业主要有羽绒服、棉衣/棉服、毛呢外套等。羽绒服作为冬季市场必备品重点考虑。

三、分析行业集中度数据

以上分析出来的子行业在市场容量上是相对好的，最终是否进入，还需要对行业的集中度做一定的分析，如果行业集中度低，则可以放心进入，如果市场容量大但行业集中度也高，则可以先行观察延缓进入。以冬季市场容量大的羽绒服子行业为例，进行行业集中度分析。

羽绒服子行业的市场集中度数据分析的步骤同市场容量数据分析的步骤一致，需要先明确分析目标，然后到电商平台和交易指数平台采集羽绒服市场数据，清洗和预处理数据，再进行市场集中度分析。我们选择关键步骤"市场集中度分析"进行操作示例。

Step 1：计算市场份额。

计算市场份额的方法是，计算出自身品牌的交易指数占所有品牌羽绒服交易指数总和的比例，操作如图7-29所示。

D2		fx =C2/SUM($C$2:$C$51)			
	A	B	C	D	E	F
	行业排行	品牌	交易指数	市场份额	市场份额平方值	赫芬达尔指数
1	1	Canada Goose	305,667	0.062718639	0.003933628	0.027333367
2	2	yaloo/雅鹿	295,408	0.060613634	0.003674013	
3	3	Bosideng/波司登	275,939	0.056618864	0.003205696	
4	4	moncler	175,307	0.035970571	0.001293882	

图7-29　计算羽绒服子行业的市场份额

Step 2：计算市场份额平方值。

计算方法是，市场份额×市场份额=市场份额的平方值，操作如图7-30所示。

		fx =D2*D2			
	A	B	C	D	E	F
	行业排行	品牌	交易指数	市场份额	市场份额平方值	赫芬达尔指数
	1	Canada Goose	305,667	0.062718639	0.003933628	0.027333367
	2	yaloo/雅鹿	295,408	0.060613634	0.003674013	
	3	Bosideng/波司登	275,939	0.056618864	0.003205696	
	4	moncler	175,307	0.035970571	0.001293882	

图7-30　计算羽绒服子行业的市场份额平方值

Step 3：计算赫芬达尔指数。

计算方式是，将所求得的市场份额平方值相加，总和就是赫芬达尔指数值，如图7-31所示。

| | | fx | =SUM(E2:E63) | | | |

	A	B	C	D	E	F
	行业排行	品牌	交易指数	市场份额	市场份额平方值	赫芬达尔指数
1		Canada Goose	305,667	0.062718639	0.003933628	0.027333367
2		yaloo/雅鹿	295,408	0.060613634	0.003674013	
3		Bosideng/波司登	275,939	0.056618864	0.003205696	
4		moncler	175,307	0.035970571	0.001293882	

图 7-31 计算羽绒服子行业的赫芬达尔指数值

分析结论：

女式羽绒服行业的行业集中度为 0.027 333 367。当该行业被垄断时，行业集中度等于 1，目前计算出的集中度数值远远小于 1，说明该行业并未被垄断，集中度比较低，可以进入。

任务 4　预警市场数据异常值

【任务工单 7-5】

预警市场数据异常值任务工单

任务名称	预警市场数据异常值
任务情景	跟踪女装子行业交易数据尤其是冬季羽绒服子行业的数据，对异常数据及时进行预警
任务目标	能按照异常数据鉴别的流程设置监控指标的目标值，鉴别异常数据，完成监控报表的制作与分析，对相关数据及时预警
任务要求	能独立制作异常值预警图表，能合作完成预警分析
任务思考	通过市场数据监控发现异常数据之后如何预警？导致异常数据的原因可能有哪些？是否需要或者可以进行改进
子任务 1：制作数据监控方案	请填写下列监控方案表： <table><tr><td>市场数据监控目标</td><td></td></tr><tr><td>市场数据监控指标</td><td></td></tr><tr><td>监控方式与周期</td><td></td></tr><tr><td>数据异常波动范围</td><td></td></tr></table>
子任务 2：处理异常数据	1. 使用高级筛选操作市场容量排名靠前的数据。 2. 使用"条件格式"菜单对数据报表中的数据进行突出显示。 3. 使用数据透视表操作计算增长值数据

故明主必谨养其和，节其流，开其源，而时斟酌焉。——《荀子·富国》

续表

任务名称	预警市场数据异常值
子任务 3： 分析并预警异常数据	1. 制作异常数据分析图表。 2. 向汇报对象和业务部门发出预警信息
任务总结	小组派代表上台汇报发言，总结归纳掌握的知识和技能

请你和小商一起来理顺市场数据中需要重点跟踪关注的数据，以及目前表现异常的数据，做重点预警。操作步骤如下：

Step 1：确定监控方案。

服装行业具有明显的季节特性，在跟踪行业数据过程中，要密切关注不同季节的子行业或者品牌的交易数据特点。监控的未必就是不合格的数据，也可以监控重点关注的具有明显优势的目标数据。

市场数据监控目标为：行业集中度低的羽绒服新增品牌的数据，市场容量排名靠前的子行业订单总金额和总订单笔数的负增长数据。

市场数据监控指标为：新增羽绒服品牌的市场占有率、赫芬达尔指数、交易金额与订单数。

监控方式与周期：监控方式为人工数据采集与监控，以月为周期单位进行监控。

数据异常波动范围：市场占有率在 1%~2%，订单总金额和笔数出现负增长。

Step 2：制作异常数据图表。

对行业集中度的分析受到赫芬达尔指数值的影响，赫芬达尔指数值则受行业内品牌交易指数影响，如果市场突然出现爆卖的新品牌羽绒服，其交易金额和交易订单都有明显份额，则需要紧密跟踪监控。其市场占有率数据需要先在网络中采集整理，然后再人工分析，标出异常值，使用 Excel 表完成。

我们以市场容量排名靠前的连衣裙交易数据为例，对订单总金额和笔数出现负增长的数据进行异常数据图表制作。操作步骤如下：

（1）整理连衣裙各月份交易数据。使用“数据”菜单的“筛选”中的“高级筛选”选项卡，筛选出“连衣裙”相关数据，操作如图 7-32 所示。筛选结果如表 7-1 所示。

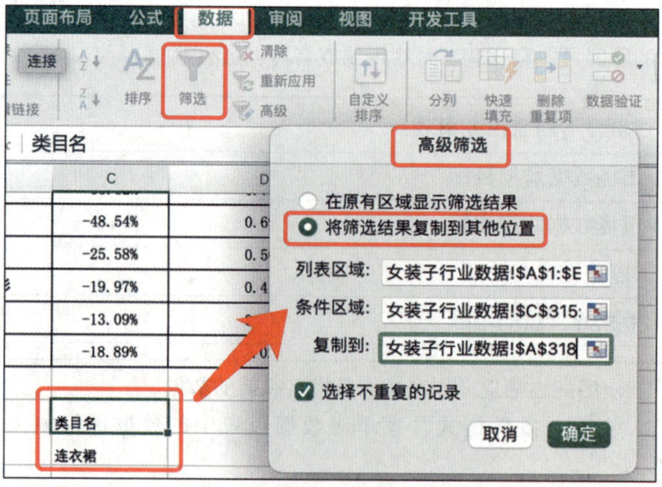

图 7-32 子行业连衣裙市场数据筛选

所以君主必然谨慎地修养其和顺，节制支流，开拓其源，而且随时斟酌情况。

表 7-1   子行业 "连衣裙" 市场数据表

日期	交易增长幅度/%	支付金额较父行业占比/%	支付子订单数较父行业占比/%
1 月	−0.52	8.35	8.24
2 月	−29.51	13.31	10.44
3 月	135.08	15.09	10.78
4 月	22.90	20.59	13.47
5 月	32.87	26.57	16.64
6 月	24.11	31.37	19.63
7 月	−26.93	28.73	18.84
8 月	−31.27	19.37	13.78
9 月	−15.81	12.67	9.50
10 月	−24.77	8.15	6.78
11 月	20.38	6.60	6.09
12 月	−13.60	6.12	6.37

笔记：

（2）用 "条件格式" 突出显示异常数据。对交易增长幅度为负的异常数据进行显示，操作如图 7-33 所示。操作结果如图 7-34 所示。

思考：

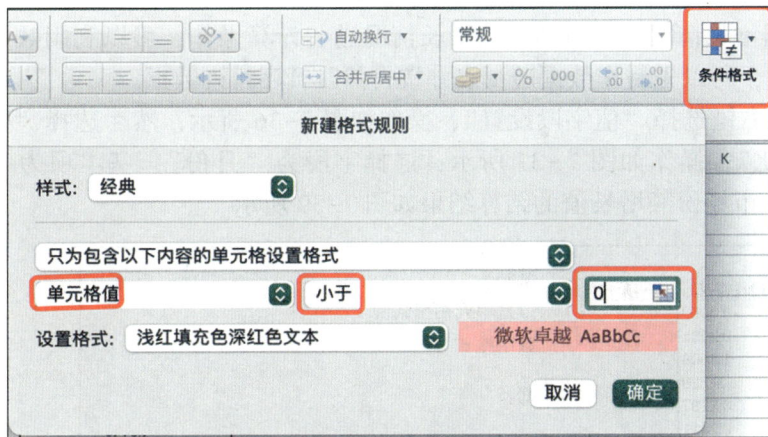

图 7-33   使用条件格式设置异常值

图 7-34   子行业 "连衣裙" 市场数据异常值显示

Step 3：分析并预警异常数据。

（1）分析子行业"连衣裙"市场数据中的异常值。制作可视化图表并简单美化。操作结果如图 7-35 所示。

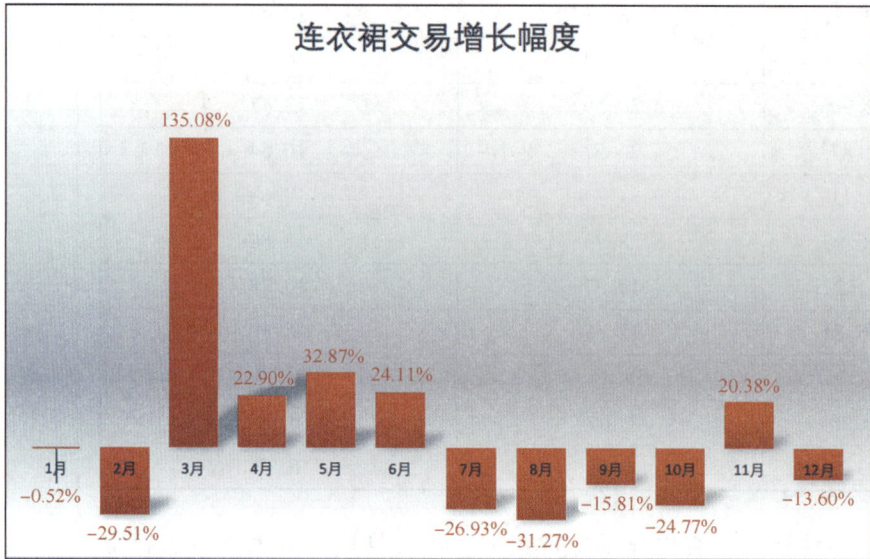

图7-35　子行业"连衣裙"市场数据异常值可视化图表

（2）考虑市场份额数据增长情况。对市场份额增长情况进行计算操作，可以利用数据透视表中的基本计算功能来操作，所以先制作数据透视表并按自然月升序排列数据。

选中市场份额数据列。右键选择"值字段设置"，操作如图 7-36 所示；然后选择"数据显示方式"中的"差异百分比"，操作如图 7-37 所示；选择字段为"月份"，基本项为"上一个"，操作如图 7-38 所示。市场份额增长值的结算结果如图 7-39 所示。

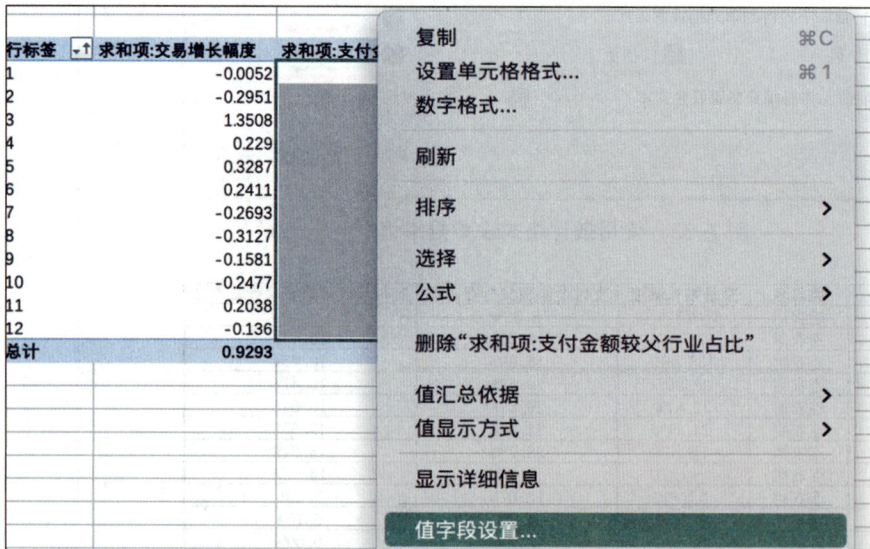

图7-36　计算市场份额增长值（1）

以浅陋的知识，不能料想到深远的见解；愚昧的人，不能与他商讨高深的学问；井底下的青蛙，不能与他共谈东海辽阔的快乐。

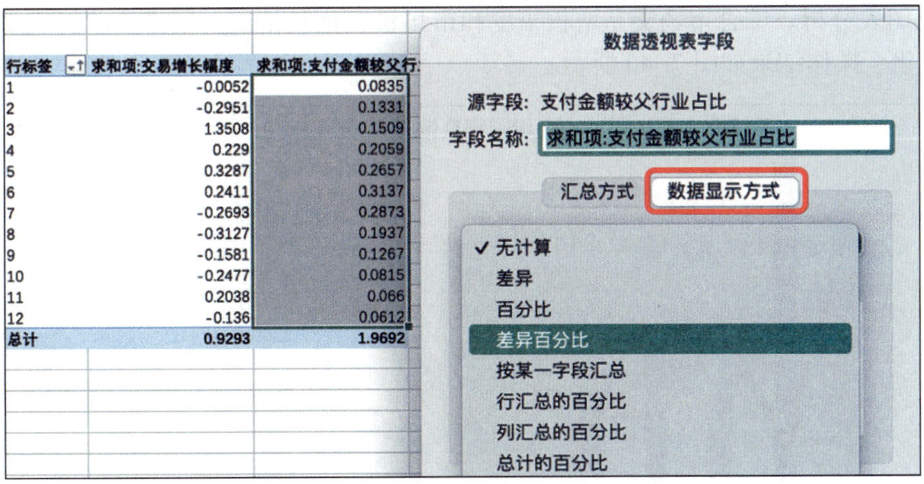

笔记：

行标签	求和项:交易增长幅度	求和项:支付金额较父行
1	-0.0052	0.0835
2	-0.2951	0.1331
3	1.3508	0.1509
4	0.229	0.2059
5	0.3287	0.2657
6	0.2411	0.3137
7	-0.2693	0.2873
8	-0.3127	0.1937
9	-0.1581	0.1267
10	-0.2477	0.0815
11	0.2038	0.066
12	-0.136	0.0612
总计	0.9293	1.9692

数据透视表字段

源字段：支付金额较父行业占比

字段名称：求和项:支付金额较父行业占比

汇总方式　数据显示方式

✓ 无计算
差异
百分比
差异百分比
按某一字段汇总
行汇总的百分比
列汇总的百分比
总计的百分比

图 7-37　计算市场份额增长值（2）

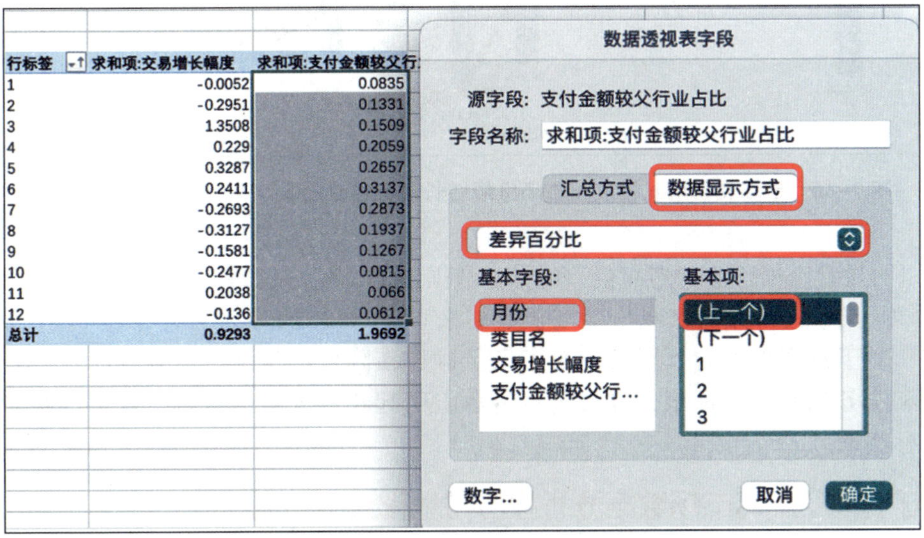

行标签	求和项:交易增长幅度	求和项:支付金额较父行
1	-0.0052	0.0835
2	-0.2951	0.1331
3	1.3508	0.1509
4	0.229	0.2059
5	0.3287	0.2657
6	0.2411	0.3137
7	-0.2693	0.2873
8	-0.3127	0.1937
9	-0.1581	0.1267
10	-0.2477	0.0815
11	0.2038	0.066
12	-0.136	0.0612
总计	0.9293	1.9692

数据透视表字段

源字段：支付金额较父行业占比

字段名称：求和项:支付金额较父行业占比

汇总方式　数据显示方式

差异百分比

基本字段：　　基本项：
月份　　　　（上一个）
类目名　　　（下一个）
交易增长幅度　1
支付金额较父行...　2
　　　　　　　3

数字...　　　取消　确定

思考：

图 7-38　计算市场份额增长值（3）

月份	交易增长幅度	市场份额增长幅度
1月	-0.52%	
2月	-29.51%	59.40%
3月	135.08%	13.37%
4月	22.90%	35.45%
5月	32.87%	29.04%
6月	24.11%	18.07%
7月	-26.93%	-8.42%
8月	-31.27%	-32.58%
9月	-15.82%	-34.59%
10月	-24.77%	-35.67%
11月	20.38%	-19.02%
12月	-13.60%	-7.27%

图 7-39　市场份额增长值计算结果

（3）组合可视化图表分析。综合市场交易增长幅度和市场份额增长情况，制作柱状折线组合图表，进行简单美化。操作结果如图 7-40 所示。

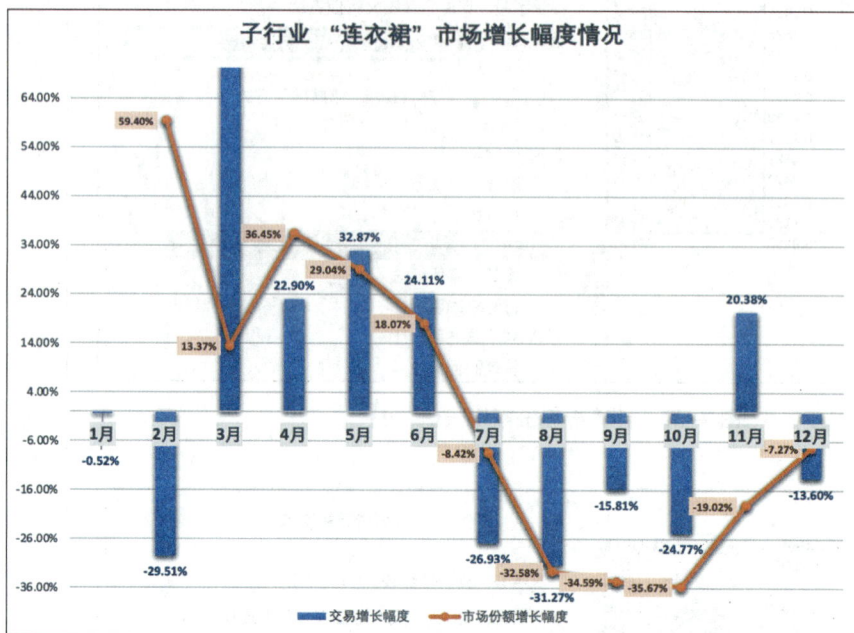

图 7-40　市场交易增长幅度和市场份额增长情况组合图表

从以上图表中可以明显看出子行业"连衣裙"的异常数据情况，在 1—2 月、7—10 月、12 月这几个月中是交易负增长的状态。结合市场份额增长数据来看，7—10 月以及 12 月共计 5 个月都是呈现负增长状态。对于月度数据为负增长同时市场份额也在降低的情况，需要及时在当月月底向数据部门主管和业务相关人员汇报，以便进行警示，引起相关人员的重视。这可能会影响拟进军子行业的目标实现。

任务5　撰写市场数据分析报告与优化商业行为

【任务工单 7-6】

撰写市场数据分析报告与优化运营方案任务工单

任务名称	撰写市场数据分析报告与优化运营方案
任务情景	经过上述分析之后，将分析思路与分析成果、数据情况整理形成报告
任务目标	掌握市场数据分析报告的标题、结构、正文等内容的确定方法；能根据分析报告的阅读对象确定报告内容和侧重点
任务要求	能合作完成一份数据分析报告
任务思考	分析报告中不同的阅读对象，偏向有什么不一样？报告的标题如何体现报告的重点和主要内容？报告主送对象、抄送对象分别考虑哪些人
子任务1：设计报告结构	1. 按"总—分—总"的形式设计这份报告，怎么安排内容？ 2. 设计分析报告的结构

续表

任务名称	撰写市场数据分析报告与优化运营方案
子任务2：撰写分析报告	1. 撰写报告的标题页、目录页和前言页。 2. 撰写正文，展现关键指标与异常指标的数据图表，表述规范。 3. 撰写结尾，有总体分析结论，能针对关键指标和异常指标数据提出优化方案，对经营中的商业行为提出优化建议
任务总结	小组派代表上台汇报发言，总结归纳掌握的知识和技能
扫描二维码下载资料	PPT：数据分析报告通用模版　　　微课：撰写数据分析报告

商务数据分析的目的是优化业务运营效果，分析要紧密结合业务情况来开展。小商在完成上述几项工作之后，需要将相关图表和分析进行整合，制作成报告汇报给主管。请和小商一起，完成商品数据分析的专题报告，报告中需要对业务运营方案提出优化建议。完成这个任务后，小商准备将报告主送主管，抄送给相关业务部门。把你做的分析报告上传到在线开放班级，和大家一起交流提高吧！

项目三　市场数据分析 1+X 技能考证训练

以下任务涉及的数据及背景来自电商数据分析 1+X 技能考证培训题库，跟着任务工单要求进行练习，不仅有助于 1+X 取证，还能提升职业岗位工作能力！完成以下任务所需的数据源、参考答案等内容请通过相关二维码下载。

任务1　识别行业竞争对手

【任务工单7-7】

识别行业竞争对手任务工单

任务名称	识别行业竞争对手
任务情景	商务企业的发展，不仅取决于自身的商品特色、服务能力、供应链优势，还会受到竞争对手的影响。因市场份额是有限的，因此，电商企业需要有效识别行业竞争对手，并分析竞争对手的优劣势，对比自身，取长补短。服装设计专业出身的小商在淘宝网开设了一家女装店铺，主打学院风，但是他不了解行业竞争格局，也不知道自己的竞争对手有哪些，为了后期制定更有针对性的竞争战略，他计划首先识别竞争对手

续表

任务名称	识别行业竞争对手
任务目标	能抓住重点指标进行数据分析
任务要求	能独立完成子任务，能合作完成数据分析报告
任务思考	在识别行业竞争对手前，首先需要明确该如何界定竞争对手——即销售同类商品或服务、互补类商品或服务的电商企业。随后，在所处的电商平台通过搜索关键词、目标人群、销量或商品单价等识别、圈定行业竞争对手，这便于后期进行竞店和竞品分析，并进一步明确自身学习的标杆
子任务1：商品关键词分析	了解整个行业的竞争格局，能够对整个行业目前的竞争激烈程度以及未来的走势进行分析和预判。在淘宝网中输入"学院风羽绒服女"，可了解到"学院风羽绒服女"的相关竞争店铺数量
子任务2：目标人群分析	为了进一步明确识别竞争对手，还需要结合目标人群进行分析——店铺的目标人群为17~24周岁的人群。可以设定网络数据筛选条件的年龄段为17~24周岁
子任务3：商品价格段分析	结合自家店铺商品设置竞品售价范围。如自家商品定价为579元，则设置竞品的价格范围为559~599元
子任务4：细化筛选条件	根据自家店铺中当季主推的一款学院风女式羽绒服的关键属性，继续细化筛选条件，如衣长、版型、款式细节、充绒量等关键属性的具体条件
子任务5：记录竞争对手	对采集到的各种相关数据进行整理记录，更为细致地观察对手的识别条件，可以极大程度上找准最类同的竞争对手，便于之后进行追踪分析
任务总结	通过完成以上任务，学会的知识和技能有哪些
扫描二维码下载资料	识别行业竞争对手操作参考

任务2　分析竞店数据

【任务工单7-8】

分析竞店数据任务工单

任务名称	分析竞店数据
任务情景	电商企业在日常运营过程中，除了时刻关注自身店铺的数据变化外，还需要关注竞店应对消费市场的方式，如商品的布局、促销方案的制定等，以便找出相适应的应对方式，提升自身商品的销量。服装设计专业出身的小商在淘宝网开设了一家女装店铺，主打学院风，淘宝网经营类似风格女装的店铺非常多，竞店的任何一个变化都有可能影响到自身店铺的销量。小商选定与自身店铺匹配度最高的竞店，计划进行竞店追踪分析，找出自身的差距，了解竞店的玩法，便于之后进行完善并展开差异竞争

　　这就是大禹的时代连发了十年洪水，商汤的时代连着七年大旱，但是在他们治理之下没有人挨饿的原因。

续表

任务名称	分析竞店数据
任务目标	能选择合适的指标分析竞店数据
任务分析	竞店分析需要围绕类目构成、销售、推广活动等综合分析，其中商品结构直接影响店铺的销售业绩，在不同的营销场景下，需要有相应的对标商品。销售数据的比较较为直观，可以直接反馈自身店铺与竞店之间的差距，此外，推广活动的布局也需要格外关注，这些都将影响自身店铺的市场占有率
任务要求	能独立完成子任务，能合作完成数据分析报告
任务思考	竞店数据可以从哪里获取？对竞店展开分析对自家店铺运营优化有何促进作用
子任务1：明确分析需求	小商进行竞店分析，其目标是了解竞店的商品结构、销量变化，并特别追踪竞店在开展推广活动期间的各项数据变化，寻找自身店铺与竞店之间的差距
子任务2：确定竞店数据采集工具	小商已确定一家店铺层级相同且同样销售学院风女装的店铺为竞店，他计划通过店侦探采集竞店的各项数据。注册店侦探，通过试用版查看想要监控的店铺的各项数据
子任务3：竞店属性数据分析	竞店属性数据可以进入竞店人工采集。小商进入竞店首页，采集属性数据，可以了解竞店的店铺人群定位、商品风格、服装款式细节等。请完成下表： 尺码 风格 服装款式细节 适用年龄 品牌
子任务4：竞店类目分析	获取店铺某段时间的类目数据，对两个店铺的类目数据进行对比分析
子任务5：销售数据分析	对两个店铺的销售数据进行整理，制作柱形图并插入趋势线直观展示销售数据的对比情况，随后得出分析结论
子任务6：推广活动分析	通过店侦查统计某段时间竞店开展的促销活动及其效果，同时段自家店铺促销活动开展情况及效果，进行对比分析
子任务7：综合分析	结合竞店属性、类目、销量、推广活动的分析结果，综合分析竞店与小商店铺的比较情况
任务总结	通过完成以上任务，确定学会的知识和技能有哪些
扫描二维码下载资料	数据源：分析竞店数据练习用 分析竞店数据 操作参考

笔记：

思考：

【职业素养园地】

1. 劳动修养

习近平总书记指出："中华民族是勤于劳动、善于创造的民族。正是因为劳动创造，我们拥有了历史的辉煌；也正是因为劳动创造，我们拥有了今天的成就。"《说文解字》云："勤，劳也。""勤"与"劳"的意思是相通的。中华民族之所以能够生生不息、历久弥新，正是因为具有勤于劳动的品质。

在马克思主义看来，劳动是人维持生存需要的手段的感性活动，"劳动是整个人类生活的第一个基本条件……以至于我们在某种意义上不得不说：劳动创造了人本身。""任何一个民族，如果停止劳动，不用说一年，就是几个星期，也要灭亡，这是每一个小孩都知道的。"同时劳动创造价值，劳动创造美好幸福的生活。

市场数据分析与市场竞争密切相关，可能市场数据分析人员还兼具开拓市场的工作职能。这就要求我们具备主动进取的劳动素养：要有积极主动的心态，对待工作主动负责，用心去做，不畏艰难，积极沟通融入团队，不抱怨，抓住干事成长的机会；要树立起勤奋是永远的美德、工作中没有分外事的信念，在勤奋中实现理想状态的职业生涯，抓住看似额外工作实则能提升自我的"分外事"；要在工作中自动自发地提高工作效率，不是"要我做"而是"我要做"，遇事立刻行动、比自己分内的工作多做一点、比别人期待的更多一点，尽可能创造更多的干事机会，在干事中形成更强的竞争力。

2. 礼仪修养

孔子曰："不学礼，无以立。"荀子曰："人无礼则不立，事无礼则不成，国无礼则不宁。"马克思说："人的本质是一切社会关系的总和。"由此可见，礼仪是人生的必修课，也是事业成功、家庭幸福的保证，是人际关系的润滑剂，是不可忽视的社交准则，是职业人的必备素养。

市场业务工作人员与外界联系多，工作中尤其要注意礼仪修养。修养仪表美——在发式、面容、颈部、手部以及个人卫生中保持整洁清爽，在服饰上保持大方得体；修养表情美——多练习亲切自然发自内心的微笑、正确的眼神注视；修养仪态美——练习站姿、坐姿、走姿、手势、致意、握手、介绍、递物和接物时的正确仪态；修养接听和拨打电话的礼仪等。

3. 合作素养

合作是水，竞争是舟，只有在合作中，竞争才能良性发展，而只有有序竞争，合作才会有无限生机，所以合作比竞争更重要。

市场中的竞争对手、竞争店铺和竞争商品等都是竞争的关系，但并非只是竞争关系。在电商行业，竞争与合作可能同时并存，如美团和大众点评等。市场上没有永远的敌人，只有可以寻求共同利益的朋友。互联网市场环境瞬息万变，能在激烈的竞争中胜出的对手是值得尊敬的对手——将这样的对手作为标杆管理，善于向其学习，寻找机会和竞争对手开展某个领域的合作，一定会让自己另有一番收获。

如果能够加强农业生产，厉行节约，就算是上天也不能使人贫困。

笔记：

【模块检测】

一、单选题

1. 商品功能组合分析是指对商品各功能类别的_____与同行比较，使得经营者了解商品组合结构现状，并根据市场情况调整商品组合。以下哪项不是正确答案？（　　）

　A. 品项数　　　B. 销售额　　　　C. 毛利额　　　　D. 客户数量

2. 下列属于不正当竞争行为的是（　　）。

　A. B鞋业公司召开新闻发布会，披露其竞争对手S公司在选皮过程中以次充好，提醒广大客户谨慎购买

　B. 为了使得自身开发的APP更有竞争力，A公司利用爬虫技术爬取了竞争对手APP内的实时数据用于自有软件的运营

　C. 甲电器厂产品具有严重瑕疵，媒体误报道为乙电器厂产品，甲厂未主动澄清

　D. 丙公司发布高薪招聘广告，乙公司数名技术人员集体辞职前往应聘，丙公司予以聘用

3. 品牌竞争力的外部因素是指品牌在市场竞争中所反映出来的优势或劣势，不包括（　　）。

　A. 市场供应量　B. 市场份额　　　C. 超值利润　　　D. 发展潜力

4. 下列不属于竞争对手的是（　　）。

　A. 销售儿童保温杯的不同网店

　B. 造成自身网店客户流失的其他网店

　C. 销售女士棉衣的网店和销售女士羽绒服的网店

　D. 销售电视的网店和销售智能音响的网店

5. 依据竞争事实的形成与否，竞争对手不包括（　　）。

　A. 行业竞争对手　　　　　　B. 目标市场竞争对手
　C. 潜在竞争对手　　　　　　D. 直接竞争对手

二、判断题

1. 一般而言，竞争对手是指产品功能相似、目标市场不同的企业。（　　）

2. 从市场作用的结果看，品牌竞争力就等同于企业竞争力。（　　）

3. 在进行竞店分析时，需要选择比自身层级高许多的网店才更有意义。（　　）

4. 赫芬达尔指数的数值越大，说明行业的集中度就越小，趋于自由竞争。（　　）

5. 某智能门锁卖家想了解自家的市场份额，可以用本店铺的销售额和行业总销售额进行对比。（　　）

思考：

蓬生麻中，不扶而直；白沙在涅，与之俱黑。——《荀子·劝学》

三、计算题

根据表7-2中的数据进行计算。

表7-2　品牌与交易指数

行业排行	品牌	交易指数
1	Cananda Goose	306 678
2	Yaloo	295 509
3	Bosideng	275 849
4	Moncler	178 930
5	Tagkita	176 500
6	Goldfarm	170 201
7	Chericom	129 034
8	Moose knuckles	125 068
9	YaYa	123 087
10	Peacebird	122 076
11	Jnby	120 008
12	Snow flying	119 886

请计算：以上品牌中，市场份额最大的是（　　）品牌，为（　%）；市场份额最小的是（　　）品牌，为（　%）；市场份额平方值为（　　），赫芬达尔指数是（　　）。

结论：以上品牌行业集中度（　　），说明市场竞争程度（　　）

【学习任务评价】

1. 本模块学习情况自查

序号	学习情况	自查
1	本模块主题是否已明确	（　）是　　（　）否
2	本模块中的单元视频是否观看完成	（　）是　　（　）否
3	模块检测是否完成	（　）是　　（　）否
4	模块检测完成后，是否核对过参考答案？错误之处是否更正	（　）是　　（　）否
5	1+X 技能考证训练是否能顺利完成	（　）是　　（　）否
6	1+X 技能考证训练完成后，是否核对过参考答案？错误之处是否更正	（　）是　　（　）否

蓬草长在麻地里，不用扶持也能自然挺直；白沙混进了黑土里，就会变得和土一样黑。

续表

序号	学习情况	自查
7	职业素养中，你的答案是否符合社会主义核心价值观？是否符合社会公序良俗	（ ）是　　（ ）否
8	如果你理想中完美的学习状态是 100 分，你对在本模块的学习状态打多少分	（ ）分
9	如果改进某些行为能让自己获得理想的 100 分，那么是哪些学习行为需要改进呢	

说明：

1. 如果在上述问题的回答中，第 1、2、3、4 项为"是"，那么本模块学习达到"合格"状态；

2. 如果在上述问题的回答中，第 1、2、3、4、5、6 项为"是"，那么本模块学习达到"良好"状态；

3. 如果在上述问题的回答中，第 1、2、3、4、5、6、7 项为"是"，那么本模块学习达到"优秀"状态；

4. 如果在上述问题的回答中，第 1、2、3、4、5、6、7 项为"是"，并且对第 8、9 项做出思考之后有明确的答案，那么，你是一个"具有潜力的优秀学生"

2. 本模块学习情况复盘

序号	复盘问题
1	模块主题是什么？与店铺运营有什么关系
2	在本模块中，你学会了什么
3	通过模块检测，发现哪些知识点掌握得好、哪些掌握得不够好
4	你的答案与参考答案的差异有哪些？你认为哪个更好？理由是什么
5	1+X 考证题来自 1+X 电商技能题库，你是否能顺利完成这些题目？遇到的困难是什么？如何解决的
6	针对 1+X 技能考证训练，你是否核对过参考答案？你认为哪个更好？理由是什么
7	职业素质修养永远在路上，你是否得到启发？你找到那个提高修养的答案了吗

发现差距后，有思考、有行动，就有进步。祝愿你距离心中更好的自己越来越近

3. 本模块学习任务评价

评价内容	评价方式			评价等级
	自评	小组评议	教师评议	
素养目标				
能力目标				
知识目标				
学习重点				
学习难点				

说明：评价等级分为三级，A 级表示充分掌握，B 级表示一般掌握，C 级表示基本不会

岁寒，然后知松柏之后凋也。——《子罕》

【学习总结】

请把对本模块的学习总结记录如下：

　　直到每年中最寒冷的季节，才知道松柏（bǎi）是最后落叶的。深刻含义：人们要经受得住时间的考验，也以松柏为喻，谈人应当具备坚毅的品格！

参 考 文 献

[1] 邵贵平. 店铺数据分析[M]. 北京：电子工业出版社，2017.

[2] 胡华江，杨甜甜. 商务数据分析与应用[M]. 北京：电子工业出版社，2018.

[3] 吴洪贵. 商务数据分析与应用[M]. 北京：高等教育出版社，2019.

[4] 北京博导前程信息技术股份有限公司. 电子商务数据分析实践（中级）[M]. 北京：高等教育出版社，2019.

[5] 北京博导前程信息技术股份有限公司. 电子商务数据分析概论（中级）[M]. 北京：高等教育出版社，2019.